Artemis & Winkler

André Glucksmann

Der Stachel der Liebe

ETHIK IM ZEITALTER VON AIDS

Aus dem Französischen von Eva Moldenhauer

Artemis & Winkler

Titel der französischen Originalausgabe: *La fêlure du monde*.

Die Deutsche Bibliothek – CIP-Einheitsaufnahme:

Glucksmann, André: Der Stachel der Liebe : Ethik im Zeitalter von AIDS / André Glucksmann. Aus dem Franz. von Eva Moldenhauer. – München ; Zürich : Artemis und Winkler, 1995
Einheitssacht.: La fêlure du monde <dt.>
ISBN 3-7608-1958-3

Artemis & Winkler Verlag

Satz: Filmsatz Schröter GmbH, München
Druck und Bindung: Spiegel Buch, Ulm
Printed in Germany
ISBN 3-7608-1958-3

INHALT

ANHANG

Für Eugène Ionesco

I. LOB UND SPOTT DES PRÄSERVATIVS

An einen imaginären Minister, postlagernd

Leg ab deine Schönheit, leg ab deine Jugend,
Leg ab die seltenen Gaben, die der Himmel dir verlieh,
Leg ab den gelehrten Geist, leg ab die schönen Augen,
Diesen Schritt, diese Rede, einer Göttin würdig...
Ronsard, *Sonnets pour Hélène*, XXXI.

Ein Appell jagt den anderen. Das geheimnisvolle Virus geht seinen Weg. Weder gebremst noch beschleunigt, kaum beeinträchtigt vom Aufgebot gelehrter Stimmen und edler Seelen. Gleichgültig gegen die pessimistischen Extrapolationen und die optimistischen Taschenspielertricks. Ein Jahrzehnt »präventiven« Salbaderns geht zu Ende. Wieviel verlorene Zeit trotz ohrenbetäubendem Getöse!

Einzig das Fehlen eines Rivalen auf diesem Gebiet berechtigt mich, eine Reflexion einzuleiten. Ich bin weder Mikrobiologe noch Demograph, weder Arzt noch im Augenblick, soviel ich weiß, von der Geißel betroffen. Lediglich ein Mann ohne Eigenschaften, erschüttert wie jedermann, betrübt über den Verlust von Freunden, einfach besorgt um die Menschen, die ich liebe, vor allem wenn sie sich in die ersten Abenteuer eines Lebens stürzen, das diskret zu verlassen ich mich anschicke.

Dazu verurteilt, mit den Informationen zu denken, wie alle Welt sie erhält, gefährdet wie jedermann, drängt mich meine mangelnde Qualifikation, Sie zu behelligen. Nie hatte ich die Ehre, Ihnen zu begegnen. Ich weiß nicht einmal, für was Sie Minister sind. Für Gesundheit? Vielleicht, falls es sich um diese handelt. Für nationale Verteidigung? Das kollektive Überleben scheint auf dem Spiel zu stehen. Für Nachbarschaft und Intimität? Gar für Soziales oder Kultur? Die Liebeskrankheit betrifft alle diese hehren Behörden. Ohne in die spezielle Zuständigkeit einer von ihnen zu fallen. Exzellenz, sind Sie links, rechts, aus Frankreich, aus Norwegen oder aus Borneo? Das kümmert mich wenig. Die Bedrohung ist allgemein. Sie schert sich nicht um unsere kommunalen Präferenzen und unsere ethnologischen Spaltungen.

Sehr geehrter Herr Minister, von dem ich nichts weiß – der dringende Verdacht Ihrer Nichtexistenz bedrückt mich. Sie widmen den Hauptteil Ihrer knappen Zeit weit konkreteren Themen: Arbeitslosigkeit, Unterentwicklung, Zinsfuß, Verkehrsunfälle.

Ich kann mir Ihr Achselzucken vorstellen. Ich ahne Ihren Verdruß darüber, daß Sie in meinen Äußerungen kein Rezept für die stets bevorstehenden und, falls Sie Demokrat sind, immer aufreibenden Wahlen finden. Sollten Sie kein Demokrat sein, dann nimmt die Sorge um den Machterhalt Sie noch mehr in Anspruch. Wird mein Geschreibsel in den Papierkörben Ihres Büros landen? Bedenken Sie, auch wenn man Minister ist, bleibt man sterblich. Das Ultravirus macht keinen Unterschied zwischen oberen und unteren Redaktions-, Direktions- oder Staatssekretären. Es gewährt niemandem diplomatische, parlamentarische, ministerielle oder päpstliche Immunität.

Das rein technische Lob des Präservativs braucht nicht mehr angestimmt zu werden. Gelehrte und fachkundige Leute äußern sich um die Wette über die Notwendigkeit seines Gebrauchs, die Vorzüge und Risiken seines Materials, über seine Abenteuer, seine Ausrutscher und seine Gebrauchsanweisungen. Sie prüfen seine Sicherheit und seine Unsicherheiten. Sie bewerten seine Nebenwirkungen. Ihre Präzision ehrt sie. Ich schließe mich ihnen an und betrachte mir die Fülle der veröffentlichten, ständig wiederholten Informationen, mit denen Augen und Ohren bombardiert werden ... ohne überzeugende Ergebnisse. Hertzsche Wellen, Leuchtreklamen, öffentliche Gelder, Privatinitiativen, ehrenamtliche Einsätze, Ärzteschaft, Demonstrationen, Konzerte mobilisieren zu seinen Gunsten. Da ein Hauch Poesie nicht schaden kann, versteckt man es hinter hübschen kindlichen Namen, man schmückt es mit blumigen Metaphern, gibt ihm himmlische Paten und stellare Patinnen ... Nichts hilft. Oder nur sehr wenig. Frankreich konsumiert hundert Millionen Kondome im Jahr. Rechnen Sie selbst. Für den – männlichen und geschlechtsreifen – Benutzer ergibt das vier bis fünf Stück in zwölf Monaten. Liegengebliebene Hüllen und Wasserbomben inbegriffen. Entweder bekehren sich die Bürger massenhaft zu mönchischer Keuschheit, oder sie gestatten sich genau die Freiheiten, Unbesonnenheiten und Fahrlässigkeiten, die sie weniger heuchlerischen Bevölkerungsgruppen zum Vorwurf machen.

Zwischen dem durchschnittlichen Franzosen, dem einfachen Afrikaner, dem Straßenmädchen in Bangkok oder dem Gassenjungen in Bogotá besteht kein nennenswerter Unterschied in bezug auf den Gebrauch oder Nichtgebrauch dieser letzten Zuflucht, die von den aufgeklärten Autoritäten des Planeten in den Himmel gehoben wurde. Und die, wie wir alle wissen, bislang das einzig bekannte Mittel ist, das uns schützen kann. Werden all die feierlichen Warnungen, verführerischen Videos, enzyklopädischen Reportagen, all die Rundfunkspots und Gespräche am runden Tisch für nichts und wieder nichts verbreitet? »Du quasselst, du quasselst, das ist alles, was du kannst«, stellt Laverdure fest, der Papagei von Zazie, einer philosophischen Dichterenkelin.

Wie viele Gelder, wie viele Anstrengungen, um einen kaum merklichen Anstieg des kläglichen Verbrauchs zu erzielen! Ein so totales Fiasko sollte einige Kommentare verdienen. Doch tiefes Schweigen umhüllt das Debakel. Die *omertá* verschließt den Werbeleuten den Mund. Man kann sie verstehen, noch nie haben sie eine herbere Schlappe erlitten. Kein auf Rentabilität bedachtes Unternehmen würde eine so kostspielige und so wirkungslose Kampagne fortsetzen. Bei den ersten Bilanzen hätten die dafür Verantwortlichen sehr schnell den Dienst quittiert. Ihre Abteilungen – Frau, Fräulein, Herr Minister – tun das Gegenteil.

Weit entfernt, angesichts eines offenkundigen wirtschaftlichen, von erbärmlichem soziopsychologischen Gekrächze begleiteten Bankrotts das Weite zu suchen, verbeißt man sich. Aktenordner und Kartons stapeln sich. Fördermittel werden freigegeben. »Wie kann man Kredite verweigern, wenn es darum geht, die Menschheit zu retten?« flüstern weltweit die Verantwortlichen. Ein guter Gedanke. Eine armselige Rechnung. Es ist dringend erforderlich, die Verdummungsmaschine zu stoppen und sich eine Pause der Selbstbesinnung zu gönnen.

*

Ich habe die Schlichtheit meiner Zeitgenossen geteilt: Wenn Sie zur Metrostation Odéon wollen, steigen Sie in Bonne-Nouvelle ein und in Strasbourg-Saint-Denis um. Wenn Sie abbiegen, setzen Sie Ihren Blinker. Wenn Sie nicht sterben wollen, benutzen Sie ein Gummi. Indem die naiven Ratgeber in erotischen Angelegenheiten ihre Ratschläge in der utilitären und höflichen Art des Guide Michelin erteilen, mißachten sie allzu schnell die Romane ihrer Jugend. »Wenn Sie wollen...« In der Tat! Wer weiß schon, was er zu Beginn einer Liebesgeschichte anstrebt? Sein geheimster Wille neigt ja gerade dazu, nicht zu wissen, was er will. Er stürzt sich hinein, hingerissen, wahnsinnig vor Erregung, entflammt.

Wörter bezeichnen diesen erstrebten Zustand: Ekstase, Taumel, Trunkenheit. Dichter, Denker, Mystiker rühmen die wunderbare Anziehungskraft. Pornographische Bücher und indizierte Kassetten bieten eine weniger erhabene, statistisch verbreitetere Version des Sich-Verlierens in den Freuden des Fleisches. Die wuchernde Literatur der Bahnhofshallen zelebriert nach Art der Fernsehserien ihrerseits die Steigerung eines ehrbaren Gefühls in einem gut konservierten Körper, ohne auf die Würze einer möglichen Entgleisung zu verzichten. Das tausendfach eingetrichterte technische Lob des Präservativs beschwört ohne Verrücktheit ein verrücktes Abenteuer. Sanft oder verzehrend, je nachdem, aber stets an der Grenze des Verlusts der Selbstkontrolle.

»Schützen Sie sich!« Naiverweise stellt man sich vor, daß die Botschaft deshalb nicht ankommt, weil sie nicht gehört wird. Ihre ständige Wiederholung würde ausreichen, eindeutig und unwiderstehlich das gewünschte Verhalten hervorzurufen. »Enthaltsamkeit ist gleich Sicherheit.« Beherrschen Sie Ihr Fahrzeug, fahren Sie nicht im Zustand der Trunkenheit. Die Techniker des Kondoms, die ihr Publikum mit dem ruhigen und rationalen Ton der Verkehrspolizei in Harnisch bringen, sind taub für die zwiespältige Komplexität der Ratschläge, die sie erteilen. »Machen Sie Liebe so, wie ich darüber spreche«, das heißt so, als existierte sie nicht. Ist es verwunderlich, daß die Hörer von widerstreitenden Reaktionen geschüttelt werden? Entweder sie fügen sich angesichts der Rationalität, die spricht, oder sie erliegen dem Taumel, von dem sie spricht.

Im Kampf mit dem paradoxen Gebot einer Rede, die den Gegenstand, der sie motiviert, widerlegt, ist das Publikum hin und her gerissen zwischen der Dringlichkeit, vorsichtig zu überleben, und der Dringlichkeit, verliebt zu »leben«, zwischen der nüchternen Berechnung und der glühenden Begeisterung. Sie, der Sie vernünftiges Verhalten vorschreiben, wissen Sie denn nicht, daß Sie im Dienst eines holden Cherubs arbeiten, der seine Pfeile mit verbundenen Augen abschießt?

Taub für die Zweideutigkeit der Rügen, mit denen er seine Kundschaft umzingelt, unempfindlich gegen die Niederlagen, die seine Charme-Offensiven belasten, ist der Werbefachmann eine drängende Kraft. Er lanciert das Präservativ, wie er ein neues Windelhöschenmodell lancieren würde. Er wird von einer Bewegung mitgerissen, die ihm vorauseilt und ihn übersteigt. Er produziert Information. Er belehrt das Publikum über das neugeborene Werkzeug, das das Dasein erleichtert, ohne die Werte durcheinanderzubringen. Er diskutiert nicht über die Ziele, er sorgt lediglich dafür, daß ihre Verwirklichung näherrückt und einfacher wird. Für die letzten Dinge ist er nicht zuständig. Jede eschatologische Fragestellung, die sich auf den Zweck des Daseins und den Sinn der Liebe bezieht, klammert er aus. Warum leben? Das ist Ihre Sache. Wie leben? Hier greift er ein.

Als Botschafter der technischen Innovation im Alltag präsentiert er seine Beglaubigungsschreiben in hypothetischer Form. Wenn und nur *wenn* Sie dieses wollen, *dann* läge es in Ihrem Interesse, jenes zu benutzen... Scheinbar enthält er sich jeden kategorischen Imperativs. Er zwingt nichts auf. Er schlägt vor. Er empfiehlt eher, als daß er befiehlt. Seine bevorzugte Domäne bleibt das neutrale Zuliefern der Mittel. Er betritt nicht das Reich der Zwecke. Seine Anpreisung des Kondoms liegt in seinen Augen in derselben Linie wie die Kampagne für die Antibabypille: richtig informiert, steht es jedem frei, sich für die Sexualität seiner Wahl zu entscheiden. Im Verlauf von zwei Jahrzehnten hat sich die Pille durchgesetzt. Der Westen hat sich mehrheitlich für sie ausgesprochen. Warum sollte es in bezug auf den sexuellen Schutz anders sein? Hier haben wir ein Werkzeug, das die Gesundheit bewahrt, ohne den Akt zu verbieten. Wer bietet mehr? Alles andere ist kasuistisches Gezänk, sophistische oder, noch schlimmer, theologische Spitzfindigkeit.

Die Pille hat die Sitten verändert, trotz des Bannfluchs der Geistlichen. Die Kondome bevölkern mit ihrer Nutzlosigkeit den Ladentisch der Apotheken, ohne daß Anlaß bestünde, den päpstlichen Einwand stärker anzuklagen. Dasselbe Publikum. Dieselbe Presse. Dieselbe Werbung. Die Pille ja, sofort. Das Präservativ – man wird sehen. Warum? Zwischen dem Mittel – der Pille – und dem Zweck – der Liebe und der Lust – besteht kein krasser Widerspruch. Im Gegenteil. Die freiwillige Kontrolle erhärtet und vollendet eine bestimmte Idee der Liebe, eine seit jeher westliche Idee, die bei den alten Griechen elitär war und seit Ende des 18. Jahrhunderts langsam im Westen populär geworden ist.

Der frühe Geburtenrückgang beweist es: die jüngsten, insbesondere die feministischen Kampagnen stehen in der »langen Dauer«, in der eine Zivilisation ihre moralischen Grundlagen, ihre Bettgewohnheiten ebenso ändert wie ihre Tischsitten oder ihr Kriegswesen. Diese jahrhundertelange Arbeit der Sitten an den Sitten bietet nach und nach jedem Paar die praktische Möglichkeit, eine Unterscheidung zu treffen, die bisher theoretisch, ästhetisch, häretisch, asozial und poetisch geblieben war. Die Liebe als Lust und die Liebe als Fortpflanzung, der Geschlechtsakt und der Zeugungsakt sind zum erstenmal deutlich zwei verschiedene Dinge.

Dank einer chemischen Entdeckung krönt die Pille eine lange, überlegte, geduldige Anstrengung, die sich auf vielfache Verfahren und Praktiken stützte. Die Erfindung des Bidets führte seinerzeit zu einer weit konsequenteren und entscheidenderen geistigen Revolution. Die Pille spielt die Rolle der naiven und undankbaren Erbin. Sie gehört zum kulturellen Vermächtnis der Liebschaften des Abendlands. Im Verlauf von wenigen Jahren stand ihr Sieg fest. Für das Präservativ – seiner Rolle als hinderlichen Verhütungsmittels beraubt und zur Anti-Aids-Waffe Nr. 1 avanciert – ist der Weg sehr viel steiniger. Seine Verwendung gehorcht nicht mehr einer Organisation der Lust, sondern der Sorge ums Überleben. [1]

Die Verhütung befreit den Geschlechtsakt. Er steht nicht mehr im Dienst der Fortpflanzung. Er legitimiert sich durch sich selbst und für sich selbst in der Lust, die er verschafft und der er sich unterwirft (wobei er eine alte Debatte über den jeweiligen Anteil des Geistigen und des Körperlichen neu entfacht). Wer das Präservativ so anbietet wie die Pille, als handle es sich um eine befreiende Zugabe, begeht einen gewaltigen Irrtum. Als letzte Zuflucht vor einer Gefahr postuliert, deren radikale Drohung es ständig in Erinnerung ruft, tritt das Kondom als Dritter in den Dialog zwischen Akt und Lust ein. Es wiederholt die permanente Möglichkeit einer totalen Krise. Ein Damoklesschwert entthront die Lust-Liebe, die die Pille zum Maß aller Dinge kürte. Der Schatten der Traurigen Botschaft dringt in die Herzen. Man muß zweimal hinschauen. Mit einem Auge auf die Liebe. Mit dem anderen auf den Tod. Eine Gehirnhälfte für das Vertrauen. Während die andere daran arbeitet, Mißtrauen zu schüren. Sich schützen heißt verdächtigen, ohne zu wissen, jedoch wissen, daß man alles verdächtigen muß, an erster Stelle die Blindheit der Liebe.

Das Argument, das die Pille anpreist und verkauft – alles für die Freiheit – wird zur ersten Ursache für den schlechten Verkauf des schützenden Gummis. Indem die Pille den Akt von der Zeugung trennt, befreit sie ihn vom Gedanken an die Zukunft und die Zeit, um ihn auf einen Moment zu beschränken, der fröhlich sich selbst genügt. Der Todesdekor, den – und sei es *a contrario* – der das Kondom feiernde Gesinnungswechsel projiziert, stellt den Bezug zur Zeit wieder her. Eine Unruhe untergräbt die Gegenwart. Niemand kann sich rühmen, sie hundertprozentig zu überwinden. Die Pille liebt die Lust und stellt sich in ihren Dienst. Die Situation kehrt sich um, wenn es der Lust anheimfällt, das Kondom zu lieben, das sich nur insofern auf den Tod beruft, als dieser einen in den touristischen Gefilden der Lüste nicht vorgesehenen Schrecken verbreitet und ihren Zauberkreis durchbricht.

Der Propagandist besteht weiterhin darauf. Er versichert, daß alle Wege zur Libido führen, zu der die Geburtenkontrolle auf positive und das Präservativ auf negative Weise ein Subjekt befähigen, das beide Verfahren aus Liebe zur Liebe anwendet. Der scheinbar harmlose Unterschied zwischen diesem Negativen und diesem Positiven unterschlägt eine subtile Begriffsvertauschung.

Daß das Foto eines hübschen Mädchens den Kauf eines Autos erleichtert, bereitet keine unüberwindlichen Interpretationsschwierigkeiten. Daß ein verführerischer Körper, in enganliegende Jeans gepreßt, den Verkauf von Denim-Hosen ankurbelt, ist nicht der Rede wert. Daß ein aufreizendes Bild desselben Kalibers dazu verleitet, sich mit einem Kondom zu wappnen, ist problematisch. Die metaphorischen und metonymischen Verschiebungen des Begehrens zwischen der Sache, die etwas verkauft, und jener, die verkauft wird, sind völlig einleuchtend. Die Schönheit und das Auto, die Schönheit im Auto und die Reise in der Schönheit sorgen für eine vage erotische Verwirrung – surrealistische Spielerei »sehr starker Eindrücke (...), in keiner Weise von der Moralität anzusteckende, im Traum und in der Folge auch in dem, was man ihm sehr künstlich unter dem Begriff Wirklichkeit entgegensetzt, wahrhaft ›jenseits von Gut und Böse‹ empfundene Eindrücke« (A. Breton).

Die Anspielung auf ein radikales Böses dagegen zerbricht die träumerische Solidarität von Hintern, Jeans und demjenigen, der sie betrachtet. Wenn die Fahrzeugversicherung vor den Risiken einer Unvorsichtigkeit warnen will, sind ihr Plakate, die Autoparadiese rühmen, kaum eine Hilfe. Wie sollte eine noch so flüchtige Bezugnahme auf Aids jenes Dasein »jenseits von Gut und Böse« nicht Lügen strafen, in dem jeder Konsum eine Sache der Liebe und jede Liebe bereit ist, zum höchsten Ruhm der universalen Werbung konsumiert zu werden?

*

Ihre Berater, sehr geehrter Herr Minister, haben, so fürchte ich, das Hindernis, das sich ihren wohlmeinenden und wirkungslosen Bemühungen in den Weg stellt, gewaltig unterschätzt. Nennen wir, wenn Sie gestatten, die Ablehnung »Collard-Syndrom«, jene Ablehnung, die sowohl die Kenntnisnahme der Gefahren als auch das Ergreifen von Schutzmaßnahmen blockiert. Würdigen wir jenen jungen Aids-Kranken, der Zeit für einen Film, drei Romane und ein Tagebuch hatte, bevor er verschied. Auf der Leinwand nehmen zwei junge Menschen – er HIV-positiv, sie noch HIV-negativ – in gegenseitigem Einvernehmen und mit vollem Bewußtsein alle Risiken auf sich. So als verwandelte sich – in der harten Version – die Ansteckung der Leidenschaften in die Leidenschaft anzustecken. Oder als müßte man – in der sanften Version – zur Rettung der Liebe das Virus vergessen, auch wenn es in nächster Nähe lauert. Im Kinosaal sympathisiert ein junges Publikum. Interviewer und Journalisten mutmaßen, daß Collard mit lauter Stimme und klaren Bildern formuliert, wovon viele still träumen.

Die Widerstände gegen den Gebrauch des Kondoms verdanken sich weniger einem Mangel an Information als einer Entscheidung, nicht wissen zu wollen. Die willentliche Unwissenheit verrät ein pathetisches und verzweifeltes Bemühen, die Verzweiflung dadurch auszulöschen, daß man die Ursache der Störung, die Existenz eines unheilbaren Übels verbirgt. Eine solch tragikomische Weise, der Gefahr ein Schnippchen zu schlagen, sollte Sie das Fürchten lehren. Die Herausforderung wird zur Verleugnung: den Tod vor Augen stellt man sich tot, gleich jenen schwachen Tierarten, die angesichts der Gefahr nur in der Reglosigkeit eine Abwehr finden und im voraus den tödlichen Ausgang simulieren.

Ihre Botschaft, mein Herr, ist gehört worden. Aber entgegen den Erwartungen der Therapeuten liest das Publikum gegen den Strich. Die absolute Traurige Botschaft lähmt die relative Hoffnung auf eine angekündigte Prävention. Wenn die offiziellen Lautsprecher den *status quo ante* einzig unter der Bedingung des Kondoms garantieren, versteht der Mann auf der Straße »rette sich, wer kann«, »nichts wird mehr wie früher sein«. Der historische Eros, der Eros der Bücher, der Eros der Märchen und Sagen, der Eros der Breitleinwand, an den die Eltern noch glaubten, gehört nunmehr der Vergangenheit an.

Eine zu harte, unannehmbare Ankündigung, die korrigiert wird, sobald man sie vernommen hat. Während unten das Collard-Syndrom die finstere Konsequenz ausblendet, schwächen oben Ihre Werbeleute das Kommuniqué ab. Unter dem Deckmantel, die uralte Gewißheit einer Liebe zu wiederholen, die »stärker ist als der Tod«, zellophanisieren sie heimlich die Natur der himmlischen Rasereien. Sie preisen sie nicht mehr als »frei«, »toll«, sondern als »sicher«. *Safer sex* sagen die Angelsachsen mit ihrer Neigung zur konkreten und alltäglichen Verdeutlichung.

Erkennen Sie hierin das umgekehrte Collard-Syndrom: Nicht mehr mein Tod wird für irreal erklärt, sondern das Fleisch des anderen. Statt das Risiko im Kopf zu beseitigen, vertreibt man es aus den Körpern. Weg mit den taktilen Kontakten, einzig die visuellen sind erlaubt. Weit entfernt, die offizielle Litanei zu bekräftigen – »dank dem Kondom ändert sich nichts« –, stellen die Libido-Ratgeber einen glücklichen Ausgang nur unter der stillschweigenden Bedingung wieder her, daß sie die Arten zu träumen, zu leben und zu lieben magisch über den Haufen werfen.

Mallarmés Faun bleibt allein auf der Bühne. Er berauscht sich an der bitteren Süße einer Hellsicht, die seinen bacchantischen Phantasien als Prisma dient.

> Wie Beeren, denen ich den hellen Saft entsog
> zum Trost im Kummer, den ich heuchelnd schon betrog,
> streck lachend ich empor die leergeschlürfte Hülle,
> die ich voll Übermut mit meinem Atem fülle,
> von ihrer Transparenz berauscht im Abendblau.

Welch plötzlicher Dünkel erfaßt unsere Kommunikationsexperten, allesamt mit psycho-sozio-makro-logischen Diplomen behängt, daß sie sich anheischig machen, in drei Clips und drei optischen Schwenks renovierte Nieren und Herzen zu verpflanzen?

Wenn die Pädagogen des Spots, ganz bescheiden, eine »ungeschützte« Umarmung durch eine »geschützte« Begegnung ersetzen, verschleiern sie, hinter einem gewissermaßen gymnastischen Gewand, einen höchst revolutionären Anspruch. Unter ihrer Fuchtel stellt sich ein neuer kollektiver Moses an die Spitze des Volks von Heranwachsenden, das vor der Geißel aus Ägypten flieht. Er sichert den Übergang von einer Vor-Aids-Beziehung zu einer Nach-Aids-Genesung. Er führt ins gelobte Land der regenerierten Gefühle.

Vorher gab es ein Leben, in dem man sich Knall auf Fall verliebte, um Vertrauen warb, es war ein ständiges Tasten vor dem Horizont einer idealen Verschmelzung, deren Zauber die Dichter und deren Unwirklichkeit die Romanciers besangen: »Du weißt doch, als ich dich zum erstenmal sah, habe ich dich sofort erkannt.« (A. Breton) In Wahrheit ließ der Zweifel nicht auf sich warten, aber er bestätigte eine schmerzliche Norm, die um so unüberwindbarer war, als sie unangreifbar zu sein schien. Die irrenden Liebenden unterwarfen ihre Streitigkeiten ebenso wie ihre Küsse der letztinstanzlichen Gerichtsbarkeit eines imperativen »Du sollst«, die ihre irdische Unvollkommenheit beurteilte. »Die gegenseitige Anziehungskraft muß stark genug sein, um, kraft eines vollkommenen Ergänzungsvermögens, die integrale, zugleich physische wie psychische Einheit zu verwirklichen.« (A. Breton) Es war das Zeitalter der heiligen Liebe, der alle huldigten, die Opfer, die Gotteslästerer und vielleicht einige Auserwählte. Heute sind wir aufgefordert, die Ordnung der Gefühle umzustoßen. Die sichere Liebe, die anscheinend die heilige Liebe ersetzt, der einsame Erguß des Mallarméschen Fauns soll die Verschmelzung der einst als surrealistisch eingestuften oder indizierten Paare ablösen.

Altes Regime. Am Anfang war das jungfräuliche, idyllische, unbefleckte Vertrauen. Alle huldigten ihm. Auch wenn jeder nach eigenem Ermessen damit spielte. Der Libertin machte Jagd darauf. Der Priester erhob es über die fleischlichen Ungewißheiten. Der Bürgermeister erklärte es zum Gesetz der Ehe.

Neues Regime. Am Anfang ist das Kondom – das Mißtrauen. Es plagte die früheren Beziehungen so, wie der Argwohn den Unterschied zwischen Realem und Idealem abschätzt. Wie der böse Gedanke die guten vertreibt. Wie auf der letzten Wegstrecke das Gift lauert. Rache des Junggesellen. Das Mißtrauen also. Es schiebt sich vom Rand in den Mittelpunkt. Früher ein Trennungsgrund, wirft es sich heute als Verfassungsgrundsatz auf. Indem man das sakrosankte Kondom zur höchsten Garantie und letzten Zuflucht erhebt, kehrt man, ob man will oder nicht, den Lauf der Dinge um. Es kommt zu einer ursprünglichen, unausweichlichen und unaufhebbaren Distanz. In die Versenkung mit dem Opfer, mit der spontanen und uneigennützigen Hingabe, der unegoistischen und vorbehaltlosen Regung des Herzens, die so lange glorifiziert wurden. Adieu Manon. Adieu Gretchen. Adieu Héloïse. Ein heimtückisches Virus gibt euch den Abschied.

Eine scheinbar harmlose Vorsichtsmaßnahme verurteilt den Unschuldigen dazu, seine Unschuld zu verlieren, noch bevor er in den Apfel beißt. Adieu Rousseau, der, nach vielen anderen Erzählern, »am reinen Kristall des Brunnens« die gleichzeitige Erfindung der Sprache und der Küsse pries. Rousseau hat sich nicht zwei Turteltauben – auf einem feinen Sandstrand – vorgestellt, die zu einem Dialog über das sexuell übertragbare Virus genötigt sind. Es ist Schluß mit der schönen Transparenz und dem süßen Geplauder der paradiesischen Umarmungen. Es bedarf der Wörter, einer zweiten Ausdrucksweise, um über den Tod, das Unwissen und die mögliche Täuschung zu sprechen. Sie zerstört die fromme Fiktion einer ursprünglichen, einzigartigen Sprache ohne Lüge, über deren ewiges Geheimnis in vergangenen Zeiten einzig die Dichter, die Lehrer und die Liebenden disputierten.

Das alte Regime zu verlassen geht nicht von allein. Unmöglich, klammheimlich eine so augenfällige Umkehrung vorzunehmen. Die amtlich anerkannten Berater gehen darüber hinweg. Sie haben keine Ahnung von dem Berg an Angst und Fragen, den ihre freundlich utilitären Gebote und Verbote aufwerfen. Sie verbreiten ein paar vernünftige Maximen und fordern mit Unschuldsmiene die Zuhörer auf, alle vorgefaßten Meinungen über Bord zu werfen. Nicht überstürzt zu handeln. Das jugendliche Ungestüm zu zügeln. Die Fotoromane zu beschneiden, die anderen liegenzulassen. Und sich, gleich Odysseus angesichts der Sirenen, Füße und Hände festzubinden, sich lieber eine psychische Zwangsjacke anzulegen, als den vorübergehenden Ophelias zuzuflüstern:

> Zweifle an der Sonne Klarheit.
> Zweifle an der Sterne Licht,
> Zweifl', ob lügen kann die Wahrheit,
> Nur an meiner Liebe nicht.
>
> (*Hamlet*, II, 2)

In den Bildungsanstalten werden erklärende Wandtafeln aufgehängt, Automaten angebracht, die Preise der heiligen Schutzhüllen erörtert und, ausnahmsweise, diese selbst demonstriert. Keine Sekunde lang bringt der Gebrauch des Präservativs ein *cogito* ins Spiel. Oder, noch unerläßlicher, ein rigoroses und systematisches *dubito*. Um sich über die unerbittliche Notwendigkeit der schützenden Hülle einig zu werden, müßte man an der eigenen Gesundheit sowie an der des anderen zweifeln, an dem Wort, das man gibt, sowie an dem, das man erhält. Man müßte darin übereinkommen, daß niemand weiß, was er tut, was er getan hat und was zu tun er sich anschickt, daß das Leben schenken und den Tod geben gelegentlich ineinanderfließen können.

In unserem Gehirn wie in unserem Körper vertauschen Wahrheit und Lüge ihre Plätze, ob mit oder ohne unser Einverständnis. Um von Nachtclubs den richtigen Gebrauch zu machen, denke über Descartes nach. Verdächtige mich, wenn du mich liebst. Werde nüchtern, wenn ich dich berausche. Öffne die Augen, wenn du träumst. Kehre zur Erde zurück, wenn du im siebten Himmel bist.

»Ich nehme also an, alles, was ich wahrnehme, sei falsch; ich glaube, daß nichts von alledem jemals existiert habe, was mir mein trügerisches Gedächtnis vorführt. Ich habe überhaupt keine Sinne; Körper, Gestalt, Ausdehnung, Bewegung und Ort sind Chimären. Was soll da noch wahr sein? Vielleicht dies Eine, daß es nichts Gewisses gibt.« (Descartes)

Eine solche »hyperbolische« Ausweitung des kartesischen Zweifels mag einem die Sprache verschlagen. Wenn der Liebende die klugen Ratschläge hört, muß er vermuten, daß sein Teuerstes ihn hintergeht, daß ein böser Geist oder irgendein trügerischer Gott ihn so geschaffen hat, daß er sich im Dschungel der intimen Gefühle verirrt, daß er sich in den Handlungen und Gedanken täuscht, die ihm am unverdächtigsten vorkommen. Zwischen mir und dem anderen sind die Brücken abgebrochen. Die Kommunikationsmaschine ist gestört.

Im Glauben, das Wahre zu sagen, redet man falsch; ausgezogen, das Gute zu tun, verbreitet man das Böse. Zum einzigen Hilfsmittel erklärt, entwertet das Kondom alle anderen. Es propagiert die Leere. Um die Ausbreitung der Geißel zu verhindern, nimmt es spirituell deren verheerende Wirkung vorweg. Jeden einzelnen entlarvt es als einen potentiellen Aids-Kranken. Daher der Bumerangeffekt seiner Aufforderung: auserwählt, den Schrecken zu bannen, entlarvt es ihn als so nahe, daß man vor Entsetzen vor ihm zurückweicht.

Übertreibung? Die Liebe bleibt die Liebe! Eine einfache Vorsichtsmaßnahme kann doch nicht alles von Grund auf umwälzen! Man braucht nur zu wissen, gute Gründe gibt es zuhauf. *Wissen*, sagen Sie. Genau. Gestatten Sie, daß ich es betone. Merken Sie, wie stark sich auch das Verhältnis zum Wissen revolutioniert hat? Kraft der Tradition, der Religion, der Wissenschaft oder einer beliebigen Gesellschaftsordnung fällt der Geschlechtsakt seit jeher in die Zuständigkeit eines Wissens, das seine Extravaganzen disziplinieren, seine Gelegenheiten gutheißen und seine Folgen verbürgen soll.

Know-how, Lebensart, Kontrollkenntnisse – lauter Verfahren, die im alten Regime auf unterschiedliche Weise die Ordnung der Welt und die Unordnung der Herzen, die kollektive Weisheit und die individuellen Leidenschaften in Übereinstimmung bringen. Der präservative Häresiarch widerspricht diesen Überzeugungen. Er beruft sich auf eine universale Enttäuschung. Statt zu verkünden, daß die Welt auf Vernunft gründet oder daß die Vernunft dominiert und die Welt verändert, enthüllt er ein doppeltes Fiasko: Die Natur ist mit einer unvorhergesehenen und todbringenden ultraviralen Population bevölkert; die Wissenschaft sieht sich vorerst außerstande, diese Vernichter auszuschalten. Unfehlbarkeit des Herzens und wissenschaftliche Allmacht werden in ein und demselben Debakel beseitigt.

Die Propagandisten geben eine traurige Figur ab, unfreiwillig stellen sie die richtigen Fragen, aber ihr techno-pädagogischer Voluntarismus hält die Partie fälschlicherweise für gewonnen. Hartnäckig bestehen sie darauf, den Abgrund, den ihre Fragen auftun, mit zu kurzen Antworten zu pflastern. Das Präservativ ist ein lachhafter Gegenstand, den man als solchen betrachten muß, ohne ihn als Waffe des Gemeinwohls zu fetischisieren. Verhehlen wir uns nicht seinen unsicheren und, offen gesagt, tristen Aspekt. *Darin* liegt die Zukunft der Menschheit. Träumen Sie von der glorreichen Vergangenheit der Spezies. Stellen Sie sich ihre Zukunft vor, sie paßt in eine hohle Hand. Eine Membran aus Gummi: genau davon hängen die künftigen Sternreisen ab, die Zukunft der Mathematik, das Gedächtnis von Altamira, Salamis oder des Moulin de la Galette. Tilgen Sie vor allem nicht den Hauch von Absurdität, der die gelehrten Zusammenkünfte umgibt, wenn sie die hervorragenden Eigenschaften besingen. Immerhin muß uns das Ding von unserem lächerlichen Universum überzeugen, damit wir lächerlicherweise übereinkommen, uns daran zu klammern: »Wenn der größte Philosoph der Welt auf einem Steg steht, der breiter ist als eigentlich nötig, und unter ihm gähnt ein Abgrund, dann mag ihn seine Vernunft noch so sehr von seiner Sicherheit überzeugen: Seine Einbildung wird das Übergewicht haben. Manche Menschen können den Gedanken daran nicht ertragen, ohne zu erbleichen und zu schwitzen. (...) Wer weiß nicht, daß der Anblick von Katzen, Ratten, das Zermalmen einer Kohle usw. die Vernunft aus den Angeln hebt?« (Pascal)

*

Schon seit über einem Jahrhundert leben wir tagtäglich unter der Gerichtsbarkeit des Redens-über-Sex. Noch nie hat sich diese von Michel Foucault formulierte These so eklatant bewahrheitet, und zwar auf unsere Kosten. Wie konnte man glauben und weismachen, daß ein paar von der Medizinischen Fakultät zugelassene Posters und Comics unsere ältesten Bettgewohnheiten verändern würden? Eine seltsame Naivität, die beweist, wie sehr wir uns dem Gesetz der »Diskursivierung des Sex« (Foucault) unterworfen haben. Zehn, bald zwanzig Jahre. Wieviel Zeit, die darauf verschwendet wurde, Problemen aus dem Weg zu gehen, die einfach dadurch gelöst zu sein schienen, daß man sie öffentlich benannte und kommentierte! Die Macht der Wörter gegen die Virulenz der Viren!

Berater, Werbeleute, das ganze Aufgebot der Kunstarbeiter, Gelehrtenkommissionen – alle stimmen ein in das Credo, das die Modernität unserer »dem Geständnis verhafteten Gesellschaft« beherrscht: Sagen heißt bereits heilen. Das Geständnis ist sowohl Symptom als auch Diagnose, Heilmittel, Kur und Regeneration: »... ein Ritual, wo die bloße Äußerung schon – unabhängig von ihren äußeren Konsequenzen – bei dem, der sie macht, innere Veränderungen bewirkt: sie tilgt seine Schuld, kauft ihn frei, reinigt ihn, erlöst ihn von seinen Verfehlungen, befreit ihn und verspricht ihm das Heil.«

Was inszenieren die vollmundigen Kampagnen zur Sakralisierung des Kondoms anderes als ein bis zum Überdruß wiederholtes kollektives Geständnis – ja, wir können Aids bekommen, aber man braucht es nur öffentlich zu machen, um es zu wissen; zu wissen, um vorauszusehen; vorauszusehen, um vorzubeugen. Die Information schneidet ein und vernäht. Die Information kauterisiert die Wunden im selben Moment, in dem sie diese entdeckt. Die westliche Zivilisation gilt als desillusioniert, kalt, rational, ernüchtert. Aber wie ehedem huldigt sie der Magie eines Worts, dessen vermeintliches Allwissen der höchsten Heilmethode und letzten Erlösung gleichkommt.

Das aristokratische Europa von einst war stolz auf die Anciennität seiner Vorfahren. Der Adel des Bluts zeugte in seinen Augen von einem althergebrachten Sterben-Können. Der Zukunft zugewandt, um die Gesundheit seiner Nachkommen besorgt, beruft sich das urbane und demokratische Europa nicht mehr auf genealogische Reinheit, sondern auf Körperhygiene. Die Regeln für ein gesundes Dasein sind in der dreifachen Lebensart des Geständnisses, der Transparenz und der Sexualwissenschaft kodiert.

Hinter den Schulstreitigkeiten, die auf die Exklusivität der wissenschaftlichen Patente Anspruch erheben, zeichnet sich das gemeinsame Programm einer endgültigen Aufhebung der Verbote und Tabus ab. Alles Nichtgesagte muß gesagt werden. Auch wenn es einst als unsagbar verehrt oder als ekelhaft verabscheut worden war. Es gibt nichts, was sich nicht analysieren und theoretisieren ließe. Gesellschaftliche Instanzen, Familien, Schulen, Ärzte, Psychiater, Sozialarbeiter, Psychologen, Meinungsforscher und Fernsehjournalisten – sie alle werfen den anderen einen Rest von Schamhaftigkeit vor und arbeiten – rivalisierend – darauf hin, deren letzte Überbleibsel zu eliminieren.

Das Unsichtbare muß sichtbar gemacht werden. Es gibt keine Scham mehr bei früher schandbaren Dingen, sobald sie veröffentlicht und öffentlich sind, so versichern die oberflächlichen Fernsehbeichten *(talk shows)* wie die gelehrten Gesprächstherapien *(talking cures)*. Kein einziges Begehren darf fremd, feindselig bleiben. Das Geständnis des Sexes rückt letzteren in den Mittelpunkt. Er sagt alles, was er getan hat, tut am Ende jedoch nur das, was er gesagt hat. Er wird zum subjektiven Angelpunkt unserer

Berichte, genauso wie das grammatikalische Subjekt, Treffpunkt sowohl der Aussage wie des Aussagens. Ich bin der, der »ich« sagt, eine andere Definition gibt es nicht.

Das Reden-über-Sex entfaltet eine erobernde Hegemonie (wer könnte so vielen Ratsuchenden widerstehen?). Eine universale Hegemonie (kein stummes Geheimnis entgeht dem freundlichen Gesetz, alles zu sagen). Eine autonome und sich selbst verwaltende Hegemonie (Verführung, Übertragung, Gegenübertragung, Identifizierung, Projektion – lauter unwiderlegbare Hinweise dafür, daß der Sex zu anderen ›Sexen‹ über Dinge spricht, die sie betreffen, in einer mondänen und mondialen Intimität). Foucaults berühmte und stringente *Geschichte der Sexualität* erhellt zehn Jahre im voraus das Gerede der Marketingstrategen über das Kondom. Sie würden nicht mit so selbstgefälliger Lässigkeit über ihre Mißerfolge hinwegsehen, wenn sie nicht von einem sexuellen Geschwätz getragen würden, das sich selbst feiert als »die Lust an der Wahrheit der Lust, die Lust, sie zu wissen, sie auszukleiden, sie zu enthüllen«.

Dieser ozeanische und allesfressende Klatschverein empfiehlt eine prosaische und vulgarisierte Version der »amour fou«, wie Breton sie verstand. Auch er siedelt uns »jenseits von Gut und Böse« an. Nicht, weil er poetisch im Raum der Träume ein- und ausgeht, sondern weil er die Unterscheidung zwischen Tag und Nacht, zwischen dem Träumenden und dem Wachenden, zwischen Realität und Surrealität verringert. Wie jede siegreiche und selbstsichere Revolution schafft er die alten Zeiten ab. In den neuen Zeiten hat er keinen Feind. Ist die Perversion erst einmal eingekreist und von irgendeiner gelehrten Hermeneutik dekonstruiert, dann ist sie nicht mehr subversiv, sie nimmt eine Wendung zur Eleganz, zum Charakterzug oder zur spitzbübischen Distinktion.

Während früher das Fleisch dem Geist entgegenstand, steht dem Sex nichts entgegen. Er hat keinen Feind zu seiner Linken. Er hat keinen mehr zu seiner Rechten. Er bildet einen hypothetischen Punkt absoluter Performanz. »Performativ« nennen die

Sprachwissenschaftler den Dreh, durch den eine Behauptung von sich selbst zeugt, wo tun sagen heißt und sagen tun. Zum Beispiel: ich schwöre ..., ich bete ..., ich wünsche ..., ich fordere auf ... Die Rede des königlichen Sex ist zum »einzigen Signifikanten«, zum »universalen Signifikanten« (Foucault) geworden.

Die Liebe machte das Unannehmbare annehmbar. Die moderne Sexualität stellt sich dieser intensiven Herausforderung nicht mehr, sie weicht ihr aus. Der Tod wird nur noch weich, aufgelöst geduldet. Er teilt das Los aller Widrigkeiten, die lange zerfressen und langsam absorbiert wurden von einem Universum der Rede, das kein Außen mehr kennt. Er ist lediglich ein zu Ende gebrachtes Leben. Bis zum Überdruß verzehrt, erschöpft er sich. Von innen gesehen, performativ, wird die Andersheit zu einer Gestalt des Selben, die Krankheit zu einer Psy-Beziehung von sich zu sich und das Ableben zu einer Liebesenttäuschung, erlöst in der endlosen Geschwätzigkeit, die das Ausreißen der Übel durch Wörter absondert. »Nicht mehr die Kinder werden im Kohl geboren, sondern die Toten verschwinden in den Blumen.« (Ariès)

Als Prinzip aller Prinzipien, Lösung aller Lösungen zwängt das herrschende sexuelle Geplapper den Indoktrinierten in die Alternative der heiligen Liebe und der sicheren Liebe. Entweder er vermutet, unwissend wie zuvor, daß Aids ihn nicht betrifft. Oder er meint, dumm in seiner Faulheit, nicht in Kontakt treten zu dürfen. In beiden Fällen gehorcht er, beugt sich der Forderung nach unschädlichem Sex. Nicht daran denken. Nicht berühren. Seinen Geist im Zaum halten. Oder sein Fleisch an der Leine. Die Beschwerlichkeit ist die gleiche, man muß sich ungebunden zwischen dem Heiligen und dem Sicheren im Kreise drehen. Dem widersprüchlichen Gebot unterworfen, sich vor einem als undenkbar erachteten Verhängnis zu hüten, schwankt die Wahl zwischen zwei Arten, es nicht zu sehen, sich ihm also auszuliefern. Das depressive Verfahren der Toten, die überleben, und der manische Trieb der Lebenden, die entflammen, programmieren dieselben Verfinsterungen.

*

Die westliche Elite hat sich kopfüber ins Getümmel geworfen, auch wenn es sich als kontraproduktiv, da irregeführt und irreführend erweist. Das Galamenü ihrer wohlmeinenden Kolloquien ist stets das gleiche. Hauptgang und zentrale These: es ist halb so schlimm. Vorspeisen, Aperitifs, Beilagen und hypothetische Nachträge: es ist halb so schlimm, wenn..., vorausgesetzt, daß... Am Ende der Mahlzeit obligate Schlußfolgerung: man muß bloß... Gestärkt verläßt man die Debatte. Es ist nicht (schlimm) und man muß sich nur (richtig verhalten) markieren das Gefühl, daß sich nichts ändert: katalogisierte Ideen und Verhaltensweisen haben immer Gültigkeit. Keine Infragestellung geistiger oder emotionaler Art bedroht die Losungen des Tages. Ab ins Bett, wo man sich gefährdet und verstrickt wiederfindet.

Angesichts der unabwendbaren Neuheit der unvorhergesehenen Geißel erweisen sich die streng konservativen Reflexe als ebenso lachhaft wie die Wundermittel. Es gibt keinen absoluten Schutz. Es sei denn, man lebt außerhalb des Lebens, in vollkommener Isolierung. Die Wahnvorstellung einer Rückkehr ins sanfte Paradies der Liebe ohne Aids treibt unsere Propaganda um. Da wir die Tugenden eines rettenden Werkzeugs allzusehr anpreisen und die Hoffnung auf permanente Makellosigkeit kultivieren, richten wir uns abermals in einer Alternative des Alles oder Nichts ein, die beim ersten Alarm die Ernüchterten in kopflose Wut versetzt.

Einige junge Frauen äußern, wenn sie erfahren, daß sie HIV-positiv sind, den nicht zu unterdrückenden Wunsch nach Mutterschaft. Sie wissen, daß sie ihr Virus wahrscheinlich auf das Kind übertragen werden. Jedes dritte Baby wird krank sein. Das Collard-Syndrom einer totalen Ungeschütztheit mag als organisiertes, willentliches und kontinuierliches Verhalten eine Ausnahme sein. Weniger unwahrscheinlich ist es als Krise, als Anfall, im Fieber einer Beunruhigung, der niemand entgeht. Wenn die Mutterliebe mit der Übertragungswahrscheinlichkeit von eins zu drei spielt, was soll man dann erst zu den ehelichen Beziehungen und den vorübergehenden Liebschaften sagen?

Fassen wir zusammen: Die erteilten Ratschläge zeitigen nicht die erhofften Ergebnisse. Geben Sie nicht der mangelnden Information oder dem fehlenden Verständnis die Schuld. Erkennen Sie vielmehr einen mehrheitlichen Willen zum Ausweichen. Er bemächtigt sich der Kampagnen, die finanziert werden, um ihn auszutreiben. Beim Nahen der Gefahr steckt der Vogel Strauß den Kopf in den Sand, so heißt es; wir machen uns seine Politik zu eigen, indem wir beschließen, daß nichts daran zu ändern ist oder daß, sofern man die elementaren Maßnahmen ergreift, nichts mehr zu befürchten ist. Die Unruhe der großen Revisionen lähmt. Wir werden nie mehr so lieben »wie vorher«, wie Papa, wie Mama, wie so viele Helden und Heldinnen, wie all jene Reisenden nach Kythere. Ist ein solcher Gedanke faßbar? Die Angst, den Eingang zu den imaginären Landschaften verloren zu haben, verdoppelt die Furcht vor der Krankheit. Vor nunmehr hundertfünfzig Jahren ersann ein Dichter von Venus verlassene Orte:

Es war kein Tempel, der im Schattenhaine stand
Und wo die junge Priesterin, im Kranz der Blüten
Die Glieder zu erfrischen, die wie Feuer glühten,
Ihr Kleid halb auftat, daß das Lüftchen Einlaß fand (...)

Anstelle der Göttin: ein Gehängter. Die Vögel zerfetzen ihn. Der Dichter zählt auf:

Das Meer war einzig schön, der Himmel glanzerfüllt.
Doch mir war alles nun voll Blut und voller Schwärze;
Ach, und in dieses Sinnbild blieb hinfort mein Herze
Wie in ein dickes Leintuch eingehüllt.

Auf deiner Insel, Venus, sah ich sonst nichts stehen
Als einen Galgen, dessen Arm mein Abbild trug...
– O Herr! O gib mir Kraft und Heldenmut genug,
Mein Herz und meinen Leib ohn Ekel anzusehen!

Baudelaire nahm die Aufregung der Aids-Offenbarung vorweg.

Zum ewigen Frieden, das schmucke Schild eines bezaubernden Gasthauses, auf dem ein Kirchhof gemalt war, leitet Kants Reflexion über die Konflikte Europas und den Willen ein, sie zu beenden. Der im Reich der Venus errichtete Galgen stellt keine größere Ausnahme dar als die im Gefolge der hochherzigen Aufstände von Doktoren wie Guillotin errichteten Präzisionsmaschinen. Die Kytheren des Sex ereilt ihrerseits das erbarmungslose Schicksal, das den Kristallpalast der roten und finalen universalen Brüderlichkeit zertrümmerte und die frischen großen Volkskriege zerbrach, die unüberlegt begonnen, bedingungslos weitergeführt und, da miserabel programmiert, mitleidlos und unvorsichtig beendet wurden. Es fällt schwer zuzugeben, daß Liebe, Krieg und Revolution, wie das Leben, nur an einem Faden hängen. Innerhalb von zwei, drei Generationen sieht sich Europa genötigt, die seine Moderne begründenden Katechismen einen nach dem anderen zu widerrufen.

Tschernobyl verweist auf die menschlichen und totalitären Irrtümer. Aids hebt die Defekte der physischen Natur hervor. Blutbäder krönen die Unfähigkeit so mancher Generalstäbe. Scheinbar keine gleichgelagerten Fälle. Dennoch weisen unsere Zusammenbrüche, die so verschiedene Ursachen haben, eine gewisse Familienähnlichkeit auf.

Ratespiel: Welche Gemeinsamkeit besteht zwischen der seltsamen Niederlage vom Juni 1940, der kleinen nuklearen Apokalypse am sowjetischen Osterfest im Jahre 1986 und dem planetaren Auf-der-Stelle-Treten, das dem HIV freies Spiel läßt? Antwort der Experten: keine. Hypothese Ihres Dieners: in allen drei Fällen zeigt sich eine anhaltende Sorglosigkeit, die weniger von frommer Unkenntnis als von willentlicher Blindheit lebt. Kaum ist die geistige und gesellschaftliche Sicherheit in Gefahr, opfert man ihr bereits den Intellekt und bald auch die Existenz. Als lautete die letzte Maxime des intimen Glücks, die Augen zu schließen, um ruhig schlafen zu können.

Berührt Sie meine Sturmglocke? Reißt sie Sie aus Ihrem Ministersessel, um Sie auf den Klappsitz des Lesers und Wählers zu setzen, der im Begriff ist, sich zu ängstigen? Vermutlich denken Sie: er übertreibt.

Vielleicht ziehen Sie es vor, Ihre Person und Ihren Einfluß auf die Ausschmückung eines demnächst stattfindenden telemondialen Herzensschmauses zu verwenden. Gewähren Sie mir einen letzten Spaziergang. Begeben wir uns gemeinsam auf das Terrain, wie man es vereinbarungsgemäß nennt, in einen Vorort von Paris:

Im Oktober 1991 beschließen das Gesundheits- und das Jugendamt von Aubervilliers, Verhütungskampagnen für benachteiligte Jugendliche zu starten. In den darauf folgenden Monaten findet in jeder Siedlung und in jedem Viertel von Aubervilliers eine große Anzahl von Diskussionen statt. »Sehr schnell ist uns klar geworden, daß es nicht genügt, Fragen der Verhütung, technische Fragen zu erörtern«, erklärt Luc Ginot, Arzt der kommunalen Gesundheitsbehörde. »In den Diskussionen kamen die geistigen Vorstellungen zur Sprache, die Wertesysteme, die Begriffe von Achtung und Mißachtung, Gewalt, Ausgrenzung.« Eines ist festzuhalten: wir müssen viel weiter gehen. Den jungen Leuten erklären, daß es nicht ausreicht, ein Kondom zu benutzen. Aber wie soll man sich so heißen Themen wie der Homosexualität nähern (»Die Schwulen gehören hinter Gitter«), oder den Frauen (»Lauter Schlampen außer meiner Mutter«), dem Geschlechtsakt (»Fellatio ist widerlich«), usw.?

»Den jungen Leuten fällt es tatsächlich sehr schwer, über die Liebe zu sprechen«, erzählt Nadir Aït-Bouali, Sonderbeauftragter von »Santé-Jeunes« bei der OMJA. »Untereinander sagen sie: ›Ich hab's gemacht.‹ Das ist übrigens ein Thema der Ausstellung.« Ein anderes in Bilder umgesetztes Thema: das Individuum in bezug auf die Gruppe. »Auch hier ist viel zu tun«, gesteht Corinne Bienvenue, eine Betreuerin. »Vor den Kameraden schwingt ein Heranwachsender Reden, die mit dem, was er wirklich denkt, nicht viel zu tun haben.« (...) »Aids ist ein Vorwand, um eine Menge anderer Fragen zu erörtern«, erklärt Morad Belkhedra, ein Betreuer. »Auch wir selbst dachten nicht, daß wir so weit gehen würden. Wir bringen sie dazu, sich offen mitzuteilen, denn aus Angst um ihr Image bringen sie ihre

Zeit damit zu, die Wirklichkeit zu verschleiern.« (Laure Panerai, *Le Jour*, 27. Mai 1993)

Eine kurze Reportage, und alles ist gesagt. Ihre Kommunikationsexperten verrechnen sich. Während sie ihr Produkt als Lösung aller Probleme anpriesen, haben sie nicht bemerkt, daß der Platz schon besetzt ist. Der Markt ist gesättigt mit Allheilmitteln dieser Art. Solange sich das Präservativ als absolute technische Antwort präsentiert, als das Wundermittel-gegen-die-größte-Geißel-aller-Zeiten, verfängt es nicht. Die Konkurrenz ist zu groß. Rivalisierende Unternehmen überschwemmen das potentielle Publikum und flößen ihm von der Wiege an feste Überzeugungen ein, die nichts befürchten und alles erhoffen lassen. Machismus, Rassismus, Unterwürfigkeit, vielfältige geistige und psychische Vergiftungen panzern den Mann auf der Straße. Sie, mein Herr, schlagen vor, ihn in eine zusätzliche Rüstung zu stecken, die ihm eine tausendfach versprochene unfehlbare Gesundheit garantiert. Die Niederlage ist vorprogrammiert.

*

Ich hege nicht die Hoffnung, Sie zu überzeugen. Allenfalls Zweifel zu wecken. Außerdem werde ich klein beigeben müssen angesichts der Mauer, mit der sich sowohl die stets zuständigen Bürokratien als auch die Marketingbüros umgeben, die es sich angelegen sein lassen, ein dem Herdentrieb folgendes, aber instabiles Auditorium nicht allzusehr aufzuregen. Hin und wieder beleben vorübergehende Erfolge Ihre angeborene Leidenschaft für administrative Lösungen, die geeignet sind, mittels zweier Predigten und dreier Dekrete eine Zivilisation zu retten. Das Kondom zu einem Franc in allen Apotheken – eine Maßnahme, die ich bereitwillig begrüßen würde, müßte ich nicht befürchten, daß der jähe Anstieg auf einige Millionen Exemplare Ihnen genügt und Sie von weiteren Forschungen entbindet.

Warum kommt eine so einfach zu organisierende Maßnahme so

spät? Sprang die Dringlichkeit nicht in die Augen? Brauchte es zehn Jahre, um die Spezialfirmen davon zu überzeugen, ihre Gewinnspannen ein wenig zu verringern? Ist man so lange vor der Mehrarbeit zurückgeschreckt, die den Apothekern damit aufgebürdet wird? Waren diese übermäßig beunruhigt über die unfreundlichen Bemerkungen einer Minderheit ihrer Kundschaft? Doch gerade der Erfolg der Operation ist einigermaßen beängstigend. Diese neuen Käufer, nicht alle jung, wachen ziemlich spät auf. Wieviel Glauben ist ihrem plötzlichen Sicherheitsbestreben zu schenken? Für einen Franc rette ich meine Haut, meine Umgebung, die Menschheit. Aber nicht für drei!

Unser Bekehrungseifer ist mit wenig zufrieden. Gemessen an den gern getätigten Ausgaben für den Kauf eines Videogeräts oder einer CD wird die Aids-Krankheit, die die betreffenden Verbraucher auf der Liste ihrer Ängste an die erste Stelle setzen, recht billig eingeschätzt. Hausaufgabe für Abiturienten: Berechnet die Ernsthaftigkeit, die Größe und Nähe, die ihr einem Risiko beimeßt, wenn ihr einwilligt, euch zum Preis von zwei Zigaretten, aber keiner einzigen mehr, vor ihm zu schützen.

In einem Brief erläutert Freud seine Melancholie: »Mir geht ein ›advertisement‹ im Kopf herum, das ich für das kühnste und gelungenste Stück amerikanischer Reklame halte: ›Why live, if you can be buried for ten Dollars?‹« (Wozu leben, wenn Sie für zehn Dollars beerdigt werden können?) Der Slogan ist insofern gelungen, als er, polysem, mehr aussagt als die explizite Botschaft, die sofort die Aufmerksamkeit des Gaffers erregt. Hinter der offenkundigen Blasphemie (bring dich um, dein Tod ist nicht teuer und dein Leben auch nicht), die einem fiktiven Gegenüber entgegengeschleudert wird, richtet sich die Botschaft *de facto* an die Angehörigen des Verstorbenen (sparen Sie sich die Einsargung). Der Witz nimmt die Trauerarbeit vorweg: beerdigt die Beerdigung. Als Gegenprobe wirft er ein Licht auf die eindimensionalen Reklamen, die, weit entfernt, mit dem Widerspruch zu spielen, ihn verschwinden lassen und ihm zum Opfer fallen.

Leben Sie ruhig, für einen Franc! Was ist einfacher? Und wenn man, nach dem Preis, auch den Namen ändern würde, der mit Zweideutigkeit und schlüpfrigen Hintergedanken belastet ist? Ein Präservativ, ein Kondom, ein Überzieher... Das Logo des Produkts muß der Werbung entsprechen: Kaufen Sie für einen Franc ein »Sorgenfrei«! Mit ihm wird nichts passieren, alles wird wieder sein wie früher. Eine Anlage für Generationen, könnte man sagen. Machen Sie Liebe wie Ihre Vorfahren, nur anders. Sorgen Sie sich um Ihr Sorgenfrei. Denken Sie immer daran, und Sie werden nicht mehr daran denken. Warum sterben, wenn Ihr Leben, die große Liebe, das höchste Vertrauen, die Zukunft Ihrer künftigen Kinder und dazu noch die menschliche Gattung nur einen Franc kosten? Die Ekstase, der Leichtsinn, das Ideal und das Erhabene – das Ganze für zehn Groschen! Wer bietet mehr?

Der Erfolg des von Freud hervorgehobenen makabren Slogans liegt an seiner nicht aufzulösenden Zweideutigkeit. Er reizt uns, unter Tränen zu lächeln. Die Werbung für das Präservativ ist auf schizophrene Weise eindeutig. Auf der einen Seite gibt es den optimistischen Ausweg zum Einheitspreis der Einheitsideen. Auf der anderen überläßt man den schaurigen Aspekt konkurrierenden Agenturen, die mit dem Verschwinden des Unglücks argumentieren. Sie zeigen die stummen Bilder des Schmerzes, um Wollartikel und Unterhemden abzusetzen.

Will man aus der Sackgasse herauskommen, dann muß man die Frage umkehren. Sie, der Sie sich abrackern, unablässig zu erklären, warum die Vernunft das Kondom will, rücken Sie Ihrem Gegenüber zu Leibe. Statt auf sein Warum zu antworten, um das er sich nicht zu kümmern scheint, fragen Sie ihn: warum nicht? Warum sollte er nicht drei Francs ausgeben? Denken Sie mit ihm darüber nach. Entdecken Sie, wie sehr wir uns, von Natur aus und von der Kultur her, für immun halten. Wie er leben Sie in einer anderen Welt. Ebensowenig wie er fühlen Sie sich biologisch nicht abbaubar. Präservative scheinen in Ihren wie in seinen Augen überflüssig zu sein. Mögen die Meister der Kommunikation aufhören, ein Bedürfnis, dessen Fehlen sie beklagen, zu »motivieren«. Sollen sie diesen Mangel hinterfragen, ebenso den Unsterblichkeitsdünkel, den er verrät. Alles geht sehr gut. Wir werden siegen, weil wir die stärkeren sind. Wir werden überleben, weil wir von Geburt an auserwählt sind. Erkennen Sie das Liedchen wieder, das ein verheerendes und verheertes 20. Jahrhundert ständig geträllert hat.

Eine derartige Abulie ist schwer zu bezeichnen. Dem Anschein nach grenzt sie an die Sünde der Ignoranz, der Unterlassung, des Hochmuts und des Egoismus. Unglücklicherweise steckt sie auch in den frommen Gedanken und den guten Vorsätzen, die man dieser Blütenlese von Schwächen eilig entgegensetzt. So wurden Blutspender lange Zeit weder getestet noch befragt, aus Achtung vor dem Menschen. Die mit der Volksgesundheit betrauten Verbände galten wie Cäsars Frau als über jeden Verdacht erhaben. Die Moralprediger gerieten in Panik, als Michèle Barzack, damals Ministerin, den öffentlichen Umtausch von Injektionsspritzen forderte. Die Meinungsmacher schonen ihr Publikum und wachen über seinen Schlaf.

Unter dem Vorwand, die Wiederkehr des Jahres 1000 zu vermeiden, aus Furcht, die Angst durch die Angst zu schüren, wiederholt man die Unterlassungen des 20. Jahrhunderts. Vor 1940 weigerten sich die eher rechtsgerichteten Intellektuellen, die Generalstäbe zu kritisieren, um die Bevölkerung nicht zu verwirren. Nach 1945 verboten sich die linken Intellektuellen die Kritik am sozialistischen Zwangssystem, um die Hoffnung der Proletarier nicht zu trüben. Seit 1980 rettet man die Idee des gesellschaftlichen Zusammenhalts, indem man seine Existenz aufs Spiel setzt. Das nennt man rückwärts auf das Jahr 2000 zugehen. Wobei es einer billigen Exotik zufällt, die Gefahren aus dem Blickfeld zu verbannen. Man kreist Risikogruppen ein, die angeblich mysteriösen Epidemien ausgesetzt sind, so wie man Balkanstämme ausgrenzt, die in der Lage sind, Erfindungen auszuprobieren, die so wenig europäisch anmuten wie die ethnische Säuberung und die Konzentrationslager. Wer wäre so überheblich, sich vorzustellen, daß derartige Mißgeschicke uns betreffen könnten oder daß uns solche Gewalttätigkeiten vertraut und für den Import-Export geeignet wären?

Es gibt Gutgesinnte, die sich im Dasein engagieren, gekleidet in Leinen und treuherzige Biederkeit. Andere bereiten sich, übelgesinnt, als Hartgesottene darauf vor. Beide gehen das gleiche Risiko ein, die Widerstandsfähigkeit ihrer Haut zu überschätzen: »Alle Tiere sind mit einer mehr oder weniger festen Membran umhüllt, deren Dicke im allgemeinen dem Umfang ihres Körpers proportional ist und dazu dient, die darunterliegenden Teile zu schützen...« Nur noch wenige Gelehrte betreiben die vitalistische Anatomie von Bichat. Noch seltener sind jene, die behaupten würden, die Epidermis sei »für den Menschen eine empfindungsfähige Grenze, die am äußersten Ende des Bereichs seiner Seele liegt«. Das ändert jedoch nichts daran, daß das unterschwellige Vorurteil bestehen bleibt, das will, daß sich ein Bürger in seiner Haut wohlfühle, wenn sie ihn, unverweslich, einhüllt, ähnlich einem natürlichen und unanfechtbaren Präservativ.

Ein Produkt auf den Markt zu bringen, erfordert eine Marktuntersuchung. Sie, mein Herr, hielten es für ausreichend, die Apotheken zu inspizieren und ein paar Automaten aufzustellen. Sie haben den sehr weit verbreiteten Wunsch nach Taubheit nicht berücksichtigt. Noch immer wissen Sie nicht, daß Ihr Wirkungsfeld die Köpfe sind, große Konsumenten von Ideologien, deren Vorhandensein und Gewicht Sie weniger leichtfertig weggewischt hätten, würden sie Sie nicht ebenso umtreiben wie jedermann.

Vielleicht werden wir uns, sehr geehrter Herr Minister, auf der einen oder anderen Seite des Bildschirms wiedersehen, anläßlich eines Spektakels, wie das Unglück es auslöst. Es besteht kein Anlaß, mit diesen Ätherfestspielen zu hadern, sofern sie Alarm schlagen. Überschätzen Sie sie jedoch nicht, sie verstecken ebensosehr wie sie aufdecken, wenn sie mit irgendeinem episodischen tröstenden und einstimmigen Erguß den abgrundtiefen Riß – zwischen dir und mir, zwischen uns – verkleistern, in dem sich das HIV einnistet. Achtet man dagegen, außerhalb der Kamera, auf die freimütigen Äußerungen der ersten Opfer, dann kommen schroffe Wahrheiten zum Vorschein. Die persönlichen und doch so dramatischen Odysseen durchbrechend, die unverzeihlichen

Schwächen der konstituierten Körper transzendierend, ergreifen die Schmerzen und die Nacht, die das Jahrhundert heimsuchen, zum letztenmal das Wort.

Aids »zeigt, was immer schon dagewesen ist und was wir nicht sehen wollen: Leiden, Krankheit und Tod«, notiert ein Psychologe nach einer Diskussion, die Kranke in Montreal organisiert haben. Im tiefsten Grund seines Fleischs getroffen zu sein, übersteigt die rein individuelle Erfahrung und enthüllt die *conditio humana* in ihrer Allgemeinheit. »Soziohistorische Ereignisse mit dramatischem Charakter, die der Gruppe als Anhaltspunkt dienen (...), haben den Status von Metaphern erhalten (...). Der Holocaust, die ökologische Katastrophe von Tschernobyl, das Gemetzel im Polytechnikum (eine ›vermischte‹ Nachricht, sieben Frauen wurden getötet), der Untergang der Titanic – lauter Bilder der Zerstörung – erinnern an die menschliche Barbarei und die Macht unmenschlicher oder veralteter Gesetze.« (C. Saint-Jarre) Bemängeln Sie hier nicht ein flinkes Amalgam (»in dieser Hinsicht ist die Shoah der unerreichte Gipfel menschlichen Grauens«) oder eine überhebliche Banalisierung, sondern bewundern Sie vielmehr die Anstrengung der Verurteilten, die ein zu schweres Schicksal dadurch auf sich nehmen, daß sie es kollektivieren.

Weder die Einschaltquoten noch die einflußreichen Verwaltungen können etwas dafür, eine innere Revolution erklärt und propagiert man nicht per Dekret. Es kommt vor, daß Individuen, mit dem Unheil konfrontiert, sich grundlegende Fragen stellen, zuerst allein, manchmal gemeinsam. Dann erfinden sie, was man im nachhinein eine »Generation« nennt, eine Menge, die sich angesichts der Drohung endgültiger Zerstreuung vereint, einer Drohung, die das Abendland von Anbeginn umgetrieben hat.

»Die eine Generation erlebt die Einnahme Roms, eine andere die Belagerung von Paris oder von Stalingrad, wieder eine andere die Plünderung des Sommerpalasts: der Fall Trojas vereint in einem einzigen Bild diese Reihe tragischer Momentaufnahmen, Herd eines Brandes, der über die Geschichte hinwegrast, und die Klage aller alten Mütter, deren Schreie zu hören die Chronik keine

Zeit hatte, findet eine Stimme im Mund der Hekuba«, schreibt Marguerite Yourcenar. Die Enthüllungen über Aids werden den notwendigen Wandel unserer Sitten, Freundschaften, Gewohnheiten und Gedanken herbeiführen, wenn und nur wenn wir sie mit dem unerträglichen Schrecknissen gemäßen Ernst betrachten, Schrecken, die ihre eigenen Akteure verschlingen. Erinnern Sie sich an Herodot: »Begraben doch im Frieden die Kinder ihre Eltern und im Kriege die Eltern ihre Kinder.« Aids beschwört einen Kriegszustand herauf. Beginnen wir damit, daß wir unsere Weigerung, eine Schlacht zu liefern, bekämpfen.

INFORMATIONEN

Präservative: Ergebnisse eines Jahrzehnts

Vergleicht man die ersten Ergebnisse der ACSF-Untersuchung mit denen der Umfrage, die vor zwanzig Jahren, zur Zeit der Entwicklung der medikamentösen Empfängnisverhütung, von P. Simon und seinem Team durchgeführt worden ist, so läßt sich eine allmähliche Veränderung des Sexualverhaltens beobachten. (...)

So ist das Alter beim ersten Sexualkontakt bei den Frauen stärker gesunken als bei den Männern: es liegt heute im Durchschnitt bei 17 Jahren für die Männer und bei 18 Jahren für die Frauen. Hervorzuheben ist, daß in der untersuchten Bevölkerungsgruppe, das heißt der über 18jährigen, die Ausbreitung von Aids und die Ängste, die die Krankheit auslösen kann, nicht zur Hinauszögerung der ersten Sexualkontakte geführt hat. (...)

Weniger als 16 Prozent der Befragten geben an, daß sie ihr Sexualverhalten seit dem Auftreten von Aids geändert haben; es handelt sich vor allem um junge, unverheiratete Menschen mit höherer Schulbildung. Viele von ihnen wählten ihre Partner gezielt aus und hatten sexuelle Beziehungen nur mit Menschen, die sie kannten und/oder in die sie verliebt waren. (...) *Bei Heterosexuellen mit häufig wechselnden Partnern ist festzustellen, daß über 60 Prozent der Männer und über 80 Prozent der Frauen bei Sexualkontakten mit Gelegenheitspartnern während der letzten zwölf Monate kein Kondom benutzt haben, jedenfalls nicht systematisch.*

Insgesamt haben 18,2 Prozent der Männer und 10,9 Prozent der Frauen bei ihrem ersten Sexualkontakt ein Kondom benutzt. Theoretisch müßten sich diese Zahlen decken. Die Abweichung ergibt sich aus den unterschiedlichen *Erklärungen* von Männern bzw. Frauen. 82,6 Prozent der Männer geben an, sie hätten es mitgebracht, bei 12,2 Prozent war es ihre Partnerin und bei 5,2 Prozent hatten beide dafür gesorgt. Bei den Frauen betragen die Prozentsätze 20,2 Prozent (die

Frauen selbst), 65,5 Prozent (der Partner) bzw. 14,2 Prozent (beide). Ob Kondome zur Verfügung stehen, bleibt also weitgehend Sache des Mannes. (...)

Diese Ergebnisse zeigen, daß die Benutzung des Kondoms bei Personen überwiegt, die dem HIV-Risiko objektiv am stärksten ausgesetzt sind. Auch wenn die hohen Quoten darauf hinweisen, daß das Kondom dieser Bevölkerungsgruppe nicht fremd ist, so hat es doch ein großer Teil (zwischen einem Drittel und der Hälfte) in den letzten zwölf Monaten nie benutzt. Unter den Benutzern ist sein Gebrauch alles andere als systematisch, denn fast die Hälfte der Männer und zwei Drittel der Frauen mit wechselnden Partnern haben es bei ihrem ersten Sexualkontakt mit einem neuen Partner nicht benutzt.

(...) Seit Beginn der Aids-Epidemie hat in Frankreich der Absatz von Präservativen zugenommen. Schätzungsweise wurden 1991 in Frankreich 93 Millionen Präservative verkauft (ANRS, 1992). Dennoch ist die Benutzungsquote niedriger als in vergleichbaren Ländern wie z. B. Großbritannien, wo die Zahl der verkauften Kondome für eine entsprechende Bevölkerungsgruppe doppelt so hoch ist.

Für beide Geschlechter scheint das Präservativ der wirksamste Schutz gegen Aids zu sein (für 89 Prozent der Männer und 94 Prozent der Frauen). Allerdings sind weit weniger Befragte der Meinung, daß es sich um ein leicht zu benutzendes Mittel handelt (75 Prozent der Männer und 50 Prozent der Frauen). Berücksichtigt man die durch die Benutzung des Kondoms aufgeworfenen Beziehungsprobleme, so wird deutlich, daß es für viele Menschen mit einem hohen psychologischen Preis verbunden ist (56 Prozent der Befragten sagen, das Kondom »tötet die Romantik« und »verhindert, daß man den Körper des anderen wirklich spürt«).

Bericht für das Forschungsministerium
»La Documentation française«, Dezember 1992

Werbung: zwei Meinungen

Glück verkaufen:

Bei der Prävention sind drei Regeln zu beachten, die bisher noch nie angewandt worden sind: zu allererst muß die Werbung eine Glücksbotschaft bringen. Sie darf das Unglück nicht in den Vordergrund stellen. Sodann muß sie international sein. Folglich gilt es, eine weltweite Aids-Kampagne aufzuziehen. Schließlich muß sie andauern.

Während für die Krebsvorsorge 5 Millionen Francs zur Verfügung stehen, investiert Marlboro allein für die Werbung in Frankreich 300 Millionen Francs.

Jacques Séguéla
in *Cancer, sida et société*
»Communication et complexe«, Editions ESF

Das Unglück wahrnehmen:

Obgleich Aids bei vielen als ein willkürlich auftretendes Ansteckungsrisiko gilt, sehen nur 13 Prozent der Bevölkerung – vornehmlich aus den jüngeren Intellektuellenschichten der Mittelklasse mit realistischerer Risikoeinschätzung – darin eine Gefahr für sich selbst. Demgegenüber meinen Personen aus kleinen Verhältnissen, die das Risiko beinahe überall gegenwärtigen, sie seien persönlich überhaupt nicht von Ansteckung bedroht. Dieses scheinbare Paradox löst sich auf, wenn man die hier abstrakte, dort konkrete Kenntnis von der Krankheit mitbedenkt. Ende 1987 etwa hatten nur 14 Prozent der Gesamtbevölkerung in ihrem persönlichen Umfeld Umgang mit HIV-Positiven. Tatsächlich aber bekommt diese Krankheit nur dann ein menschliches Gesicht, wenn einem infizierte Personen gesellschaftlich naherücken und man sie zur Kenntnis nehmen muß.

Michael Pollak, *Homosexuelle Lebenswelten im Zeitalter von Aids*
übers. v. Monika Noll und Rolf Schubert,
Edition Sigma, Berlin 1990, S. 170

Was auf dem Spiel steht

Die Epidemie, von der in Frankreich zur Zeit über hunderttausend HIV-positive Menschen betroffen sind, darunter annähernd fünftausend neue Aidsfälle, greift zwar weiter um sich, jedoch spürbar langsamer als in den achtziger Jahren. Wahrscheinlich wird die Zahl der Neuerkrankungen im Laufe des Jahrzehnts abnehmen, später in etwas langsamerem Rhythmus erneut zunehmen, wenn sich das Virus in der Bevölkerung ausbreitet, außerhalb der ursprünglich am stärksten betroffenen Gruppen (Homosexuelle und Drogenabhängige). Folglich wird Aids zu Beginn des 21. Jahrhunderts eine der größten Gesundheitsgefährdungen sein, ähnlich der Syphilis in der ersten Hälfte des 20. Jahrhunderts, jedoch mit einer Sterblichkeitsrate von 95 bis 100 Prozent der Infizierten.

In der Dritten Welt, insbesondere in Schwarzafrika, erreicht die Epidemie bereits jetzt weit katastrophalere Ausmaße, da die Infizierungsquoten bei über 10 Prozent der Bevölkerung, in einigen afrikanischen Hauptstädten bei 30 Prozent, ja sogar bei 40 Prozent der Zeugungsfähigen liegen. (...)

Es ist nicht ersichtlich, wie sich die Ausbreitung dieser Krankheit auf dem afrikanischen Kontinent, aber auch in Asien (Indien, Thailand, Philippinen usw.) aufhalten ließe, wo sie derzeit massiv um sich greift. In der Dritten Welt erfolgt die Ansteckung hauptsächlich auf heterosexuellem Weg und betrifft besonders junge Frauen, so daß mit der Geburt einer wachsenden Zahl infizierter Kinder zu rechnen ist, ebenso mit Kindern, die in absehbarer Zeit verwaist sein werden. (...)

1. Es ist ungewiß, ob ein Impfstoff entwickelt werden kann: die Wahrscheinlichkeit eines Mißerfolgs ist zur Zeit sehr hoch.

2. Es ist sehr unwahrscheinlich, daß vor dem ersten Jahrzehnt des 21. Jahrhunderts ein Impfstoff entwickelt und weiten Bevölkerungskreisen verabreicht werden kann. Außerdem wird ein solcher Impfstoff höchstwahrscheinlich sehr teuer sein und sich in der Dritten Welt kaum einsetzen lassen. Tatsächlich ist nicht auszuschließen, daß Impfstoffe lediglich für Teile der Bevölkerung entwickelt werden müssen, so daß sie nur eine geographisch und zeitlich begrenzte Anwendung finden. (...)

Beim gegenwärtigen Stand unserer Kenntnisse und selbst dann, wenn ein Impfstoff entwickelt worden ist, wird es schwierig sein, die Krankheit weltweit auszurotten. Für sehr lange Zeit wird die einzige Waffe gegen Aids die Prävention bleiben. (...)

Jean-Paul Lévy, *Santé 2000, Commissariat général du Plan,*
»La Documentation française«

Das Präventions-Dilemma

Feste Beziehungen sind immer begleitet von der Phantasie der Gemeinsamkeit der beiden Partner, unabhängig davon, ob sie in der Realität der festen Beziehung auch eingelöst wird. Das Gefühl der Liebe, das sich in festen Beziehungen herstellt oder zumindest phantasiert wird, kann ein rationales »Risikomanagement«, das in sexuellen Interaktionen außerhalb fester Beziehungen sehr viel leichter praktikabel ist, außer Kraft setzen. Für fest befreundete Männer kann das Kondom nicht nur die Präsenz von Aids symbolisieren, es kann auch als unerträgliche Trennung vom geliebten Partner erlebt werden. Beides (...) kann den Verzicht auf den Gebrauch des Kondoms bewirken. Das Verlangen nach Vertrauen und Intimität wie auch das Verlangen, dem Diktat der Präventions-»Gebote« zu entkommen, spielen demnach bei sexuellen Interaktionen innerhalb fester Beziehungen eine sehr viel größere Rolle. Das Gefühl des durch das Kondom Getrennt-Bleibens kann in sexuellen Interaktionen außerhalb fester Beziehungen sehr viel leichter ertragen werden als in Liebesbeziehungen. Das Verliebtsein setzt kontrollierende Impulse wie auch das Realitätsprinzip zeitweise außer Kraft. Die starke affektive Tönung von sexuellen Interaktionen in Liebesbeziehungen führt häufig zu anderen Verhaltensmustern als in sexuellen Interaktionen außerhalb fester Beziehungen, die weniger affektiv aufgeladen sind. Sexuelle Interaktionen außerhalb fester Beziehungen sind damit der bewußten Kontrolle und einem individuellen »Risikomanagement« sehr viel zugänglicher.

(...) Dies betrifft vor allem das »Präventions-Dilemma«, das darin besteht, daß einerseits der angemessene Gebrauch eines Kondoms eine mögliche Übertragung des HI-Virus verhindert, daß aber andererseits das Kondom für viele Menschen schwer zu integrieren ist in den lustvollen Ablauf von sexuellen Interaktionen.

Michael Bochow, *Die Reaktionen Homosexueller Männer auf Aids in Ost- und Westdeutschland*,
Deutsche AIDS-Hilfe e. V. Berlin 1993

Widerstände gegen den Gebrauch des Kondoms auch beim Analverkehr erwachsen jedoch nicht nur aus der Einschränkung der sexuellen Empfindungen oder aus der Unfähigkeit der meisten homosexuellen Männer, ein Stück Gummi erotisch zu besetzen. Das Kondom schränkt das sexuelle Erleben auch dadurch ein, daß es aufs innigste mit Aids verschränkt ist. Für homosexuelle Männer hat das Kondom nur eine Bedeutung: es soll HIV-Infektionen verhindern. Zu kaum einem anderen Zweck wird das Kondom von homosexuellen Männern benutzt als dem, nicht eines Tages an Aids zu erkranken. Benutzen sie es aber, entfalten sich szenisch all jene ängstigenden Vorstellungen, von denen sie sich gerade durch den Gebrauch des Kondoms distanzieren möchten. Diesem Dilemma, durch den Gebrauch des Kondoms die Evokation von Aids auszulösen, entziehen sich wahrscheinlich nicht wenige homosexuelle Männer, indem sie sich bei sexuellen Interaktionen auf Praktiken beschränken, bei denen man, wenn schon nicht auf Vorsichtsmaßnahmen, so doch auf das Kondom und damit auf das zentrale Symbol der Präsenz von Aids verzichten kann.

Martin Dannecker, *Homosexuelle Männer und Aids*
Kohlhammer, Stuttgart 1990, S. 107

Aussichten

Obgleich in Frankreich die Infektionsrate höher ist als in allen anderen Ländern Europas, nimmt sich die Aids-Prävention, von Privatinitiativen abgesehen, noch immer recht bescheiden aus.

Jeder versteht, wie schwierig es ist, einer schon aufgeklärten Bevölkerung beizubringen, daß sie ihr Verhalten ändern muß; das betonen alle soziologischen Untersuchungen. Daher rührt die Resignation bestimmter Risikogruppen, die in ihren Bemühungen nachlassen, insbesondere bei den Homosexuellengruppen in den Vereinigten Staaten und in Europa. Die Angst der achtziger Jahre, die sie zu massiven Verhütungsaktionen gedrängt hatte, ist 1993 und 1994 dem Überdruß und der Hoffnung auf eine baldige Lösung gewichen. Gleichzeitig hat der Leichtsinn auch die heterosexuelle Bevölkerung erfaßt. (...)

Ungefähr 50 Prozent aller Fünfzehnjährigen in der Welt haben sexuelle Beziehungen gehabt. In manchen Ländern breitet sich die Epidemie am stärksten bei den Heranwachsenden aus. So in Tansania, wo 44 Prozent der Neuerkrankungen bei Jugendlichen zwischen 15 und 29 Jahren zu verzeichnen sind.

Eine bei New Yorker Jugendlichen durchgeführte Untersuchung unterstrich kürzlich, daß es für einen Heranwachsenden, der bereits mehr als vier ungeschützte Sexualkontakte hatte, schwierig ist, sein Verhalten dauerhaft zu ändern. Daher betonte sie die Notwendigkeit der Sexualerziehung in der Schule, in einem Alter, wo das Kind noch nicht mit der Sexualität konfrontiert ist.

Dr. P. Hantzberg, *Le Figaro*, 28. Februar 1994

II. RETTE SICH, WER DENKT! DER SKANDAL DER SKANDALE

Hamm: Was geschieht eigentlich?
Clov: Irgend etwas geht seinen Gang.
Hamm: Clov!
Clov: Was ist denn?
Hamm: Wir sind doch nicht im Begriff, etwas zu... zu... bedeuten?
Clov: Bedeuten? Wir, etwas bedeuten? Das ist aber gut!

Samuel Beckett, *Endspiel*

Die bloße Rekapitulation der Ereignisse in Zusammenhang mit Aids genügt, die quälende Frage nach der Verantwortung neu zu entfachen. So viele Irrtümer, Verzögerungen, Unbedachtheiten stellen jeden Unbeteiligten vor ein Rätsel. Schwer zu glauben, daß nur ein unglückliches Zusammentreffen von Umständen ein so weltweites Versagen erklärt.

»In den Vereinigten Staaten wurden die ersten Aids-Fälle im Jahre 1981 entdeckt, aber erst 1985, also vier Jahre später, erscheint das erste Dokument, das als ein nationaler Plan für den Kampf gegen Aids angesehen werden kann (...). In der Schweiz wurde der erste Aids-Fall im Jahre 1982 oder 1983 diagnostiziert, aber es dauerte drei oder vier Jahre, bis man in diesem Land ein, allerdings sehr gutes, Anti-Aids-Programm entwickelte. Leider war dies ein allgemeines Phänomen, das sich auch in Ländern wie Bangladesch, Indonesien, den Philippinen beobachten läßt, Ländern, die noch heute den Gedanken von sich weisen, die Pandemie könnte eines Tages auch sie betreffen, so wie sie die Thailänder – wo derzeit über 500000 Personen infiziert sind – und die Inder betroffen hat, von denen heute mindestens eine Million infiziert sind.« (J. Mann)

Die Aufzählung ist unvollständig. Noch viele weitere Beispiele bestätigen, daß es im gegebenen Augenblick genügt hätte, einige elementare, individuelle wie öffentliche, Maßnahmen zu ergreifen, um die Ausbreitung des Virus zu bremsen. Es gibt lokale Ausnahmen: Hier und dort, in Schweden oder Belgien, kam es vor, daß man für einen relativ wirksamen Schutz sorgte. Daß es solche Wunder gibt, beweist, daß sie nicht unmöglich waren.

Man sagt uns: Projizieren wir unsere heutigen Kenntnisse nicht auf die Mentalitäten von gestern; damals wußte man nicht... Wirklich nicht? Konnte man sich tatsächlich nicht darüber klar werden, oder verdrängte man arglistig das Wissen? Die Frage verdient eine genaue Prüfung. Ich wähle die schmerzhafteste

Hypothese. Wir haben uns einer sträflichen Nachlässigkeit schuldig gemacht. Wir haben unter der Hand unser eigenes Versagen angezettelt. Ohne unser Wissen schüren wir die Verwirrung. Und wir ziehen den schändlichen Gewinn daraus: »Wir rennen unbekümmert in den Abgrund, nachdem wir irgend etwas vor uns hingestellt haben, das uns hindern soll, ihn zu sehen.« (Pascal)

In jedem von uns steckt eine unausrottbare Fähigkeit zur Blindheit. Auch wenn sie logisch widersprüchlich erscheinen mag. Dem Willen widerstrebt es, blind sein zu wollen; umgekehrt scheinen wir eher aus Wut, aus Verzweiflung, aus einer Laune heraus statt vorsätzlich und in Kenntnis der Dinge auf Abwege zu geraten. Existentiell jedoch geistert in unserem Erbe eine eklatante Fähigkeit, uns selbst zu betrügen. Gewiß können wir schuldlos dem Irrtum erliegen, öfter jedoch täuschen wir uns aktiv, mit Eifer und Methode. Pascals Formulierung ist absichtlich paradox. Und bei erneuter Lektüre schwer denkbar. In den Abgrund rennen wir nur unter der Bedingung, daß wir ihn sowohl zum Ziel des Laufs als auch zu etwas machen, das vom Blick nicht gesehen wird. Man muß ihn ständig anvisieren, ohne ihn im Kopf zu haben.

Ein Dasein, das dazu neigt, blind zu werden, verkennt zwar nicht die Notwendigkeit, sich nicht zu widersprechen, überlistet jedoch das Prinzip der Widerspruchsfreiheit. Es lebt auf drei Ebenen. Es starrt auf den Abgrund (es rennt hinein). Es ignoriert ihn systematisch (es hindert sich daran, ihn zu sehen). Es verschleiert den Widerspruch zwischen seinem Wissen und seinem Nichtwissen (es ist »sorgenfrei«). Es lebt nicht nur im Widerspruch, sondern es erlebt den Widerspruch (ich renne in etwas hinein, was ich sehen könnte) als Widerspruchsfreiheit. Diese dreifache Unredlichkeit könnte man als »Pascal-Komplex« bezeichnen: ich sehe, ich sehe nicht; ich sehe nicht, daß ich gleichzeitig sehe und nicht sehe.

Der Pascal-Komplex ist ein intellektuelles Prisma, das den Wirrwarr unserer Verantwortlichkeiten zerlegt. Wenn die Führungskräfte des CNTS es zulassen, daß gefährliches Blut in Umlauf kommt und transfundiert wird, kommt die öffentliche Meinung ins Schleudern. Soll man sie für patentierte Giftmörder halten und als solche verurteilen? Einige Anwälte von Blutern haben diesen Standpunkt vertreten, andere haben ihn verworfen. Soll man ihre Kurzsichtigkeit anklagen, sie jedoch vom Vorsatz freisprechen, das heißt sie für »verantwortlich, aber nicht schuldig« erklären? So definierten sich die Aufsichtsbehörde und die amtierenden Minister, indem sie sich volle Absolution erteilten: mir fällt jede Entscheidung zu (die administrative Verantwortung). Seht meine Orden! Aber ich bin nicht schuldig (für nichts moralisch verantwortlich). Ich habe ein gutes Gewissen!

Diese allzu dehnbare Alternative macht die Situation unannehmbar. Entweder alles oder nichts. Entweder Giftmörder. Oder Unschuldsengel. Wenn nicht das eine, dann das andere und umgekehrt. Die öffentliche Meinung weiß nicht mehr ein noch aus. Die übertriebene Belastung schafft die Sündenböcke und verkehrt sich, von Schwindel ergriffen, ins Gegenteil. Sie gerät in Vergessenheit. Die Transfusionsbehörden haben zwar nicht sadistisch, nicht willentlich versucht, die Bevölkerung mit dem Virus zu impfen, aber ebensowenig haben sie dafür gesorgt, die Infektion zu vermeiden. Daher besteht die allgemeine Tendenz, sie halbherzig zu verurteilen. Blaubart sein oder nicht Blaubart sein. Die Frage bleibt in den schludrigen Antinomien stecken und zeitigt zweideutige Antworten.

Das Spiel des Gewissens mit sich selbst ist zu subtil und zu verwickelt, als daß es sich als schneeweiß oder pechschwarz bezeichnen ließe. Das Abenteuer eines Chirurgen, damals Präsident der Ärztekammer, also Sprecher der Deontologie und der Moral der Ärzteschaft, ist in dieser Hinsicht symptomatisch. Zu Beginn der achtziger Jahre wurde er operiert und erhielt Bluttransfusionen. Zwei oder drei Jahre später rät ihm ein Kollege, einen Test machen zu lassen. Die Idee leuchtet ihm ein, und er stimmt zu: negativ. »Und dann?« fragt sieben Jahre später ein Journalist. »Nichts«, antwortet er. Für sich selbst erleichtert, versäumt er es, die Tausenden von Blutempfängern jener Jahre zu warnen. Alle waren einem ähnlichen Risiko ausgesetzt wie er. Weder als Präsident noch als Ex-Präsident ist ihm je der Gedanke eines öffentlichen Aufrufs gekommen. Diesen vollkommenen Ehrenmann, diesen juristisch unangreifbaren Arzt quält ein Unbehagen, ein schlechtes Gewissen, das er mir eingestand.

»Skotomisierung« nennt er die geistige Blindheit, die ihn dazu brachte, sein eigenes Interesse und später das seiner Mandanten und schließlich das einer ganzen Bevölkerungsgruppe außer acht zu lassen. Ließe sich der schwarze Fleck, den er plötzlich in seinem Bewußtsein erkennt, durch ein rein egoistisches Kalkül erklären, *va bene!* Er würde sich weniger schuldig fühlen, wenn auch nicht weniger verstört. Er brachte sein eigenes Leben in Gefahr, das seiner Angehörigen, die er hätte anstecken können, das seiner Mitmenschen, die zu schützen sein Beruf ist. Daß er das erste Opfer seines Skotoms hätte werden können, zeugt von seiner Aufrichtigkeit, verschärft jedoch die Bösartigkeit dieses Tumors der Seele. Ein Giftmörder, der damit beginnt, sich selbst zu vergiften, so daß er nicht merkt, daß er toxische Substanzen mit sich führen und manipulieren kann – so etwas erschwert die Arbeit des improvisierten, berufsmäßigen oder inneren Richters.

*

Indem Pascal die Hypothese einer für ihre Unverantwortlichkeiten mehr oder weniger verantwortlichen Verantwortung aufstellt, zwingt er dazu, noch einmal über die Affäre des verseuchten Bluts nachzudenken, über ihre Inszenierung, ihren Terminplan, ihr Ausmaß, ihre Mitwirkenden und ihre Staatsanwälte. Den vier Angeklagten des CNTS wurde vorgeworfen, sie hätten Beutel mit verunreinigtem Blut in Umlauf gebracht, obwohl sie es durch ein gesundes Präparat hätten ersetzen können. Das Gericht war bemüht, den genauen Zeitpunkt festzustellen, zu dem die Informationen zugänglich und die ungefährlichen Ersatzmittel kommerzialisierbar wurden. So konnte der Richter einen Zeitraum maximaler Schuld (mehrere Monate) bestimmen und annähernd die Zahl der Bluter berechnen, die durch die vermeidbare Unwissenheit der transfundierenden Personen zu Schaden gekommen sind (mehrere pro Woche). Sodann wurden, überaus logisch, die Vorgesetzten der Beschuldigten vorgeladen (»Politiker«, Minister), seltener Kollegen und Untergebene, die in Ausübung ihres Berufs (Ärzte, Anästhesisten, Journalisten) zu denselben Informationen Zugang hatten und Patienten und Leser hätten alarmieren müssen.

Der statistische Vergleich zwischen Aidsopfern in Frankreich und im Ausland läßt den Frevel des CNTS deutlich sichtbar werden. Tragischerweise hat die Hekatombe von Blutern in den meisten betroffenen Ländern ähnliche Ausmaße. Die Rate an Aidserkrankungen bei den französischen Blutern (5,55 Prozent) kommt an die durchschnittliche Rate der europäischen Gemeinschaft (5,43 Prozent) nahe heran. Das läßt darauf schließen, daß dieselben Fehler, die in Frankreich Aufsehen erregten, auch anderswo begangen wurden, wenn auch diffuser und versteckter. Die zentralistische Struktur des CNTS brachte eine allgemeine Schandtat ans Licht.

Dennoch hält Frankreich einen traurigen Rekord. Faßt man die Gesamtheit der Blutempfänger ins Auge, so zählt es 57,6 Prozent aller im Europa der Zwölf erfaßten postoperatorischen Aidsfälle. Das heißt 5,47 mal mehr als in Italien, 7,43 mal mehr als in Deutschland, 17,3 mal mehr als in Großbritannien (A. Morelle). Eine dramatische Ausnahme Frankreichs, deren Ursache leicht zu ermitteln ist und selten genannt wird: sie hängt mit den zahlreichen Mängeln bei der Untersuchung der Blutspender, insbesondere zwischen 1980 und 1985 zusammen. Obwohl besonders pathogen, wurde noch 1992 in Gefängnissen Blut gesammelt.

Der Vergleich mit den im Ausland praktizierten Präventionsstrategien ist aufschlußreich: da sie früher und entschlossener entwickelt wurden, haben sie einen großen Teil der Gruppe der Blutempfänger gerettet. Da das Verbrechen der Verantwortlichen des CNTS darin besteht, Blut in Umlauf gebracht zu haben, von dem man annehmen konnte, daß es verseucht und verseuchend war, sind die Entscheidungsträger höheren Orts, die jahrelang die Quelle nicht durch sorgfältige Selektionen schützten, ähnlicher Vergehen schuldig. Sich auf Unkenntnis zu berufen, zieht nicht: jenseits der Grenze werden, bei gleichem Informationsstand, hier und dort sinnvolle Überwachungsmaßnahmen getroffen.

Im zweiten Halbjahr 1985 wurde die Reinigung obligatorisch, und die Einführung von Tests verminderte die Gefahr gespendeten Bluts. Dennoch nimmt die Mordserie kein Ende. Ein neuerlicher Skandal, diesmal an unterer Stelle, setzt zwischen 1985 und 1992 die unglaubliche Katastrophe eines Gesundheitswesens fort, das von denen ausgehöhlt wird, denen seine Aufsicht obliegt.

Oktober 1985: die verseuchten Präparate werden zurückgezogen. Doch diejenigen, die bereits Blut erhalten haben, werden ihrer Unkenntnis überlassen. Man warnt die Bluter. Aber keiner kümmert sich darum, die anderen Pechvögel über die Gefahr zu informieren, der sie sich und andere aussetzen. Große Premiere im Dezember 1992: Bernard Kouchner, seit kurzem Gesundheitsminister, fordert diejenigen auf, die in den kritischen Jahren operiert worden sind, ihren Zustand durch einen Test überprüfen zu lassen. Nach sieben Jahren bricht man das Schweigen. Offiziellen Schätzungen zufolge beläuft sich die Zahl der Unglücklichen, die infolge eines Unfalls, eines Kaiserschnitts, eines chirurgischen Eingriffs HIV-positiv geworden sind, auf fünf- bis zwanzigtausend.

Viele Jahre lang wurden keine offiziellen Maßnahmen getroffen. Es gab weder administrative Untersuchungen, noch wurde öffentlich Alarm geschlagen. Vielleicht haben Sie unter Narkose Blut erhalten, ohne es zu wissen; vielleicht sind Sie infiziert; vielleicht infizieren Sie Ihre Nächsten? Tausende von Menschen wären dem Virus entgangen, hätte irgendeine zuständige Behörde 1985, 1986, 1987, 1988, 1989, 1990, 1991 und in den ersten Monaten von 1992 öffentlich und verständlich die unerläßliche Warnung ausgesprochen: Achtung, Operierte, Gefahr! Dank sei dem Staat. Dank den Ethikkommissionen. Dank der Medizinischen Fakultät. Als Kouchner die gebotenen Maßnahmen beschließt, setzt ihm keine neue Information den Floh ins Ohr. Er zieht eine Schlußfolgerung, die sieben Jahre früher hätte gezogen werden können bzw. müssen.

Seit Oktober 1985 sind die zuständigen Behörden im Besitz aller Fakten: das gefährliche Blut wurde sechs Jahre lang bei zahllosen Transfusionen benutzt, die alle ordnungsgemäß registriert wurden. Man darf damit rechnen, daß Tausende mit dem Virus infiziert worden sind, ohne es zu wissen ...

1985 wie 1992 ist die Addition die gleiche, es genügt eine einfache arithmetische Rechnung, um über die Gefahr im Bild zu sein. Doch niemand hat sich gerührt. Wenn sich das Verbrechen der vier Leiter des CNTS darauf beschränkt, verseuchtes Blut in Umlauf gebracht zu haben, ist dann die Schuld der für das Gesundheitswesen Verantwortlichen geringer, wenn sie es zulassen, daß sich eine Bevölkerungsgruppe, die eine tödliche und ansteckende Krankheit in sich trägt, unwissend in alle Winde verstreut?

Die sogenannte Blutaffäre ist nur eine kurze Episode einer weit längeren und kollektiven Irrung. Um die Leiter des CNTS verurteilen zu können, hat das Gericht »die Straftatbestände« zeitlich genau eingegrenzt. Dem Prozeß kam das Verdienst zu, geistige Mechanismen aufgedeckt zu haben, die zu dem Verbrechen führen und nicht nur bei den Angeklagten anzutreffen sind.

Seit dem Auftreten des HIV hält die Skotomisierung an. Hinter der juristischen Schuld dieses oder jenes Individuums gilt es nun, die Pascalsche Schuld diverser Eliten, ja einer ganzen Gesellschaft zu betrachten, die dem »sorgenfreien« Abgrund beipflichtet.

Es lassen sich drei Perioden unterscheiden. Jede hat ihren Spitzenskandal. 1985 war es die Zirkulierung von Blutpräparaten, von denen man wußte, daß sie gefährlich waren. Die Zeit vor 1985 ist durch die Nachlässigkeit bei der Auswahl der Spender gekennzeichnet. Nach 1985 grassiert der Leichtsinn, deren Opfer die Blutempfänger sind, die ohne ihr Wissen infiziert wurden. In allen drei Perioden sind die gleichen institutionellen Akteure und analoge Vermeidungsstrategien am Werk. Mörderische Freimütigkeit und selbstmörderische Dummheit gehören zu den am weitesten verbreiteten Dingen der Welt. Wie zur Zeit Molières befördert man seinen Nachbarn oder sich selbst mit gelehrtem und wohlwollendem reinen Gewissen ins Jenseits.

*

Teufel nochmal, wir sind Europäer, zivilisiert, alphabetisiert, aufgeklärt, wohlerzogen: die Pascalsche Binde vor unseren Augen kann nicht nur ein Gedankengewebe sein. Jede Verleugnung der Wirklichkeit muß intellektuell begründet werden. Der Schirm, der den Abgrund, in den wir rennen, verbirgt, ist aus guten Gründen geflochten. Es genügt, sie zu entwirren, um das Bündel der Dogmen und Glaubensvorstellungen unseres Jahrhunderts zu erkennen. Versäumt man nicht im Namen der nationalen Präferenz und der Vorzüglichkeit des französischen Bluts, die Spenden zu kontrollieren?

Die Warnungen der amerikanischen Spezialisten werden in den Wind geschlagen, es lebe Frankreich! Die Einführung von Tests, die jenseits des Atlantiks verfügbar sind, wird hinausgeschoben, es lebe die Nation und ihre Handelsbilanz! Im Namen der Solidarität, der Nächstenliebe, der Brüderlichkeit rügen die Blutspenderorganisationen schroff die wenigen Bluter, die erste Zweifel äußern, es lebe das Volk! Unter Berufung auf die Tugenden des öffentlichen Diensts und die hervorragende Qualität des unentgeltlich gespendeten Bluts erklärt sich das Hexagon für immun gegen die Verderbtheit des merkantilen Hämoglobins, es lebe der Sozialismus! Die Blutaffären schwimmen in einem Potpourri von Ideologien, deren verheerende Eigenschaften von historischer und weltweiter Tragweite sind.

Verschiedene Experten haben sich bemüht, die Verstrickungen unverantwortlicher Verantwortlicher zu entschlüsseln. Der linke Analytiker erkennt abwegige Verhaltensweisen – sie haben mit

Blut Kohle gemacht –, die er mühelos als »rechts« bezeichnet. Der rechte Analytiker dagegen weist natürlich auf »linke« Versäumnisse hin – wer war damals an der Macht? Keiner hat unrecht.

Von Anfang an eilten die bösen Feen gemeinsam zum Rendezvous. Ohne Unterschied der Meinung, des Glaubens, der Fahne. Anne-Marie Casteret, die einsame Journalistin, die den Stein als erste ins Rollen brachte, betont die Geldgier der Protagonisten, die ihre Bestände und ihre funkelnagelneuen Einrichtungen im Hinblick auf maximale Rentabilität verwalten. Unternehmungsgeist und Profitstreben veranlassen sie, unmenschliche Entscheidungen zu treffen, wenn sie zwischen einem finanziellen oder industriellen Risiko und einer schamlosen, eventuell tödlichen Unvorsichtigkeit zu wählen haben.

Die Verwalter der Bluttransfusion, ihre Aufsichtsbehörde, die sozialistische Regierung sowie andere Opinionleader verzögerten die Zulassung der amerikanischen Tests unter Berufung auf die hohen Kosten in wertvollen Devisen. »Die Ideologie des Handelskriegs hat zu verheerenden Entscheidungen geführt, es sei denn, man hält die Toten, die sie zur Folge hatten, für die unvermeidbaren ›Verluste‹ der eröffneten Schlacht.« (P. Fabra) Wer die Gebote der Volksgesundheit den kurzfristigen produktivistischen und protektionistischen Erfordernissen unterordnet, verrät ökonomische Kurzsichtigkeit. Unter dem Strich verdoppelt das finanzielle Debakel (Schadenersatzzahlungen, Pflegekosten) die menschliche Katastrophe. Ideologie ist teuer.

Andere Lesarten weisen auf unterschiedliche Entgleisungen hin. Auf der Rechten sieht Michel Massenets strenger Scharfblick Kumpanei, Geschäftemacherei und Staatsverdrossenheit am Werk, die seit dem Machtantritt der sozialistischen Mehrheit offenkundig auf dem Vormarsch sind. Auf der Linken trifft der Sprachwissenschaftler Jean-Claude Milner den Nagel auf den Kopf: »Die Affäre des verseuchten Bluts war der Typus des progressiven Verbrechens schlechthin. Anders als das Verbrechen der Nazis oder Stalins beruht es nicht auf Vorsatz: keine Wannseekonferenz, kein Moskauer Prozeß, nicht einmal Doppelzüngigkeit. Alles hat sich im Halbdunkel nicht getroffener Entscheidungen, beschönigender Reden, der Selbstzufriedenheit abgespielt.« Die kalten Wasser des kapitalistischen Kalküls werden sehr häufig von den heißen Quellen der Gemeinschaftsgefühle überspült, die es nicht ertragen, in Frage gestellt zu werden.

Die unentgeltliche Blutspende des Volks trägt den Stempel ihrer Geburt im Geist der Nachkriegszeit und der nationalen Versöhnung. Damals wurde die Arbeiterklasse angespornt, »die Ärmel hochzukrempeln«, während die politischen Eliten, vom Zentrum bis zur extremen Linken, ihre Arbeitsfreude, ihren Opfersinn und ihre Großherzigkeit verherrlichten. »Alles für die Produktion« und »alles für die Transfusion« – die Slogans wurden Synonyme. Die Bergarbeiter, die Postler und die Eisenbahner sollten ihren Schweiß und ihr Hämoglobin vergießen, um die »Schlacht der französischen Wiedergeburt« zu gewinnen. Nachdem der Eifer der heroischen Zeit sich gelegt hatte, bewahrte die Glorifizierung der Blutspende ihr Andenken, indem sie die Fixierungen des alten Frontkämpfers mit den Erinnerungen an den Katechismus der Grundschule verband.

Die naive Nächstenliebe der Marienkinder vertrug sich sehr gut mit dem Klassenbewußtsein von Lenins Neffen. Das »Centre national de transfusion sanguine« war nicht einfach ein Unternehmen, sondern ein Denkmal, Tempel der frommen Denkungsart der Linken. Seine Verwaltung, seine Autonomie, aber vor allem seine Geisteshaltung zu hinterfragen, kam einer Blasphemie gleich.

Als die Bluter es endlich wagten (am 29. Mai 1986), im Fernsehen ihre Sorgen zu äußern, trägt ihnen das eine aufschlußreiche Erwiderung des Präsidenten der französischen Vereinigung ehrenamtlicher Blutspender ein: »Die Blutspender Frankreichs waren besonders darüber schockiert, daß die Bluter von ihrer Handlungsweise eine so schlechte Meinung haben. Da sie volles Vertrauen in die Sachkenntnis und Redlichkeit ihrer Transfusionszentren setzen, sind sie nicht gewillt, ungerechtfertigte Angriffe gegen die Qualität der aus ihrem Blut hergestellten Präparate hinzunehmen. Außerdem haben sie mich beauftragt, Ihnen in Erinnerung zu rufen, daß sie sich, da sie niemals Anspruch auf den Dank derer erhoben haben, die von ihrem Edelmut profitieren, Beleidigungen von dieser Seite verbitten. Die völlige Abhängigkeit der Bluter von ihrem uneigennützigen Tun läßt ihr Verhalten ungerecht und nahezu verabscheuenswert erscheinen. Sie stellen nicht in Abrede, daß die Gesellschaft Ihren Anhängern, die von der Natur hart geschlagen wurden, vieles schuldig ist, aber haben Sie ihr umgekehrt nicht alles zu verdanken? Schließlich sind nicht die Blutspender daran schuld, daß die Pflege, die einige Bluter benötigen, die Gesellschaft entsetzlich teuer zu stehen kommt« (zitiert von A.-M. Casteret). Diese Erpressung mit den edlen Gefühlen, dieser gehässige Ton der Barmherzigkeit zeigen das ganze Ausmaß der ideologischen Verbohrtheit, die die Protagonisten des Dramas lähmt.

Andere Ergüsse riechen nach einer fernen, dunklen Vergangenheit. Die Ablehnung fremden und kapitalistischen Serums, die Apologie des reinen und regenerierenden Bluts aus unseren vertrauten Landen wecken nach dem Zweiten Weltkrieg verdrängte, aber nicht verschwundene Überzeugungen zu neuem Leben. »Wir haben unter einigen Vorurteilen gelitten, zum Beispiel dem, daß das Blut der ehrenamtlichen Spender Frankreichs rein sei; man vertraute der Bluttransfusion. Man empfahl Bluttransfusionen, der Arzt nahm bei jeder Gelegenheit Bluttransfusionen vor, manchmal ohne wirkliche Notwendigkeit. Man schwelgte im Gefühl des für die Gesundheit zuträglichen Bluts und eines reinen französischen Bluts. Lange Zeit zehrte die Ärzteschaft von dieser Idee. Als man ihnen das Gegenteil sagte, waren sie vermutlich verblendet und nicht darauf vorbereitet, es zu glauben«, räumt Professor Montagnier ein. So wie die linke Religiosität den Unternehmungsgeist der Blutsammler überdeterminiert, so werden die frommen Gewißheiten von der veralteten Kloake geschluckt, in der die fremdenfeindlichen und rassistischen Leidenschaften brodeln. Unter der Flagge der »nationalen Präferenz« in bezug auf Blutkonserven, Reinigungstechniken, Informationen, Tests findet man sowohl die kapitalistische Geschäftemacherei, die sozialistische Bigotterie als auch einige Vorurteile traurigen Angedenkens versammelt, die sich vom Nazismus emanzipierten. »Das Blut, diese Hieroglyphe, zeichnet sich überall unter meiner Haut ab, geheimnisvoll wie der Name eines Gottes. Ich erliege seinem Einfluß, doch nie werde ich das Zauberwort finden, in dem es sich sublimieren würde. Das Blut ist subtil wie der Geist«, schrieb Drieu La Rochelle 1921.

Eine vorwärtsstürmende Moderne trommelt all diese alten und divergierenden Ideen zusammen. Die Bluttransfusion ist eine militante Therapie, in der eine allerhaltende Natur, eine allmächtige Wissenschaft und die wissenschaftliche Moral der Zukunft verschmelzen. Die Entdeckung der Blutgruppen (1899–1903) und später des Rhesusfaktors ermöglichte es nach und nach, die Unverträglichkeiten des Blutkreislaufs zu beherrschen (1928). Wöchnerinnen und Kriegsverletzte verbluten nicht mehr. Das intimste Leben geht von einem Individuum auf das andere über, es kreist und rettet. Man sammelt, man teilt, man verabreicht die Milch der menschlichen Zärtlichkeit. »Indem die Blutgruppen die traditionellen gesellschaftlichen Barrieren überwanden, nährten sie paradoxerweise ein Ideal universalen Austauschs, dessen Modalitäten allein die Wissenschaft regeln würde. Die Idee einer (internationalen) Föderation der Blutspender wird 1948 in Turin geboren. 1955 wird sie in Luxemburg gegründet, ihre Devise lautet ›weder Rasse noch Religion noch Grenze‹.« (A.-M. Moulin) An die Stelle des Nationalen trat das Kosmopolitische, aber die bigotte Mystik bleibt.

Mit den nahezu magischen Kräften einer aufstrebenden physikalisch-chemisch-biologischen Technologie ausgestattet und vom Nimbus der Bürgertugenden umstrahlt, vollendete die Bluttransfusion die Erleuchtungen des vorhergehenden Jahrhunderts: »Worin unterscheiden sich der Priester und der Arzt? Ich habe es nie verstanden«, gestand Jules Michelet, nicht ohne gespielte Naivität. Und er fuhr fort: »Die Justiz muß zu einer Medizin werden, die von den physiologischen Wissenschaften erleuchtet wird, dem Teil an Schicksal Rechnung trägt, der sich in die freien Handlungen mischt, und schließlich nicht nur strafen, sondern heilen will. Die Medizin muß zu einer Justiz und einer Moral werden. Das heißt, der Arzt muß das innere Leben als intelligent erachten, die moralischen Ursachen prüfen ...« Verstehen wir darunter, daß der Arzt keineswegs mit dem Priester verschmilzt, sondern seine Nachfolge antritt. Er wird zum Beichtvater der Familien und zum Apostel des Gemeinwohls in einer Gesellschaft, die in großem Stil enttheologisiert.

Die Jahre, die der Revolution unmittelbar vorausgehen und folgen, haben zwei große Mythen auftauchen sehen, die einander polar entgegengesetzt sind: den Mythos eines nationalisierten ärztlichen Berufsstandes, der in der Art des Klerus organisiert ist und auf der Ebene der Gesundheit und des Körpers mit ähnlichen Vollmachten ausgestattet ist wie jener im Hinblick auf die Seelen; und dann den Mythos eines vollständigen Verschwindens der Krankheit in einer Gesellschaft, die zu ihrem heilen Ursprung zurückgefunden hat und ohne Wirren und Leidenschaften lebt.

Der offensichtliche Widerspruch der zwei Gedanken darf aber nicht darüber hinwegtäuschen, daß beide Traumbilder – in schwarz und weiß – auf ein und dieselbe medizinische Erfahrung verweisen. Die beiden Träume sind isomorph: der eine schildert positiv die rigorose, militante und dogmatische Medizinierung der Gesellschaft durch eine quasi religiöse Bekehrung und die Einsetzung eines Klerus der Heilkunst; der andere Traum erzählt von derselben Medizinierung, aber in einer triumphierenden und negierenden Tonart, nämlich von der Verflüchtigung der Krankheit in einem korrigierten, organisierten und überwachten Milieu, in dem schließlich mit ihrem Gegenstand und mit ihrer Existenzberechtigung die Medizin selber verschwindet. (Michel Foucault)

Die III. Republik erfüllte Michelets Wunsch, kanonisierte Pasteur und sah in jedem Absolventen der Schule der Medizin einen Senator und Bürgermeister, der sich dessen durchaus bewußt war. Im schwarzen Plätschern des verseuchten Bluts versinkt also der jahrhundertealte Traum einer republikanischen Unfehlbarkeit, der sich die Ambitionen der Politik, die Wohltaten der Medizin und den Willen der Religion, den alten Adam zu entblößen, zu eigen machte. Man ehrte die Magier und die Propheten, man entdeckte mittelmäßige Gurus, denen der Erfolg so sehr zu Kopf gestiegen war, daß sie sich für Gott hielten.

An der Spitze des CNTS wirkte ein Doktor Knock, der von hoch oben auf seine Gemeinde herabblickte: »Nachts, wenn die Lichter brennen, ist es noch schöner. Und fast jedes Licht brennt meinetwegen. Nichtkranke Menschen schlafen in der Finsternis. Sie sind ausgelöscht. Die Kranken aber haben ihr Nachtlicht brennen (...). Das Land versinkt, verwandelt sich sozusagen in Firmament, deren fortwährender Schöpfer ich bin.« (J. Romains) Das Totenhaus, die Allmacht, der Größenwahn der Meister der Transfusion reichen weit zurück.

Ein Musterbeispiel der medizinischen Moderne, führt Knock seine Klientel in eine neue Lebensweise ein. Er nimmt sie in die Hand. Er hat sie in der Hand. »Sie geben mir hier einige Tausend farblose unbestimmte Individuen. Meine Aufgabe ist es, sie einer Bestimmung zuzuführen, sie zur Medizin zu bekehren. Ich stecke sie ins Bett und beobachte, was dabei herausschaut: ein Schwindsüchtiger, ein Neuropath, ein Arteriosklerotiker oder was sonst immer. Aber zum Donnerwetter irgend etwas! Etwas muß doch werden. Nichts bringt mich so auf wie diese Kreaturen, die weder Fisch noch Vogel sind, und die Sie, mein lieber Kollege, gesunde Menschen nennen.« Jeder Bürger ist als Kranker zu betrachten, der es nicht weiß: Knocks Prinzip erklärt die Abirrung, die die Macht, die unkontrollierte Ausbreitung und die Laxheit der Blutbanken nährt.

Jean-Pierre Soulier, der von 1965 bis 1984 Generaldirektor des CNTS war, findet rückblickend verurteilende Worte von einer Strenge, die ihm im richtigen Moment fehlte: »Es gab eine Zeit, da man bei fast allen Operationen Bluttransfusionen vornahm, manchmal sogar bei leichten Eingriffen (Leistenbruch, Blinddarmentzündung). Damals empfahl man, dem Schock der Operation dadurch vorzubeugen, daß man den Blutverlust sofort ausglich, um für einen einfachen Operationsverlauf zu sorgen. Diese prinzipiellen Transfusionen sind strikt abzulehnen, nicht nur wegen des winzigen Restrisikos einer möglichen Infizierung mit Hepatitisviren, auch wenn schon 1971 Hepatitis-B-Marker aufgespürt worden sind.« Sie haben richtig gelesen. Acht Jahre vor dem Aufkommen von Aids war es möglich, den Mißbrauch einer sogenannten »Bequemlichkeits«-Transfusion zu unterbinden, bei der die Gefahr einer Infizierung (Hepatitis-B) größer war als die erhofften Vorteile. Das hohe Ziel einer Universalisierung der »medizinischen Existenz« wurde dem gesamten Gesundheitssystem auferlegt, das sich dem Ideal einer »Biomacht« verschrieb und sich nicht mehr wie früher vornahm, den Tod zu bannen, sondern *das Leben zu verwalten*. Die Hygieniker des 19. Jahrhunderts formulierten naiv und unbeholfen eine Ambition, die seitdem die Disziplinen des Körpers, die demographische Gesetzgebung und die Gesundheitspolitik durchdringt. Es geht nicht mehr um das langfristige Interesse des Patienten, sondern um den Erfolg der Operation *hic et nunc*.

Für wen sind die Bequemlichkeitstransfusionen bequem? Für das Chirurgenteam, das die negativen Nebenwirkungen auf ein Minimum reduziert. Da die Medizin den Erfolg der Operation um der Operation willen im Auge hat – und sei es auf Kosten der künftigen Existenz des Operierten –, sorgt sie sich um sich selbst, und zwar in erster Linie um sich selbst. Es verwundert nicht, daß der CNTS diese Logik auf die Spitze getrieben hat, so daß er die Bluter und diejenigen, die eine Transfusion erhalten, nicht mehr als Adressaten ansah, sondern als Rohmaterial seiner großen Kunst.

Institutionen, gleich welcher Art, arbeiten im geschlossenen Kreis. Sie legen die nahezu unbezwingbare Neigung an den Tag, sich im Pascal-Komplex einzuschließen. Die so oft angeprangerte Passivität der Büros und Verwaltungen, die zu den verschiedensten Zeiten und in allen Breiten grassiert, bringt insgeheim die Forderung zum Ausdruck, »sorgenfrei« zu reisen. Und sei es in die Katastrophe. Ein Maximum an Objekten behandeln und dabei ein Minimum an Problemen aufwerfen – diese Regel herrscht in Unternehmen, Parteien, Salons. Mit der Herausforderung von Aids konfrontiert, beeilen sich die gesellschaftlichen Akteure, es zu veranschaulichen. »Eine Handvoll Ärzte, seien es anerkannte Spezialisten der Hämophilie oder faktisch kleine Könige der Bluttransfusion, sind unstreitig auf dem Ehrenfeld der medizinischen Niedertracht gefallen, sie haben den hippokratischen Eid und den einfachen Menschenverstand vergessen. Die größten Experten, das Gewissen unserer Zeit, haben ihre Pflicht versäumt, angesichts der Gefahren Alarm zu schlagen und Wache zu halten. Schließlich sind die politisch-administrativen Kreise, sowohl blind als auch taub, im Nebensächlichen versackt und haben nebenbei die Wahrheit der Fakten erstickt.« (L. Greilsamer) Ein solches Gesetz des Schweigens, das die allgemeine Schande regiert, verdient eine gründliche Untersuchung, denn entgegen dem Augenschein versteht es sich nicht von selbst.

*

Die von den Soziologen herausgestellte »bürokratische Trägheit« ist in keiner Weise träge. Sie erhält sich durch eine unaufhörliche und differenzierte Arbeit an der Aufhebung der Ängste. In einer Zeit, in der die Information zirkuliert, verlangt das Verriegeln von geistigen Fenstern und Türen ständige Aufmerksamkeit. Unsere Unkenntnis ist nicht angeboren, sondern wird sorgfältig genährt und heroisch erobert. Die politischen, wissenschaftlichen, kommerziellen und therapeutischen Autoritäten, die Bruchstücke verschiedenartiger Ideologien vermischen, belasten sich nicht mit Skrupeln.

Augen zu und Mund halten: »Von sehr wenigen Ausnahmen abgesehen, war die Blindheit der Welt der Medizin, der Wissenschaft, der Administration und der Politik bestürzend. Dennoch kann man heute nicht behaupten, daß ›der Zustand der Wissenschaft verworren war‹. Im übrigen verfaßte Professor Willy Rozenbaum 1983 für *Quid* eine Notiz, die noch immer durch ihre

Klarheit besticht: ›In den Vereinigten Staaten entwickelte sich eine Form von Krebs, im Französischen Sida (Aids) genannt, die in vier von zehn Fällen tödlich verläuft. Von Juni 1981 bis März 1982 wurden bei männlichen Homosexuellen tausendzweihundert Aids-Fälle registriert; in anderen Fällen handelt es sich um Bluter oder Personen, die Blutpräparate erhalten. Das Virus kann bei Bluttransfusionen übertragen werden.‹ Aber die alarmierenden Hypothesen, Hinweise und Informationen wurden meist verworfen, da man sie für Panikmache hielt. So achtete man nicht auf die Warnungen derer, die auf die Gefährlichkeit der Blut-›pools‹ hinwiesen, die die Herstellung von Präparaten für Bluter aus mehreren Millionen Spenden ermöglichen. Aber allein der gesunde Menschenverstand hätte genügt, um einzusehen, daß eine einzige HIV-verseuchte Spende sämtliche Präparate verunreinigen kann.« (L. Greilsamer)

Wie auf einem Schulhof oder in einer Komödie von Molière werfen sich die verschiedenen zuständigen Instanzen den Ball zu. Die Politiker beklagen das anhaltende Schweigen der Ärzteschaft und ihre befremdliche Langmut gegenüber den schuldigen Kollegen. Abgeordnete und Senatoren dagegen schienen mehr Korpsgeist als kritischen Verstand zu entwickeln. Wer erinnert sich nicht an die einstimmig gewählten Sozialisten (»eine antike Tragödie!« rief der Sekretär der Internationale Pierre Mauroy), die sich fest um einen Genossen – den früheren Gesundheitsminister – scharten, als ihm gerichtliche Verfolgung drohte? Vor Mikrophonen und Kameras sicherten sie ihm ihre gerührte, echte und tiefe Unterstützung zu, auf die die Opfer von Bluttransfusionen niemals Anspruch hatten.

Doch der eklatante Kastenegoismus erklärt das Beharren auf der verstockten Abschottung nicht ganz. Denn soviel Engstirnigkeit schadet am Ende dem guten Ruf und dem Ansehen, von dem die Notabeln soviel Aufhebens machen, ja sogar den Wahlinteressen, die sie nur selten aus den Augen verlieren. Pascals Formulierung der selbstmörderischen Blindheit zielt auf eine weit verfänglichere Verstrickung als nur das utilitäre und egoistische Kalkül.

»Wenn es zehntausend Lohnempfänger der Bluttransfusion gab, hundertzwanzigtausend französische Ärzte, die Akademie der Wissenschaften, die Presse – wie ist es dann zu erklären, daß niemand Alarm geschlagen hat?« fragt der Berichterstatter des parlamentarischen Untersuchungsausschusses im Jahre 1992.

Wenn man die oftmals retrospektiven Vorwürfe liest, die den Protagonisten gemacht werden, überkommt einen der Verdacht, daß sie systematisch ihr Ziel verfehlen. Es nützt nichts, eine berechnete Heuchelei oder ein Verharren im Irrtum anzuklagen – man hat die Risiken falsch eingeschätzt, die Folgen unterschätzt. Mangelnde Wahrnehmung oder Intelligenz allein liefert nicht den Schlüssel zu derart verbreiteten und wiederholten Verirrungen.

Kurz vor seinem Tod rief Professor Jean Hamburger in Erinnerung: »Wenn ein Arzt weiß, daß ein Produkt für den Kranken ein Risiko birgt, liegt es klar auf der Hand, daß er ganz allein die Verantwortung übernehmen muß, dieses Produkt nicht zu verschreiben: *primum non nocere*, vor allem nicht schaden.« Durch individuelle Charakterzüge oder zufällige Fehlgriffe ist die unübersehbare Tatsache nicht zu erklären, daß sich die betreffenden Praktiker in ihrer Gesamtheit von der »völlig« offenkundigen Verpflichtung befreit haben, die Verabreichung toxischer Substanzen zu unterbinden. Sie haben den hippokratischen Eid geleistet. Diejenigen, die sich absonderten, sind weit davon entfernt, sich in die Brust zu werfen, sie fragen sich im Gegenteil nach ihrer unfreiwilligen Teilnahme an der Verschwörung des Schweigens.

Warum aber haben sie, die zu den wenigen Hellsichtigen zählten, nicht Alarm geschlagen? »In den im Prinzip am besten unterrichteten Kreisen fand sich niemand, der die Vorgehensweisen umgestoßen und die Öffentlichkeit aufgerüttelt hätte, um bedrohte Menschenleben zu retten«, fährt der Untersuchungsbericht fort. Angesehene Professoren gestehen, daß sie Angst hatten, »als unverantwortliche Spaßvögel« angesehen zu werden. Ehemalige Linke, eingefleischte Berufsprotestierer über Jahre hinweg, bekennen eine jähe Schüchternheit.

Der Mantel des Respekts, der selbst auf gewitzte Geister fällt, wöge nicht halb so schwer, wenn es sich nur darum handelte, bloße Denkfehler aufzudecken, die persönliche Ambitionen verhüllen. Hinter der Desinformation und den falschen Berechnungen wütet eine positive Auseinandersetzung, eine Gegenrechnung, die in allen Schichten der französischen Gesellschaft Triumphe feiert. Man muß Pascal zugestehen, daß die fehlende Neugier die offensive Strategie eines Widerstands verrät. Der allgemeine Konsens erhebt diese Weigerung auf den Gipfel einer nahezu unerschütterlichen Ehrbarkeit.

Wenn große Dinge ins Spiel kommen, zählt nichts mehr. Keiner fühlt sich aufgerufen. Jeder spielt seinen letzten Trumpf aus, diskreditiert die präzisen Beschlüsse und erklärt sie für kleinlich. Die Größe des Endziels verherrlicht die Institutionen, die sich darauf berufen. Und sie sanktionieren ihrerseits die untertänige Aufgabe des Angestellten und die bescheidene Mission des Gläubigen. Von der Basis bis zur Spitze, jenseits der prosaischen Sorgen, jenseits jeden Kalküls, und sei es noch so egoistisch, verschweißt der Hausgeist die kleinen Interessen mit den großen, das Element mit dem Ganzen, das Individuum mit der Gattung, den Kranken mit der Medizin. Raymond Villey, Ex-Präsident der Ärztekammer, rechtfertigt das Schweigen: »Wir legten keinen Wert darauf, eine Aids-Epidemie durch eine Selbstmord-Epidemie zu ersetzen.« Georgina Dufoix, Ex-Gesundheitsministerin, bestätigt: »Die Gemeinschaft durfte nicht in Panik versetzt werden.« Erliegen wir nicht der Versuchung, einen Irrtum in der Einschätzung zuzugestehen: unwahrscheinliche Selbstmorde rechtfertigen nicht die dumpfe Entscheidung, unzählig Tote zuzulassen. Hinter den schlechten Vorwänden ist eine geheime Logik am Werk, die Logik des Opferverhaltens, das den Einzelnen, ja sich selbst nicht schont, um zu verhindern, daß die ganze Welt umkippt.

*

In einer traditionsgebundenen Gesellschaft stellen Opfer die Ordnung wieder her, wenn sie gestört worden ist, oder festigen sie vor einer Prüfung. Sie reparieren oder präparieren eine kosmische Organisation, die sie nicht erschaffen. Gespielt wird: Wer verliert, gewinnt. Man verzichtet auf ein Detail, für den Einfluß auf das Ganze. Die Tötung des Vogels ermöglicht es, die Zukunft vorauszusehen. Der Mord an Iphigenie verschafft der von Agamemnon angeführten Flotte die Gunst der Meteorologie. Die hinkenden Argumente und die absurden Verhaltensweisen der Verantwortlichen des Gesundheitswesens wirken unsinnig und abulisch im Vergleich zu den profanen Methoden, wie sie Versicherungsgesellschaften oder dem Einkaufskorb der Hausfrau eignen. Unter dem Blickwinkel der Begeisterung für das Opfer gewinnen sie jedoch Sinn. Ein gemeinsamer Zug der oben erwähnten ideologischen Lektüren: Das Blut ist kein gewöhnlicher Saft. Es bedeutet. Es metaphorisiert den gesellschaftlichen Zusammenhang. In unseren Adern fließen die Nation, die Rasse, die Gemeinschaft, die Brüderlichkeit, die Wissenschaft.

Die Gesundheit funkelt weit mehr als ein bloß körperlicher und vorübergehender Zustand, den man mit Bestimmtheit weder besitzen noch bewahren kann. Sie schimmert wie das Allerheiligste, sie erstrahlt wie der höchste Wert, der alles mißt und sich durch nichts messen läßt. Im Namen der Reinheit des Bluts und der Unantastbarkeit der Gesundheit zeichnet sich, hinter trügerischen Rationalisierungen versteckt, die uralte Logik des Gattungsopfers ab.

Wenn es um das Heil der menschlichen Gattung geht, fällt das Schicksal der Individuen nicht ins Gewicht. Genauer gesagt, es fällt in umgekehrtem Sinn nicht ins Gewicht. Die gewöhnlichen Bindungen müssen zurücktreten vor dem »Verfahren, das mit Hilfe eines im Verlauf der Zeremonie zerstörten Opfers eine Verbindung zwischen der heiligen Welt und der profanen Welt herstellt«. So definierten Ende des letzten Jahrhunderts Hubert und Mauss, als Ethnologen, die Kohärenz der Opferhandlungen. Und so muß man heute die Selbstverleugnung lesen, die von den Blutempfängern stillschweigend verlangt wird. Die Infizierten sind Votivgaben an die Disziplinen und Dogmen des Gemeinwohls. »Ich liebte Cäsar nicht weniger, doch mehr liebte ich Rom«, und Brutus zückte den Dolch.

Im Namen des öffentlichen Wohls tötet man die Öffentlichkeit. Während man die Gesundheit beschwört, verbreitet man die Krankheit. Die unglaubwürdigen Vorwände werden ständig wiederholt, denn die Opferlogik impliziert die Zerstörung sowohl eines Teils der anderen als auch eines Stücks seiner selbst. Wie kann man, als Arzt, eine fiktive »Selbstmordepidemie« mit der sehr realen Aids-Pandemie vergleichen? Und wie, als noch so vernünftiger Minister, eine Parallele ziehen zwischen der Schwierigkeit, den Unfall der Bluttransfusionen bekanntzumachen, und dem Verbrechen, sieben Jahre lang niemanden zu warnen? Als Hohepriester treibt man die Selbstopferung so weit, daß man auch den Intellekt opfert!

Dem religiösen Opfer folgt die Religion des Opfers. Sie überprüft nicht, wie einst, das Verhältnis zwischen Himmel und Erde, Heiligem und Profanem, sie setzt es ein. Sie legitimiert sich durch keinen früheren Glaubenssatz oder Mythos. Sie haucht ihren Fetischen eine Seele ein und gibt der menschlichen Gattung einen Leib. Dieser oder jener Arzt sieht sich als Fanatiker der Bluttransfusion wieder, so wie ein Minister als Fanatiker der Frohen Botschaft. Beide arbeiten sie am ontologischen Beweis. Die Einschaltquote und der Tropf sind der greifbare Ausdruck dafür, daß Vertrauen herrscht und zwischen den Individuen zirkuliert.

Früher opferten die Gläubigen, weil Gott existierte. Heute opfern die Zweifelnden, damit Gott existiere: »Wenn ein Mensch einem anderen Menschen eine Regung der Freundschaft entgegenbringt, dann verpflichtet er sich entweder bis zu jener letzten, höchsten Geste, die als einzige eindeutig, als einzige schlüssig ist: der Blutprobe, sich töten lassen oder selber töten; oder aber er bleibt auf halbem Wege stehen, läßt es bei einer geistigen Zurückhaltung bewenden, und dann verflüchtigt er sich im Nichts, er existiert nicht. Der gewaltsame Tod ist die Grundlage der Zivilisation, des Gesellschaftsvertrags, jeglichen Pakts.« (Drieu La Rochelle)

Wenn die Himmlischen sich zurückziehen, wenn die Welt sich ernüchtert, die Opfergemeinschaft aber fortbesteht, wird sie ihr eigenes Ziel, verharrt sie auf performative Weise im Sein. Sie verweist auf keine ihr vorausgehende Ordnung der Dinge. Sie verhilft ihr zum Sein. Sie schenkt dem Generischen Leben, indem sie ihm ihr Leben opfert, als gelänge es den Menschen nur dann, die höheren Fiktionen in Realitäten zu verwandeln, wenn sie sich als fiktiver denn diese Fiktionen empfinden.

Das antike Opfer – mit weit geöffneten Augen und vor uralten Überzeugungen geschwellter Brust – war ein Opfer für das Auge. Heute heiligt die Binde auf Pascalsche Weise ein Nichtsehen. Hinter den vielfältigen Blutaffären läßt sich immer wieder ein und derselbe Irrtum erkennen, den die Untersuchungskommissionen und die verstörten Zeugen euphemistisch »Unterschätzung« nennen. Wenn man die elementaren Vorsichtsmaßnahmen bei der Auswahl der Blutspender außer acht läßt, wenn man zweifelhaftes Blut weiter zirkulieren läßt und niemals versucht, eine statistisch kontaminierte und kontaminierende Bevölkerungsgruppe aufzuklären, dann habe ich, dann hast du, dann haben wir Aids unterschätzt. Die Konjugation funktioniert in allen Personen, im Singular, im Plural, in jedem Tempus und jedem Modus. Und eine solche Feststellung unterschätzt ihrerseits den Defekt. Denn gleichzeitig haben wir paradoxerweise mit großem Getöse überschätzt.

Im Schatten vollzog sich, stumm, der Bluthandel, während die apokalyptischen Statistiken, die wahnsinnigen Ängste, die Wundertherapien und die erbaulichen Predigten die Geißel zur Krankheit des Jahrhunderts krönten. Wer erinnert sich nicht an jenen faszinierenden französischen Parteiführer, der auf dem Bildschirm schwitzte und meinte, Schweiß sei imstande, in Nullkommanichts das Vaterland zu verseuchen? Er machte Schlagzeilen, als für die Bluter kein Platz in den Spalten der Illustrierten war. Man erinnere sich an den kommunistischen Diktator Kubas, der sich mit dem internationalen Drogenhandel finanzierte: er errichtete Konzentrationslager für HIV-Positive. Verhaltene Aufschreie und Unruhe, Übertreibungen und Auslassungen, Lärm und *omertá*, Über- und Unterschätzungen arbeiteten gemeinsam an einer fundamentalen Nichteinschätzung. Ein und dieselbe Weigerung, die Gefahr zur Kenntnis zu nehmen, nährt sich von deren mythologischer Überhöhung und einer modisch-schicken Sorglosigkeit.

Als wie schwierig erweist es sich doch, eine Bevölkerung zu schützen, wenn man sich von vornherein bemüht, sie vor dem Gedanken an das zu schützen, wovor man sich schützen soll! Was wird bei der Verleugnung von Aids verleugnet? Was organisiert die konfusen Tumulte an der Rampe und die schlaffe Untätigkeit hinter den Kulissen? Die Negierung ist nicht global, sie zerstäubt das Konkrete nach und nach. Die Aids-Gefahr wird implizit aufgespalten. Irgend etwas geschieht. Anderes wird verschwiegen. Eine individuelle, tödliche Krankheit – das Entsetzen geistert durch den Blätterwald; langsam fallen die Tabus, die Opfer sprechen, schreiben und demonstrieren, ihr Ausschluß weckt Debatten und Widerstände; die Schwierigkeit des notwendigen Dialogs, den die Kranken, die Therapeuten und die Angehörigen am Horizont des Unheilbaren beginnen, werden nicht verheimlicht.

Bleibt die verborgene Seite: diesmal betrifft das Übel nicht nur Einzelpersonen oder besondere Gruppen – die berühmten »Risikogruppen« –, sondern das Kollektiv in seiner Gesamtheit und als Gesamtheit. Die Umfragen weisen darauf hin, daß das Risiko »unterschätzt« wird und daß jede Fahrlässigkeit an Ansteckung grenzt. Dies hätte von Anfang an zur Überwachung der Blutspenden, zur Kontrolle der Präparate und zur Warnung potentieller Virusträger führen müssen. Da der Aspekt der Ansteckung nicht absolut ignoriert werden konnte, da er Aids als Seuche ausweist, wurde er als ein Symptom unter anderen, als Privatangelegenheit behandelt. Wohl oder übel sorgte die Gesellschaft also dafür, die von den Kranken zu recht geforderte Pflege zu finanzieren. Der

Erkrankte bündelte die Aufmerksamkeit und die Ängste. Der Gefährdete geriet in Vergessenheit. Ungeachtet der Delirien, die imaginäre Übertragungswege verteufelten, muß festgestellt werden, mit welcher Leichtfertigkeit das Problem der Ausbreitung erledigt wurde. Ja, endlich spricht man über Aids als individuelle Tragödie. Aber über Aids als generische Krankheit, die über allen schwebt und das Ganze bedroht, wird nur geflüstert.

*

Das traditionelle Opfer, das im Namen der Gesamtheit wirkte, den Teil der umfassenden Autorität unterwarf, die Ausnahme hervorhob, um die Regel zu bestätigen, beseitigte vergangene, gegenwärtige und künftige Störungen. Mit abgeschnittenen Blumen, geschlachteten Tieren, getöteten Gefangenen zahlte man den vereinbarten Preis, um den schmerzlichen Tatbestand des Unglücks in die bewegte Ankündigung einer Wiederherstellung des gesellschaftlichen Zusammenhalts zu verkehren. Die mythologische oder theologische Evidenz garantierte den Vollzug des ungleichen Tauschs zwischen der irdischen Unordnung und dem unbefleckten Gesetz des Himmels. Diese Evidenz schwindet. Eine moderne Gemeinschaft beruft sich nicht auf die anfängliche, nunmehr ungreifbar gewordene Wahrnehmung einer Harmonie. Damit das Opfer wirksam bleibt, darf es nicht mehr behaupten, daß alles zum besten steht. Da man das Gute nicht mehr verkünden kann, begnügt man sich damit, das Böse zu leugnen. Da man die Gesundheit nicht zurückerobern kann, verschleiert man das Leiden. Da man keine Impfstoffe anzubieten hat, die Aids aus der Ordnung der Realitäten vertreiben könnten, derealisiert man es.

Seine unheilvollsten Eigenschaften werden aus unserem Blickfeld verbannt. Indem wir die Kollektivierung des Pathogenen an den Rand drängen, haben wir Augen nur für das einsame Martyrium und das angeblich unvergleichliche Schicksal von Gruppen, die man allzu schnell für Sonderfälle hält. Da wir der Halluzination, daß alles gut geht, müde sind, begnügen wir uns damit, nicht zu sehen oder zu zeigen, daß das Ganze schlecht geht. Im Grunde läuft es auf dasselbe hinaus. Solange das HIV von Individuum zu Individuum springt, ohne die Gesamtheit in Gefahr zu bringen, bleiben unsere geistigen und vitalen Gewißheiten intakt.

Für unsere Seelenruhe haben wir die Bluter, die Blutempfänger und die Sicherheit ganzer Bevölkerungsgruppen geopfert. Wie ist es zu ertragen, daß die geringste unserer Regungen das Überleben der Menschheit in Frage stellt? Das heißt unter Milliarden, die uns gleichgültig sind, einige wenige geliebte Menschen, die mehr als alles andere zählen. Die Unterschätzung der Risiken und die ständigen Versäumnisse, sie vorauszusehen, ihnen vorzubeugen und entgegenzuwirken, sind kein Indiz für einen Irrtum oder ein Versehen. Sie verstehen sich von selbst für denjenigen, der über höhere Interessen wacht, an deren wechselnder Definition ihm wenig gelegen ist, solange ihre Überlegenheit nicht gefährdet zu sein scheint. Gott. Meine Partei. Die Wissenschaft. So viele Fetische, so viele vampirische Gottheiten. Sobald die menschliche Spezies sechstausend Fuß über der grausamen Epidemie schwebt, stirbt man (und läßt man sterben), ohne mit der Wimper zu zucken, für irgendein unerschüttertes Vaterland des Wissens und der edlen Gefühle.

Das Pascalsche Prisma, das erhellt, weil es komplex ist, erfaßt die tiefe, strukturelle Kohärenz, die widersprüchliche oder absurde Verhaltensweisen organisiert. Mit welcher Leichtigkeit versteift man sich darauf, mehrere Fliegen mit einer Klappe zu schlagen! Man bringt der Gesundheit Opfer und opfert die Gesundheit. Man ist entsetzt über eine nicht aufzuhaltende Sterbeziffer und läßt sie kaltblütig ansteigen. Man startet Informationskampagnen und Erziehungsprogramme, aber man vertuscht die nicht wiedergutzumachenden Irrtümer und die verhängnisvollen Statistiken. Welchen Glauben kann ein Gymnasiast den Ratschlägen zur Verhütung schenken, wenn eine Ministerin für Soziales, Madame Dufoix, ihm ohne den Anflug eines Zögerns erklärt, sie habe es vorgezogen, ihn nicht zu informieren, um ihn nicht zu beunruhigen, also die Infizierten weiter infizieren zu lassen. So viele Verirrungen übersteigen das Maß der gewöhnlichen Dummheit. Es ist angebracht, die Dinge zu entwirren.

Ein Opfer wird zu dritt gespielt. Es wird entgegengenommen (»dort oben«, vom Adressaten). Es wird dargeboten (hienieden, vom Absender oder Opfernden). Es ist die Gabe in der vernichteten Sache. Doch ist jede Seite mehr oder weniger stark darin verwickelt. Göttlicher Pol: das gewöhnliche Opfer *an* den Gott kann zum Opfer *des* Gottes werden (exemplarische Fälle sind der Hinduismus und das Christentum). Aktiver Pol: der Mensch kann einen symbolischen Gegenstand, einen Teil seiner selbst oder seine eigene Existenz ins Spiel bringen (der Stoiker tötet sich, um dem Kaiser gefällig zu sein oder sich der Ordnung der Welt anzupassen). Pol der Opfergabe: das scheinbare Detail kann sich als wesentlicher herausstellen als die Sache, die seinen Tod rechtfertigt (so führt die Opferung Iphigenies zu Verbrechen, die bestürzender sind als das Fehlen des Windes). Nehmen wir an, daß die drei Extremfälle in ein und derselben Person verschmelzen. Diese wäre kein christlicher Christus, denn er müßte sich mit eigenen Händen ans Kreuz nageln. Sie wäre kein Stoiker, denn dieser opfert sich für einen Kosmos auf, der ihn übersteigt. Und sie wäre nicht Antigone: Wie kann man gegen eine Verurteilung, deren Richter man sein will, den Vollstrecker und den Exekutierten in Anspruch nehmen? Diese dreiköpfige Person kopiert das »Wir«, das Pascal zufolge in den Abgrund rennt und sämtliche Rollen spielt: es opfert sich selbst, für sich selbst und an sich selbst. In der dezent suizidären Sackgasse, in der sich die Würdenträger verrennen, die felsenfest versichern, sie seien für alles verantwortlich und an nichts schuld, besiegelt der Verlust des letzten Rests an Sinn für das Lächerliche das Nichts einer Vorstellung, die von ihrem Nichts keine Vorstellung hat.

In diesen wirren Zeiten, wo Gott sich verbirgt, wird die Kunst, Opferbereitschaft zu wecken, ziemlich mühsam. Der Appell an die höchste Gabe beruft sich zunächst auf das Gemeinwohl – das Blut, die Gesundheit, das soziale Band – und macht sich sodann anheischig, jenen höheren Werten, deren Qualität von dem seinen abhängt, zur Existenz zu verhelfen. Ausgezogen, die Welt zu retten, muß er sich überdies selbst retten, indem er vor dem zweifelhaften Aspekt seines Unterfangens die Augen verschließt. Je bohrender seine Ungewißheit, desto schneller rennt er. Je schneller er rennt, desto mehr versinkt er. Da er die Gewißheit verloren hat, daß der Adressat seiner Gabe auf den Appell antwortet, setzt er sich selbst als Adressaten ein: er macht sich zu Gott, ohne zu wissen, ob er ist. Gott löst sich in ihm auf. Der Kreis schließt sich. Geber und Nehmer sind eins. Übrig bleibt eine Gabe, von sich an sich, die keine Rechenschaft mehr abzulegen hat.

Die Rücktritte, die die Hölle der Blutskandale pflastern, bagatellisieren um die Wette die kontaminierenden Verantwortlichkeiten. Damit hält man die Geißel an dem eingegrenzten Platz, den das Opferritual ihr zuweist. Das Detail stirbt, und das Ganze ist gerettet. Die Krankheit mimt das Opfer, das die Krankheit mimt. Nichts, was unsere geistigen Gewißheiten erschüttert. Und selbst wenn das HIV auf allen fünf Erdteilen den Sieg davonträgt – zahllose apokalyptische Extrapolationen malen es an die Wand –, genügt es, diese traurige Möglichkeit als vulkanische Fatalität zu präsentieren. Sie fällt nicht mehr ins Gewicht als ein Erdbeben oder eine Sintflut: so etwas kommt vor! Das Ganze fliegt in die Luft, aber die Idee des Ganzen ist gerettet. Im übrigen war seine Ewigkeit – thermonuklear betrachtet – schon seit langem zweifelhaft.

Weshalb also diese defätistische Schamhaftigkeit angesichts der Ausbreitung von Aids? Weil sie an unsere Fähigkeit und Entschlossenheit zum Widerstand appelliert. Der Ansteckung entgegentreten, darangehen, ihre Expansionswege einen nach dem anderen zu versperren – eben dies bürdet uns eine zögernde, neue Verantwortung auf. Es sei denn, es entlarvt sich hier unser Hang zu einer ungeheuren und ungeahnten Verantwortungslosigkeit. Es wird allgemein angenommen, daß der Mensch am Leben hängt und daß die Menschheit unsterblich sein will. Auch wenn sie zurückstecken muß. Jedoch hofft sie, auf den indirekten Weg setzend, sich dank der Mysterien des Sex, der Fortpflanzung und der Demographie zu verewigen. Diese Option trübt sich. Die Vorstellung, die wir uns von uns selbst machten, gerät ins Wanken.

Wer sind wir? Im Opfer der Gläubigen, dem Verzehr der Gabe und der Genehmigung des Himmels war das Problem vom Tisch und das Gleichgewicht wieder hergestellt. Die Sorge um das von Pascal beschriebene »Sorgenfrei« treibt dieselbe Strategie bis zur äußersten Grenze und inszeniert ein letztes Opfer, dasjenige, das keine Tradition mehr absichert und das sich nur auf seine eigene Autorität stützt. Die Aura des Todes, die den Lauf in den Abgrund umgibt, wirkt, trügerischerweise, verzweifelnd. Sie birgt im Gegenteil die geheime Hoffnung, das Wesentliche zu retten. Wenn sie sich verliert, dann nur, um sich zu finden. Wenn sie untergeht, so zückt sie dabei eine endgültig fälschungssichere Kennkarte. Die Unverantwortlichkeiten, die sich seit dem Auftreten von Aids häufen, sind juristisch schwer bestimmbar. Irrtum? Fehlverhalten? Vergiftung? Ihr mörderischer Aspekt verdoppelt sich durch eine suizidäre Seite. Die hinter der Bühne großmäulig geschwungenen Dummheiten verraten eine oft geistige, bisweilen physische Selbsthinrichtung.

Der Verantwortliche arbeitet daran, unverantwortlich zu werden, um die Kennzeichen seiner Verantwortung zu perpetuieren. Er entehrt seinen Auftrag, um sein Mandat zu vergolden. Er spielt gegen die Interessen, die ihm anvertraut sind, sowie gegen seine eigenen, um sein Image und das Image einer Gemeinschaft zu retten, die sich bis zum Tod ihrer Identität sicher ist. Allem Anschein zum Trotz ist die Operation weder egoistisch noch einsam, das letzte Opfer bringt Verbrüderung ein. Gemeinsam stoßen wir das Dasein ab, um in unserem Wesen zu kommunizieren, das sich durch ebenso zahlreiche wie redundante Ideologien endlos definieren läßt, denn es hat sich von vornherein als eines und unteilbar erwiesen. Zum Preis der Existenz bringen wir das Wesen zur Existenz. Von innen gesehen bezahlen wir die erhabene Vorstellung, die wir von uns selbst verkünden, mit unserer Haut. Von außen gesehen ergibt dies: ich töte, ich sterbe, also sind wir.

Statt sich in seinem lachhaften Widerspruch aufzulösen, behält das letzte Opfer die Aufgabe, die das antike Ritual sich zuwies. Es reduziert das Übel auf ein Detail und die Krankheit auf ein stets besonderes Abenteuer. Die überlieferten Glaubensvorstellungen wurden aufgegeben? Das Überleben ist nicht mehr gesichert? Gleichviel! Das letzte Opfer löscht die Unordnung nicht aus, indem es sie in irgendein höchstes Gut resorbiert. Es suggeriert lediglich, daß ein Übel gar kein Übel ist, sondern nur ein Sehfehler. Es behandelt Aids wie eine Krankheit unter anderen. Seine These lautet, daß das Übel im Grunde nur Schein ist. Man weiß, daß man sterblich ist, man ruft nicht mehr die Himmlischen an, sondern man fühlt sich »im Himmel«. Die Ewigkeit wird nicht mehr ins Paradies, auf morgen oder gestern verwiesen, sie besteht *hic et nunc* in der Gewißheit, daß ich alles tue, was ich tun muß, und daß kein Ultravirus die vielfältigen Kenntnisse und Autoritäten zu erschüttern vermag, hinter denen ich mich verschanze, um nicht über sie nachdenken zu müssen. Da ich physisch nicht mit ihm fertigwerde, kehre ich mich gegen mich selbst, dann durchflutet mich die Freude über einen absoluten Sieg; ich werde ihn zertreten, vernichtet, eliminiert haben; es bleibt keine Spur von ihm in meiner Seele. Und dein Körper?

Genau. Seit der Erfindung der Steinaxt läßt sich diese Hülle mühelos und ewig für eine verschwindende und belanglose Größe halten. Wen sieht man hinter dem Minister einer demokratischen Republik, im Kopf des Yuppie-Chefs der staatlichen Blutbank am Werk, wenn nicht, sich selbst gleich, den prähistorischen Opferer? Er paßt sich den Umständen an, er verkündet eine Toleranz, ja einen Atheismus, wie er zum guten Ton gehört, aber er predigt nicht das Gute. Als ständiger Tröster spricht er das mystische Credo, das Ohren und Herzen öffnet: Halb so schlimm. Dieses neue Sesam belastet sich nicht mit der Naivität, uns im Guten einzurichten, uns mit unverwüstlicher Gesundheit, einem unsterblichen Körper und einer unbefleckten Seele auszustatten.

Keinen Met als Prämie und keinen Quartierschein für den Olymp. Die Nutzlosigkeit dieses mythologischen Gerümpels springt in die Augen, sobald man die Strategie des »Sorgenfrei« anwendet. Es genügt, daß der Verneiner die Übel unsichtbar macht, indem er sie von hinten angreift, sie von innen her besetzt, ihnen ihren verhängnisvollen Charakter abspricht und sie zu Objekten unserer Begierden kürt. Dies ist die Verkündung des christlichen Christus, des »primitiven«, »buddhistischen«, »nihilistischen« Antichrist, dessen Glückseligkeit Nietzsche so gern beschrieben hat: »Die ›Sünde‹, jedwedes Distanz-Verhältnis zwischen Gott und Mensch ist abgeschafft – eben das ist die ›frohe Botschaft‹.« Der Antichrist leidet nicht, straft nicht, verachtet nicht, rächt sich nicht. Am Kreuz verlernt er den Schmerz. Er hängt sich selbst daran. Er klagt die Welt nicht an. Er liebt, was ihm widerfährt, nichts verletzt ihn. »Das Verneinen ist eben das ihm ganz Unmögliche.« Krankheit und Tod sind nicht mehr Demütigungen eines abgeschafften Anderswo, sie werden selbstverwaltet von einem Ich, das für alles einsteht. Es lehrt, die Kreuzigung als Selbstkreuzigung zu erleben und sie zu genießen, weil genau darin, in jedem Augenblick und in alle Ewigkeit, das Reich Gottes besteht.

Wer ist dieser Ego-Gott? Nicht ein Wesen, sondern eine Praktik (die »evangelische«, sagt Nietzsche). Eher eine Lebensweise denn ein Glaube. Eine verzehrende Affirmation, die auf der Spitze einer einzigen Verneinung tanzt: »Die ›Todesstunde‹ (...), die ›Stunde‹, die Zeit, das physische Leben und seine Krisen sind gar nicht vorhanden für den Lehrer der ›frohen Botschaft‹... Das ›Reich Gottes‹ ist nichts, das man erwartet; (...) es kommt nicht in ›tausend Jahren‹ – es ist eine Erfahrung an einem Herzen; es ist überall da, ist nirgends da...« Halb so schlimm.

Man darf bei den Sterblichen weder Stärke noch Schwäche voraussetzen. Individuell können sie die innere Idylle, an welcher der Antichrist sich labt, gar nicht genießen, denn einem jeden lauern Gewalt, Infektion und Tod auf. Kollektiv dagegen können sie sich nach Belieben eine generische Immunität imaginieren, die angesichts des Unglücks des Daseins zu einer spirituellen Extraterritorialität verhilft. Kaum war der Aids-Alarm geschlagen, haben sie den Regeln der allgemeinen Wehrpflicht der Geister Folge geleistet. Zum höchsten Ruhm ihres kollektiven Gewissens haben sie ihr Blut vergossen, ihr Leben gegeben und den Verstand verloren. Diese Fiktion saugt ständig Blut, leidet nie und genießt in jedem einzelnen das Vergnügen, sich zusammengehörig zu fühlen.

*

Ideologien sterben nicht, sie mutieren. Die herrschenden Ideen vergehen, die höchsten Werte stürzen ein, aber die Opferhaltungen, die sie umkleideten, bleiben bestehen. Dem doktrinären Monolithismus der großen Dogmengebäude folgt eine konfuse Geschäftemacherei, deren Überzeugungen sich nach Laune der Einschaltquoten verstreuen. Gleichgültig, ob die Slogans kohärent sind, die Argumente rechtfertigen sich ohne Treu und Glauben, wenn nur der Meister bei seiner Meisterschaft bleibt, während der Entscheidungsträger weiter entscheidet und die Jünger sich weiter disziplinieren lassen. Die ideologische Existenz findet sich mit vielfältigen Theorien ab, steckt bereitwillig ihre Taufscheine ein und ignoriert hochmütig das Prinzip der Widerspruchsfreiheit; funktional selbst dann, wenn sie sich brüstet, intellektuell zu sein, bemüht sie sich, wie Pascal hervorhebt, den Blick zu verstellen. Von den Mißgeschicken des Marxismus begünstigt, glaubte das offizielle Frankreich, das Ende der Ideologien einzuläuten, doch in Wirklichkeit versackte es in ihrem Potpourri. Von weitem gesehen wirkte Paris anachronistisch. Zu Unrecht. Die dürftigen Gedächtnisfeiern, die postmodernen Laxheiten der Politik der Vermeidung befördern das böse Omen einer weltweiten Lethargie. Nicht weniger gefährlich als Aids sind die vielfältigen Ausflüchte, durch die die Wachsamkeit sich entfernt.

INFORMATIONEN

Riskantes Blut

1985 soll in Gefängnissen gespendetes Blut (bis 1991 wurde in Gefängnissen Blut entnommen) für knapp über 25 Prozent der Infizierungen in Zusammenhang mit Bluttransfusionen verantwortlich sein (...) Nur 0,37 Prozent der gesamten Blutspenden haben 1985 für 25,4 Prozent der Aids-Infizierungen nach Transfusionen gesorgt.

Denselben Berechnungen zufolge sind die Blutsammlungen in den Straßen von Paris für 14,4 Prozent der 1985 aufgetretenen Infizierungen verantwortlich. Auch hier ist, wenngleich in begrenzterem Umfang, eine ähnliche Diskrepanz zu beobachten: das gesammelte Blut betrug lediglich 1,84 Prozent der Gesamtmenge; die Ansteckungsrate war jedoch fast achtmal höher als die der allgemeinen Bevölkerung.

Es zeigt sich also, daß die Praxis der Blutentnahme in Gefängnissen die Ursache für den größten Teil der posttransfusionellen HIV-Infizierungen ist. In dieser Hinsicht nehmen die Straßensammlungen einen zwar bedeutenden, aber geringeren Platz ein. Was die anderen individualisierbaren Infizierungsquellen betrifft, so sind sie aller Wahrscheinlichkeit nach sehr viel verstreuter. Insgesamt gesehen sind allein diese beiden Arten von Sammlungen, die zusammengenommen nur 2,2 Prozent des Gesamtvolumens des 1985 gesammelten Bluts ausmachen, für etwa 40 Prozent aller Infizierungen im Jahre 1985 verantwortlich.

Aquilino Morelle, »L'institution médicale en question«
Esprit, Oktober 1993

Nur vier Verantwortliche?

Im Juli 1985 wußte der Premierminister höchstwahrscheinlich Bescheid, Madame Dufoix (Ministerin) mit Sicherheit, desgleichen E. Hervé, Staatssekretär für Gesundheit. Ihre ärztlichen Berater wußten Bescheid, die Mehrheit der Aids-Forscher wußte Bescheid, die große Mehrheit der Ärzte, die Bluter behandelten, wußte Bescheid. Während diese Leute das Problem des langen und breiten erörterten, unter sich natürlich, hat keiner von denen, die den Verkauf des verseuchten Bluts hätte stoppen können, irgend etwas gestoppt, und keiner von denen, die nicht die Macht hatten, etwas zu stoppen, trat aus Protest zurück oder alarmierte die Zeitungen oder warnte einen Kranken, bevor es zu spät war, sein Leben zu retten ...

June Kramer
The New Yorker, Oktober 1993

Verdacht? Kenne ich nicht!

»Damals (Anfang der achtziger Jahre) schien die Bluttransfusion über jeden Verdacht erhaben zu sein, vor allem seit der Einführung des Anti-HBs-Tests (der das Hepatitis-B-Antigen nachweist). Für sie war das Gröbste getan. Hier fühlte sie sich wenig von Aids betroffen« (Verantwortlicher der DGS).

Diesem Eindruck der Distanzierung von Aids liegt die pejorative Konnotation zugrunde, die sich mit den sexuellen Praktiken der identifizierten Kranken zu verbinden schien, Praktiken, die in ihren Augen den freiwilligen Spendern fremd waren:

»Die Logik, auf die die Blut transfundierenden Ärzte sich stützten, das heißt, daß die Freiwilligkeit der Definition nach die Tatsache zum Ausdruck bringt, daß Leute, die ihr Blut spenden, nicht aus Eigennutz handeln ..., also gesund sind.« (Verantwortlicher der DGS)

Tatsächlich verrät diese karikatureske Vereinfachung die strukturelle Unfähigkeit, den Blutspender als möglichen Risikofaktor zu betrachten, denn eine solche Perspektive widerspricht der aufwertenden Botschaft, die den Spender wie den Sammler innerhalb ein und desselben Handlungssystems unabhängig macht (...).

»Die Bluttransfusion verschanzt sich hinter der freiwilligen

Spende. Dies ist auch die Verteidigungslinie der Blutspendervereinigungen: in ihren Augen können Freiwillige nicht infiziert sein.« (DGS)

Michel Setbon, *Pouvoirs contre sida*
Le Seuil, S. 109f.

Herunterspielen

Der geringe Präventionseffekt allgemeiner, nicht zielgruppenorientierter Kampagnen ist etwas, was die Fachleute zur Genüge kennen und was durch andere staatliche Aids-Kampagnen hinreichend bewiesen ist. Charakteristisch für die französische Kampagne ist ihr »Herunterspielen«, denn sie vermeidet nicht nur die Mobilisierung von Ängsten, sondern zugleich die Verwendung von Bildern, die direkt auf die riskantesten Praktiken und primär gefährdeten Gruppen hinweisen. Die Botschaft »Aids – Mit mir nicht!« und das Bild von den Jugendlichen, die eine ansteigende rote Kurve zerschlagen, sind weder dazu angetan, die Bedrohlichkeit der Epidemie wirklich bewußt zu machen, noch geeignet, die Hauptgefährdeten, die es doch in erster Linie zu erreichen gilt, zur Identifikation mit der Botschaft zu animieren. Da diese Kampagne auch als Aufruf zum Rette-sich-wer-kann und als Bild nicht bloß der Verantwortung, sondern zugleich der Allmacht des einzelnen verstanden werden könnte, kann sie auch kein Mitgefühl und keine Solidarität hervorrufen. Aus Gründen, die in internen Schwierigkeiten des für die Kampagne verantwortlich zeichnenden »Comité Français pour l'Education sur la Santé« liegen, sind überdies – neben den Fernsehspots – Broschüren nur in begrenzter Auflage verbreitet worden. Die durch diese Kampagne induzierten Verhaltensänderungen sind minimal: In der heterosexuellen Population betreffen sie nicht mehr als vier Prozent, und die Homosexuellen haben schon lange vor der Kampagne mit der Umstellung begonnen. (...)

Mit Recht muß man sich nach den tieferen Ursachen für das in den französischen Medien vorherrschende einmütige Interesse an einer »Entdramatisierung« fragen, löst es doch in den Lesern widersprüchliche Empfindungen aus, da die Forderung, »sich nicht verrückt machen zu lassen, auf das Zugeständnis hinausläuft, daß es gute

Gründe dafür gibt«. Untergründig werden die meisten Artikel von der »Angst vor der Angst beherrscht, insbesondere die dokumentarischen Beilagen über die Panik angesichts einer neuen Infektionskrankheit, die womöglich zum Zusammenbruch unserer zerbrechlichen zivilisatorischen Werte – Freiheit, Demokratie, institutionell verankerte Solidarität – führt.

Michael Pollak, *Homosexuelle Lebenswelten im Zeichen von Aids* a. a. O., S. 130f., 143

Schwules Zaudern

Angesichts der beharrlichen präventionspolitischen Empfehlung des »Kondoms als des einzigen zur Zeit vorhandenen Impfstoffs« muß es erstaunen, wie niedrig der Prozentsatz der Benutzer ist (9 Prozent), von denen auch noch die Hälfte weniger aus Angst vor Aids als vielmehr zur Vermeidung einer Schwangerschaft zu diesem Mittel greift. Diese Zahl ist indessen im Zusammenhang mit jenen 10 Prozent zu sehen, die im letzten halben Jahr vor der Umfrage mehrere Partner hatten und von denen im übrigen viele überhaupt auf Sexualbeziehungen verzichtet haben. (...)

Die Jugendlichen, die sich mit dem aus der sexuellen Befreiung der siebziger Jahre hervorgegangenen Leitbild identifizieren, haben Schwierigkeiten, sexuelle Einschränkungen zu akzeptieren. Ein 19jähriger Student drückt das so aus: »Es kommt zu einem gewaltigen Frust. Schließlich gibt es ja so etwas wie ein Modell der sexuellen Beziehungen, die man mit einem oder mehreren Männern haben kann. Das Problem ist, daß ich unbewußt versuche, diesem Modell zu entsprechen. Von dem Augenblick an, wo man bereit ist, sich voll auf das Homosexuellenleben einzulassen, gibt es eine Art Identifizierung mit der Gruppe, mit ihren sexuellen Moden, und man will sich in dieser Gruppe sexuell verwirklichen. Und dann dieser Frust, dauernd muß man aufpassen, und natürlich wird das Virus immer in den Augenblicken übertragen, wo man dabei ist, mehr oder weniger die Kontrolle über sich zu verlieren.« (...)

Ein etwa 30jähriger Angestellter faßt einige Monate, nachdem er vom positiven Testergebnis erfahren hat, seine Empfindungen folgendermaßen zusammen:

»Was die Krankheit angeht, so bin ich eher gelassen, was die Lust angeht, überhaupt nicht... In meinem Kopf sagt jetzt wieder etwas: Du läßt dich in den Arsch ficken, und das ist nicht gut! Und was da spricht, wird dann im Nu mit der Lust über den Haufen geworfen. Meine Lust besteht darin, daß ich permanent den Eindruck habe, meine Erziehung beiseitezufegen, stärker zu sein, meinen Weg bestimmen zu können, sie hängt zusammen mit den heiklen Momenten des Bumsens, wo man nicht recht weiß, was weiter passiert. Jedes Mal ist es wie eine Defloration, richtig erregend, und natürlich geht es auch über den Kopf. Und das Präservativ macht dann alles Symbolische und Schöne an der Penetration kaputt. Mit dem Kondom vögeln ist für mich etwas Unangenehmes. Ich finde, in so einem Augenblick ist das sexuelle Gleichgewicht ganz entscheidend, ich gehe lieber das Risiko ein und benutze kein Präservativ. Denn Sexualität ohne Penetration ist für mich undenkbar.«

Michael Pollak, a. a. O., S. 172, 68f., 71f.

III. DIE TÖDLICHEN KRANKHEITEN LÄUTEN DREIMAL

Ein Nichts
waren wir, sind wir, werden
wir bleiben, blühend:
die Nichts-, die
Niemandrose.

Paul Celan, *Psalm*

Id quod enim fit.
»Denn auch das geschieht.«
Lukrez

Die Angst vor der eigenen Angst untergräbt die Gesellschaft. Man glaube nur nicht, dies sei ein Privileg der Eliten. Überall nimmt man die Traurige Botschaft auf die leichte Schulter oder sieht sie als Katastrophe, statt sie ernstzunehmen. Als der französische Staat mit acht Jahren Verspätung die Blutempfänger der gefährlichen Zeit zusammenruft, um ihr Blut zu testen, strömen sie nicht in Scharen herbei. Im Departement Isère sind – den Akten (1980–1986) des Sozialamts zufolge – mindestens siebzehntausend Menschen betroffen, enge Freunde und Ehegatten nicht mit einbegriffen. Vierhundertsechzehn stellen sich ein, um ihren Gesundheitszustand überprüfen zu lassen. Der Optimist schätzt, daß eine ebenso große Gruppe aus diversen Gründen bereits getestet wurde. Der Hyperoptimist verdoppelt die Zahl. Bleibt der vorsätzliche Leichtsinn der meisten.

Ob öffentlich oder privat, individuell oder kollektiv – die Vorbeuge- und Verhütungspraktiken werden universell vernachlässigt. Warum? Hält man sie von vornherein für unzureichend, vergeblich oder zumindest für relativ? Doch relativ in bezug worauf? Auf die Krankheit, deren Kraft die Barrieren überwindet, die man ihr entgegensetzt? Dann müßte die Logik, umgekehrt, zu dem Schluß kommen, daß verstärkt Blockierungsmaßnahmen zu ergreifen wären, da es kein absolut sicheres Wundermittel gibt. Das Präservativ enttäuscht, der Test stößt auf Widerstand, denn man bringt ihn nicht unmittelbar mit dem Risiko in Verbindung. Es wird ein unfehlbarer Schutz erhofft, erwartet, scheinheilig gefordert. Die heftige und stille Sehnsucht nach dem sanften Paradies der Sicherheit der Vor-Aids-Zeit entwertet den zwangsläufig lauen Ersatz. Wir messen unsere präservative Unsicherheit mit der Elle einer absoluten Sicherheit, der Sicherheit des hypersensiblen Kokons, in dem wir in aller Unschuld zu schlummern wähnen. Und in aller Unwissenheit.

Durch die Verleugnungsreaktion, die Aids von Anfang an auslöst, tritt es die Nachfolge der »großen Krankheiten« an, deren Existenz die abendländische Gesellschaft regelmäßig zu verdunkeln beginnt. Sie sträubt sich, ihre Möglichkeit ins Auge zu fassen. Die Seuchen brechen so unerwartet aus wie die großen Kriege, ein Blitz aus heiterem Himmel. »Die Cholera«, erzählt Chateaubriand, »hat uns überfallen in einem Jahrhundert des Unglaubens, der Philanthropie, der Zeitungen und der handfesten Verwaltung (...). Sie ist bei hellem Tageslicht mit spöttischer Miene gekommen.« Im Frühjahr 1832 stellt sich der »Spott« als furchtbar heraus. 18000 Tote in Paris, das 785000 Einwohner zählt. Anderthalb Jahrhunderte später überzieht der »Unglaube« sowohl die Information als auch die Wohltätigkeitsvereine. Sind solche Mißgeschicke denkbar? scheint sich der wieder einmal bestürzte, verwirrte, verlorene Bürger am Tor der Krankenhäuser und beim Anblick vorbeiziehender Leichenwagen zu fragen.

Seit der frühesten Antike wurden derartige Schrecknisse gleichsam photographiert. Homers *Ilias* beginnt mit der Beschreibung einer Pestilenz, die das griechische Heer vor Troja dezimiert. Sophokles zufolge steht Ödipus in seiner Stadt Theben demselben kollektiven Krebs gegenüber. Der unerwartete, unverständliche Pesthauch setzt irrsinnige Verhaltensweisen und üppige Delirien frei. Polizeiliche Interpretationen schießen aus dem Boden. Die Erklärung durch das Komplott macht die Runde. Nichts Neues zwei Jahrtausende später in den Gerüchten, die den amerikanischen oder sowjetischen Geheimdienst beschuldigen, das HIV erfunden und verbreitet zu haben. Nichts Neues auch in den segregationistischen Leidenschaften, die die Verantwortung für die tödliche Ansteckung auf irgendein Individuum, eine Gruppe oder Rasse abwälzen. Da glückliche Gesellschaften keine Geschichte haben, meinen sie, ihr Unglück sei von außen projiziert, von einer fremdartigen, also fremden, also feindlichen Mißgunst gesteuert. Seit jeher kultiviert die öffentliche Meinung diese stupiden Verkürzungen. Dennoch kommt eine spezifischere und datierte Erklärung hinzu, die die fortgesetzte antitherapeutische Verbissenheit rechtfertigt, die Aids auslöst.

Schon allein der Taufname HIV (Human Immunodeficiency Virus) bezeichnet etwas historisch noch nicht Dagewesenes. »Aids ist die erste ansteckende Krankheit, deren Name von der Immunologie eingesetzt wurde. Nachdem das Virus identifiziert war, hat nicht die Krankheit seinen Namen angenommen, sondern das Virus den ihren (...). Aids schien die Immunologen vor ein auf sie zugeschnittenes Rätsel zu stellen.« (A.-M. Moulin) Ebensowenig nahm das Virus den Namen seines Entdeckers an, wie es häufig Tradition war. Warum nicht das Montagnier- oder Gallo-Virus wie der Koch-Bazillus?

Man definiert das Virus negativ, durch die verschwundene Immunität. Man benennt, was es ist, durch das, was es nicht ist. Die Krankheit wird zur Abwesenheit einer Abwesenheit, zum Ungreifbaren im Reinzustand. Gewissermaßen eine Tautologie: zu behaupten, daß eine Krankheit sich durch die Tatsache auszeichnet, daß man gegen sie nicht immun ist, läuft auf die Aussage hinaus, daß sie, wie alle Krankheiten, eine Antigesundheit ist. Zum erstenmal sieht sich eine Geißel als Majestätsbeleidigung des Begriffs etikettiert, als Blasphemie gegen die providentielle Immunität.

Nein, das Virus hat sich die Werke und Lehren einer jungen Disziplin nicht angeeignet, die in den siebziger Jahren ihre internationalen Adelsbriefe erhielt. Das Virus wird negativ definiert. Das Logo, mit dem man es herausputzt, verrät die Überraschung, die es hervorruft, und den Unglauben, auf den es stößt. Weit entfernt, die Ambitionen einer in vollem Aufschwung begriffenen Forschung zu bestätigen, beginnt die unvermutete Infektion sie zur Verzweiflung zu treiben. Das Wichtigste an dem Spitznamen ist das Wort »Schwäche«. Als würde Aids nicht ehrlich kämpfen und unterschwellig sein Dementi verkünden. »Hinterrücks« überfällt es die Anmaßungen und Voraussagen der erobernden Medizin der letzten zwei Jahrhunderte.

Anhand eines begrenzten Befunds – morbide Immunität oder Widerstandskraft gegen bestimmte Krankheiten – wurde die neue

Idee eines »Immunsystems« erarbeitet. Ein Netz von Molekülen und Zellen, analog dem Nerven- oder dem Lymphsystem, soll bei allen Tätigkeiten des Organismus am Werk sein. Dieses System, das wie ein annäherndes Modell des gesamten Körpers funktioniert, gewährleistet eine »Transkription der biologischen Wissenschaft in eine für die Medizin signifikante Struktur«. Damit sehen die Therapeuten die wissenschaftliche Allmacht bestätigt. Sie gelten als »Experten und Heilkundige« einer Organisation, die nicht ihresgleichen hat. Sie knebeln, zähmen, rehabilitieren ein individuelles, jedermann eigentümliches Ökosystem. Der etwas imperialistische Begriff gab freilich Anlaß zu Protesten, als – pardauz! – das HIV Einhalt gebot. Bis zum heutigen Tag ist die tödliche und unbesiegte Immunschwäche das Ungedachte und vielleicht das Undenkbare der Lehren, die derzeit im Schwange sind. Sie stellt sowohl eine tatsächliche Störung der Abwehrkräfte wie eine theoretische Defizienz der Immunologie dar.

Aids ist die Aporie, an die eine ultramoderne Medizin stößt. Was in dem Drama auf dem Spiel steht, übersteigt die Leuchten der Immunologie. Der Versuch, Gesundheit und Sicherheit gleichzusetzen, ist vorläufig die letzte Version des uralten Liebesvertrags zwischen Wissenschaft und Medizin. Während erstere die Natur betrachtet und deren unantastbare Gesetze enthüllt, greift letztere ein und heilt. In einem Universum der einigermaßen optimistischen und szientistischen Rede definiert eine Wissenschaft, die um die Ordnung weiß, *ipso facto* die Unordnung. *Veritas est index sui et falsi.* Umgekehrt kann eine Heilkunst, die die Unordnung erfährt, nichts anderes tun, als die Ordnung zu erkennen und, im Rahmen des Möglichen, wiederherzustellen. Wissen um die Natur und Wissen um die Gesundheit erscheinen als asymptotisch äquivalent. Die Medizin berichtigt die Irrtümer der Natur, die der Wissenschaftler definiert. Die phantasierte Verschmelzung zweier Personen ist jahrhundertealt. Pasteur verkörperte sie für mehrere Generationen von Schülern.

Es geht um eine tiefe Verstörung. Das beweist jene Fieberhaftigkeit, uns zu beruhigen, die unablässig die für Aids zuständigen

Autoritäten umtreibt. Sie erklärt ihr kleinmütiges Schweigen wie ihre improvisierten und ungeheuer euphorischen Erklärungen. So verkündete Margaret Heckler, Staatssekretärin für Gesundheit und Erziehung, am 24. April 1984 in Washington, das Virus sei isoliert, und prophezeite, daß in den nächsten zwei Jahren ein Impfstoff gefunden sei. Und Georgina Dufoix, ihre französische Amtskollegin, die nicht zurückstehen wollte, berief eine aufsehenerregende Pressekonferenz ein, um der Welt die Lösung des Problems mitzuteilen. Man werde »das Übel durch das Übel« behandeln. Ein Immunsuppressor, das Cyclosporine, das zwei Patienten acht Tage lang verabreicht worden sei, berechtige dazu, ein siegreiches Te Deum anzustimmen. Zwei Wochen vergingen. Der erste Patient starb. Der zweite folgte ihm. Woher kommt diese Kopflosigkeit? Weshalb soviel Verantwortungslosigkeit? Wie konnte Aids unser moralisches und geistiges Gleichgewicht so gänzlich erschüttern?

*

Der Verlust der »Immunität« konnotiert den Bankrott eines uralten gesellschaftlichen und wissenschaftlichen Unternehmens. Ob vorläufig oder endgültig, die Abschirmung der modernen Gesellschaften ist von nun an gestört. Um die Jahrhundertwende übersteigt die Pasteursche Revolution die punktuellen Operationen, für die sie sich zuständig erklärt – Impfstoff gegen Milzbrand, gegen Tollwut, Serotherapie gegen Diphtherie. Sie übernimmt das vielseitige Programm, das die europäischen Hygieniker seit langem aufgestellt haben. Sie bringt die Ausrottung der ansteckenden und endemischen Krankheiten zum Abschluß – Cholera, Typhus, Pest, Malaria und später Tuberkulose und Kinderlähmung. Aufgrund unleugbarer Erfolge und Verfahren, die zu Recht den Planeten erobert haben, ideologisiert sie. Sie feiert die Gründung gesunder, durch universale und zwingende Hygienevorschriften geschützter Nationen.

Am Horizont schimmert das Trugbild einer vollkommen desinfizierten Gesellschaft, in der die einzig anerkannten Todesursachen das (unvermeidliche) Alter und die (gerechten) Kriege sind. Zwischen mehr und mehr angewandten Wissenschaften (Beispiel: die Mikrobiologie) und immer wissenschaftlicheren Therapien (Verbindung zwischen Arztpraxis und Labor) bewegt sich der Mensch in einer nahezu unverderblichen Sphäre. Geimpft, gereinigt, überwacht. Die urväterlichen Pathologien gelten als Souvenir ohne Zukunft. In den Jahren um 1980–1990 platzte das Sicherheitskokon. Zwar waren schon vorher einige denkwürdige Schreckschüsse losgegangen, die Tuberkulose und der Krebs, aber Aids – den verlegenen und verhohlenen Verrenkungen nach zu urteilen, die die Krankheit auslöste – gelang der radikalste Einbruch.

Pasteur hat weder die Wissenschaft noch die Medizin neu erfunden. Er hat sie mittels eines originalen Dispositivs endgültig miteinander verknüpft. Das »Laboratorium« ist, wie B. Latour zeigt, das Schlachtfeld *par excellence* des Mannes, den Frankreich bald einhellig zum Napoleon der Gesundheit kürt. Das ausgehende 19. Jahrhundert ernennt sich selbst schlankweg zum »Jahrhundert Pasteurs«. Rückblickend ist Verwunderung gestattet. Dem Jahrhundert seinen Namen geben, so wie eine Königin eine Rose tauft; sich überdies die Schilder der Hauptstraßen von Städten und Dörfern aneignen, gleich den wenigen Befreiern des Territoriums; die Schulkinder zwingen, saubere Hände und geschnittene Fingernägel vorzuweisen; den Erwachsenen das Spukken in der Öffentlichkeit verbieten; den Kommunen die Kanalisation und den Staaten strikte sanitäre Disziplin aufnötigen, die zur Stärke der Armeen und zur Dauer der großen Kriege beitrug – das ist viel für einen einzigen Menschen. Andere westliche Länder haben dasselbe Programm aufgestellt, ohne das Bedürfnis zu verspüren, das Unterfangen so maßlos zu heroisieren. Die Pasteursche Mythologie bemäntelt das Dispositiv der großen napoleonischen Schlacht, die die Zivilisation gegen die Krankheit zu führen und ein für allemal zu gewinnen glaubt.

Eine entscheidende Schlacht: zum erstenmal in der Geschichte der Menschheit ist der Feind – die Mikrobe, die Bakterien –

identifiziert, sichtbar gemacht – dank dem Mikroskop und später der Radioskopie – und eingekreist; das Laboratorium kehrt das Kräfteverhältnis um: *in vitro* werden die Mikroben kontrollierbar, während sie *in vivo* jahrhundertelang in aller Freiheit herrschten.

Eine finale Schlacht: Der Impfstoff wendet die (»entschärfte«) Mikrobe gegen ihre virulenten Artgenossen; er ist präventiv statt kurativ, auf Anhieb generisch und supraindividuell. Auch als man zu künstlich und industriell hergestellten Medikamenten übergeht, bleibt die dominierende Hoffnung weiterhin, die Natur durch die Natur zu heilen. Unter der Bedingung, die menschliche Gattung einer Ordnung und Reinheit zu unterstellen, die der Zufall, die Unwissenheit oder die Miasmen der Zivilisation bisher verdrängt hatten.

Eine totale Schlacht: Der Maßstab der Operationen ändert sich. Das Laboratorium bringt den privaten Mikrokosmos des traditionellen »Gesprächs« zwischen Arzt und Patient mit dem Makrokosmos in Kontakt, wo verschiedene kollektive und öffentliche Akteure – Staat, Akademie, chemische Industrie, Versicherungen – die medizinische Überwachung sowie das nationale Schicksal riesiger Populationen in die Hand nehmen. Schon 1915 wundern sich die wissenschaftlichen Zeitschriften über eine umfassende und rasche Metamorphose. »Seit fünfzig Jahren haben sich unsere medizinischen Gewohnheiten merkwürdig verändert. Früher sahen wir Ärzte nur das zu behandelnde Individuum; wir waren der Arzt eines Kranken, wir bemühten uns, ihn zu behandeln, ihn zu heilen, und meinten, daß wir unsere Aufgabe erfüllt hätten, sobald er geheilt war. Doch als die allgemeine Orientierung sich veränderte, sahen wir, daß der Platz des Arztes nicht nur am Bett des Kranken war, sondern auch in der Leitung einer Familie, in den Ratsversammlungen der Stadt, des Staats, daß es also neben der individuellen Gesundheit auch um die Gesundheit der Nation und der Rasse geht und der Arzt sich ebensosehr um die eine wie um die andere kümmern muß.« (zitiert von B. Latour)

Neben dem erbaulichen Bild des bärtigen guten Doktors bringt das neue medizinische Paradigma der Moderne weltweit den großen Krieg auf die Bühne, in dem die westliche Zivilisation die Krankheit in ihren letzten Schlupfwinkeln aufspürt und zur bedingungslosen Kapitulation zwingt. Früher oder später wird die letzte Stunde der Mikrobe schlagen! Dem befreiten Jerusalem war der Friede der großen Gesundheit verheißen. Doch dieses schöne Gespinst aus Plänen, Versprechungen und zwar realen, aber begrenzten therapeutischen Fortschritten fällt vor der nackten Realität des HIV zusammen wie ein Kartenhaus.

Gegen das multimutierende Ultravirus ist die Schlacht eher unentschieden denn entscheidend, eher partiell und flüchtig denn final. Und wenn sie total bleibt, so deshalb, weil sie – umgekehrt! – die schlechte Nachricht einer Niederlage befördert, die die Menschheit insgesamt hinwegfegen könnte. Das Pasteursche Paradigma steuerte mit allen Segeln der wissenschaftlich-technischen Hoffnungen unser Verhältnis zum Leben, zum Tod und zur Gemeinschaft. Das Aufkommen von Aids beleidigt es. Daher der Versuch, die Existenz und das Ausmaß des Übels zu dementieren, um unsere moralischen Annehmlichkeiten zu retten. Lieber betrügen wir uns gemeinsam ein letztes Mal, statt einer nach dem andern unseren Irrtum einzusehen.

*

Aids ist keineswegs der erste Störenfried, es reaktiviert vielmehr eine frühere Anfechtung. Schon andere »große Krankheiten« hatten das hygienistische Gebäude und seine allzu binär geglätteten Spaltungen – Gesundheit/Pathologie, gut/schlecht, Körper/Mikrobe, Sieg/Niederlage – erschüttert. Was ist eine große Krankheit für ein zeitgenössisches Bewußtsein? Eine Krankheit, die nicht auf Pasteursche Weise reduzierbar ist. Zum Beispiel die Tuberkulose, bevor das Streptomyzin (1944) sowie eine Reihe ausgeklügelter Medikamente sie zu einer heilbaren Erkrankung machten. Obwohl das HIV heute im Begriff zu sein scheint, deren

Virulenz neu zu entfachen, so hat doch das heilbare, also klassifizierbar gewordene Unglück der Lungen- und Knochenschwindsucht seinen literarischen Glanz verloren.

Wie das Verbrechen, das man erleidet oder begeht, wie der Liebeswahn hob die Tuberkulose von einst das Individuum »über jedes Sicherheitsdenken« hinaus. Sie führte es auf den »Zauberberg«, in eine nicht-Pasteursche Welt, deren Reiz die seriösen Geister herabsetzten. Nicht ohne ihrer diskreten Faszination zu erliegen, zumal ein leiser Zweifel hinsichtlich des normalisierenden Axioms »alle Krankheiten sind heilbar« fortbestand.

Hinter der romanhaften, ja romantischen Schwärmerei, die den Brustkranken mit dem großen Herzen grundlos heroisiert und idealisiert, steht eine eiskalte und entmystifizierende Erfahrung. In einer Sackgasse, aus der es lange keinen Ausweg gab, entdeckt der Kranke die Kehrseite der Welt. Seine Überzeugungen zerbröseln. Seine Gewißheiten brechen zusammen. Sein Verhältnis zu den anderen wird problematisch, oberflächlich und dehnbar. Der Horizont verschiebt sich, indes die Anhaltspunkte ihr Prestige und ihre Festigkeit verlieren. Mit dem Unausweichlichen konfrontiert, kann der Patient auf eigene Rechnung jene »Umwertung der Werte« vornehmen, die, wie man glaubte, einigen wenigen philosophischen Geistern vorbehalten ist. Im Gedanken an Nietzsche und Dostojewski, im *Zauberberg* anwesende Fetische, präzisiert Thomas Mann, daß seine »Ehrfurcht vor den Vertrauten der Hölle, den großen Religionen und Kranken im Grunde weit tiefer – und darum nur schweigsamer – ist als die vor den Söhnen des Lichts«.

Heute hat die mit Antibiotika behandelte Tuberkulose ihre Aura verloren. Ihre Erfahrung ist nicht mehr der Schlüssel zu unserem Verhältnis zum Krieg und zur Liebe. Sie veranschaulicht nicht mehr – als verkleinertes, aber authentisches Modell – die *conditio humana* in ihrer Allgemeinheit. Soll man eine literarische und wissenschaftliche Illusion tadeln, die ein Jahrhundert andauerte, bis ihr die wissenschaftliche Pharmazie, die ferne, aber glückliche Erbin der Pasteurschen Laboratorien, ein Ende setzte?

Nachträglich ist es leicht, die Mythen, Metaphern und Klischees zu entdramatisieren und zu verspotten, in denen sich viele verfangen hätten: Keats und Shelley, Katherine Mansfield, Tom Wolfe und Ingmar Bergman. Haben Marguerite Gautier (die Kameliendame), Mimi (La Bohème), Lulu und Hans Castorp dadurch, daß sie die Tätigkeit der Seele und die der Bakterien vermengten, nicht unziemlicherweise einen Prozeß spiritualisiert und mystifiziert, der den Naturwissenschaften und nicht den Troubadouren untersteht?

Informiert und pragmatisch zucken wir die Achseln, wenn wir Kafka begegnen, und lächeln, wenn wir lesen, was er im Oktober 1917 an Max Brod schrieb: er sei zu der Meinung gelangt, »daß die Tuberkulose (...) keine besondere Krankheit, keine eines besonderen Namens werte Krankheit ist, sondern nur eine ihrer Bedeutung nach vorläufig nicht einzuschätzende Verstärkung des allgemeinen Todeskeims«. Nicht doch! Unsere Zeitgenossen bedauern es, den Autor von *Der Prozeß* nicht am Arm nehmen und zum nächsten Arzt bringen zu können. Dort würde er entdecken, so versichern die rechtschaffenen Leute, daß die Tuberkulose nichts verklärt, nichts bedeutet, es sei denn das Fehlen prosaischer Präparate, die heute von allen westlichen Krankenkassen erstattet werden. Was schließen wir daraus? Ist Kafka gut für den Mülleimer des Institut Pasteur? Vielleicht. Aber in seiner Mülltonne à la Beckett murmelt er: Um so schlimmer für euch, die nachträgliche Herabwürdigung unserer Erfahrung der Tuberkulose hat euch im Angesicht von Aids wehrlos gemacht.

Entweder oder. Erste Option: Wir verbrennen symbolisch alle Bücher. Wir haben Augen nur für den Fortschritt der Forschung und Entwicklung. In diesem Fall genügt es zu warten, wobei wir die Übel von heute mit dem für morgen verheißenen wissenschaftlichen, geheilten und besänftigten Blick betrachten. Hätte sich Thomas Mann dieser Übung geistiger Antizipation unterzogen, so hätte er uns den *Zauberberg* und *Doktor Faustus* erspart, während Dichter und Komponisten, mit ihrer Melancholie knausernd, nicht mit Oden an Pasteur oder Oratorien für Apothekerschränke gegeizt hätten. Man braucht nur das Ende der Geschichte zu kennen, um ihre Spannung aufzuheben.

Ende gut, alles gut. »Selbst die am meisten mit Bedeutung befrachtete Krankheit kann einfach zu einer Erkrankung werden. So ist es mit der Lepra gegangen (...). So wird es auch mit Aids geschehen, sobald die Krankheit sehr viel besser verstanden sein wird und es vor allem eine Behandlung gegen sie gibt.« (S. Sontag) Eine bewundernswerte intellektuelle Mechanik: um ein tödliches, unheilbares und ansteckendes Unglück »besser zu verstehen«, ist es ratsam, es weder als tödlich noch als pandemisch, sondern als behandelbar und behandelt zu begreifen. In die Zukunft projiziert, existiert es nicht mehr. Das nennt man die Schwierigkeit aus dem Stand überspringen. Eine Katastrophe »gut verstehen« heißt, sie in Zellophan verpacken, sie »einfach zu einer Erkrankung« zu erklären, die, wenn nicht *de facto*, so doch *de jure* geheilt ist.

Zweite Option: Die Flucht nach vorn ablehnen. Man entscheidet sich dafür, ein Zeitgenosse der tödlichen Aktualität zu bleiben. Damit sieht man sich als Bruder der Menschen von gestern und auf Dauer den Herausforderungen universaler Pestilenzen ausgesetzt.

Der Arzt behandelt eine Krankheit und nicht die Krankheit. Ist die Erfahrung der Schwindsüchtigen von gestern abgeschlossen und als hilflose Reaktion auf einen heute kontrollierbaren bakteriellen Angriff diskreditiert? Keineswegs! Sie ist aktueller denn je, da sie den Kampf eines vergänglichen Wesens gegen eine nicht beherrschte Krankheit zeigt. Kafkas Geständnis macht es deutlich: die »großen« Krankheiten, jene, die Anlaß geben zu sehen, zu denken und zu dichten, decken mit Hilfe eines besonderen Übels – dieser oder jener Gestalt eines Virus – die keines »besonderen Namens« werte Krankheit auf, in der eine letale Potenz zum Vorschein kommt, die irgendwo und irgendwie zuschlägt.

Die große Krankheit offenbart ihre Größe darin, daß sie ein besonderes Leiden mit einem allgemeinen und unaufhaltsamen Verfall verknüpft. Sie konfrontiert uns mit unserer punktuellen, hoffentlich vorübergehenden Unkenntnis des Heilmittels und gleichzeitig mit dem Gefühl unserer unwiderruflichen Endlichkeit. Das Pasteursche Ideal eines allmächtigen hygienischen Schutzes widerspricht einer solchen Verknüpfung: die Summe der auf dem Gebiet der spezifischen Geißeln erzielten Einzelsiege soll die universale Frage regeln; wenn *jede* Krankheit besiegt ist, ist *die* Krankheit vernichtet und der moderne Staatsbürger zur Gesundheit verpflichtet. Die Summe der Einzelentscheidungen führt zur globalen Entscheidung. Die Geschichte der Seuchen erteilt eine andere Lektion: die Epidemien kommen und gehen, folgen, ja ergänzen einander. Die Krankheit als Krankheit und Möglichkeit unerwarteter Endemien bleibt.

Literarisch, ethisch und gesellschaftlich war die Tuberkulose Trägerin einer Bedeutung, die über die bloße physiologische Zerstörung, die sie verursachte, weit hinausging. Durch sie entdeckte der Mensch des 19. Jahrhunderts das Unentscheidbare. Er erlebte eine lange Krise, deren Ausgang kein Wissen zu berechnen und noch weniger zu steuern vermochte. Das Erlernen dieses Daseins-in-der-Krise bildet das Leitmotiv des Bildungsromans von Thomas Mann. Es begründet seine Lesbarkeit für heute und morgen. Selbst mit Antibiotika gewappnet, mit endlich freier Brust, bleibt der moderne Mensch gefährdet. Das Pasteursche Paradigma wendet die Dinge anders. Es versichert, daß die Addition der Mikroentscheidungen (diese oder jene besiegte Infektion) es ermöglicht, die Makroentscheidung zu treffen, die die Gesundheit für alle und für immer einsetzt.

Thomas Mann zufolge widerspricht die Tuberkulose einem solchen Dezisionismus. Napoleon-Pasteur liefert in Wahrheit keine finale und totale Schlacht. Wenn jede Krankheit bekämpft, ja endgültig besiegt werden kann (es lebe das Institut Pasteur), so lauert und ängstigt doch *die* Krankheit (nieder mit der geistigen Pasteurisierung). Sie konfrontiert uns weniger mit den Mikroben als mit unserer unausweichlichen Hinfälligkeit: »Mensch sein heißt krank sein.«

Wenn *die* Krankheit allen dezisionistischen Verfahren trotzt, wenn sie nicht ein für allemal besiegt werden kann, dann fällt folgerichtig die Gesundheit dem Ungewissen anheim. Man mag sich in noch so »ausgezeichneter Verfassung« fühlen, dennoch bleibt jeder einer unvorhergesehenen Attacke oder der unsichtbaren Gegenwart eines noch nicht bekannten Übels ausgesetzt. Das Dasein-in-der-Krise ist kritisches Dasein. Jede physische, materielle, bürgerliche und ideologische Sicherheit erscheint notwendig als zweifelhaft, nicht aufgrund irgendeiner krankhaften und »romantischen« Vorliebe für die Unordnung, sondern weil die Hellsicht es gebietet.

Die Krankheit ist nicht an sich gut. Aber der Geist, der über sie nachdenkt, schärft sich. Er bricht den beruhigenden Illusionen der Normalität die Spitze ab und stellt die Komödien des Narzißmus bloß. Der Aufenthalt im Sanatorium bereitet auf den großen europäischen Krieg vor. Ebenso öffnet im *Doktor Faustus* die Erfahrung der Syphilis die der nationalsozialistischen Perversität. Ohne jedes willkürliche Ergötzen wird die Krankheit zu dem Ort erhoben, an dem die Erfahrungen des Kriegers, des Revolutionärs und des Künstlers sich sammeln, sie schlägt die Stunde, da sich das Individuum angesichts des Fehlens einer erlösenden Vorsehung als Subjekt wiederfindet.

Die Pasteursche Entscheidung setzt ein »ich weiß« (Privileg des wissenschaftlichen Therapeuten) einem »ich weiß nicht« (das gewöhnliche Los des Patienten) entgegen. Man kann die Operation verdoppeln und dem Praktiker von heute (der noch nicht weiß) das mutmaßliche Wissen des zukünftigen Wissenschaftlers überstülpen. Die Alternative ist klar, binär: man weiß oder man weiß nicht. Doch über einen unüberwindlichen Konflikt läßt sich nur mittels eines Unwissens zweiten Grades nachdenken: ich weiß, daß ich nicht weiß. Wenn ich mich meiner Krankheit stelle, wenn sie ein Teil von mir wird, darf man daraus nicht schließen, daß ich mich krank mache. Sondern vielmehr, daß die Krankheit mich mir selbst zurückgibt.

Das durch die Pasteursche Hygiene gerettete Subjekt ist ein falsches Subjekt. Man garantiert ihm das Leben. Es wird allumfassend betreut. Sein Schicksal wird in den supraindividuellen Sphären einer gnadenlosen Wissenschaft festgelegt, wo die Parzen der Biomacht wachen. Das Subjekt »großer Kranker« dagegen ist unumstößlich subjektiv. Sich auf das Unentscheidbare berufend, weiß es, daß niemand für es entscheiden kann, mag er sich nun mit einem absoluten Wissen brüsten oder sich im Namen einer unumschränkten Machtbefugnis aufdrängen. Im Sog der gescheiterten Pasteurisierungen taucht eine alte und versunkene Wahrheit wieder an die Oberfläche: niemand kann an meiner Statt sterben, niemand kann an meiner Statt krank sein. An meine Matratze gefesselt, entscheide ich allein angesichts der Ausweglosigkeit. Vor dem Hintergrund ihrer irreduziblen und subjektiven Unvergleichbarkeit sind alle Tode, alle Krankheiten vergleichbar: krank, nicht um an sich zu denken, sondern um sich zu denken.

Beim Kampf gegen die Tuberkulose war zuweilen ein Triumphalismus der Krankheit das genaue Gegenstück zu der Eroberungseuphorie der Ärzte. Doktor Napoleon begegnete seinem Spiegelbild, wenn er auf die leidenschaftliche Schwindsüchtige stieß. Nicht auf einen Mann, sondern auf eine Frau. Eine Hysterikerin im Angesicht des Meisters. Eine Brandstifterin der Gefühle gegenüber dem Wächter der Ordnung des Verstandes. Ein individuelles, subversives, künstlerisches Fieber, das gegen den professoralen und olympischen Quietismus Sturm läuft. Die Ausnahme und die Regel. Hier das wirre Brodeln, dort die bis zur Sterilität kalte Effizienz. Die Heilige, der Weise. Das tierische Fleisch, die menschliche Gattung.

Im notwendigen Aufruhr gegen das Unverständnis der Mandarine gelingt es der kranken Authentizität nur schlecht, der Versuchung zu widerstehen, ihren Gegner nachzuäffen. Die tuberkulöse Auszehrung wird nun zur »wahren« Gesundheit, zur Explosion eines überschäumenden Lebens, zu einer Krankheit der Kunst und der Liebe, die einzig Banausen herabzuwürdigen wagen. Sie ist die Intuition eines Lebens, das alle Grenzen überschreitet, die Grenzen des Raums, der Konventionen, der Biologie. Sie verzehrt sich selbst, indem sie sich als Herrlichkeit entdeckt. Von Alexandre Dumas Sohn bis zu Thomas Mann gibt es reichliche literarische Hinweise auf eine Sublimierung der Krankheit, die, mittels einer umgekehrten Pasteurisierung, die schmerzlichen, zersetzenden, erniedrigenden Aspekte einer recht wenig zärtlichen und kaum empfehlenswerten Infektion auslöscht.

*

Im medizinischen Pantheon des westlichen 20. Jahrhunderts wirft sich der Krebs zum Alter ego und Nachfolger der Tuberkulose auf. Er gewinnt Punkte auf der Hitliste der Ängste und rückt das Verständnis der Krankheit als Krankheit wieder zurecht. Er läßt sich nicht idealisieren, moralisieren, psychologisieren oder, sagen wir, »dialektisieren«. Der Krebs zeigt einen Körper, in dem ein anderer, fremder und nicht integrierbarer Körper haust. Es gibt ein Leben, das das Leben tötet. »Eine Krankheit, die aus dem Fleisch kommt und es nach und nach gleich einer Art Brand auffrißt«, liest man im *Dictionnaire* von Furetière (1684). Verschwiegen und parasitär, schlägt sie weder von außen zu wie die Pest noch läßt sie sich verteufeln. Da sie keine Vorliebe für die Geschlechtsteile verrät, eignet sie sich weniger als die Syphilis für Moralpredigten. Diese innere Fäulnis blüht, weil sie blüht, ohne Warum, wie die Rose von Angelus Silesius.

Im alten Rom wies Celsius den bösartigen Tumor nach. Die Etymologie weist hin auf Schanker, Kakerlak, Krabbe, die von innen her frißt. »Schon in ältester Zeit weiß also jedermann, daß es eine unheilbare Krankheit gibt, ein Übel, das der Hydra mehr ähnelt als jeder anderen tödlichen Wesenheit, das im Dunkeln heranschleicht, bevor es sich auf seine Beute stürzt und sie erst im Tod wieder losläßt (...). Jahrhundertelang beruhen die trügerischen Heilungen des Krebses auf einer Verwechslung mit den gutartigen Tumoren.« (P. Darmon) Heute liegen die Heilungen (das heißt: mindestens fünf Jahre der Besserung) bei annähernd 45 Prozent der registrierten Fälle. Verschiedene kausale Erklärungen sind in Umlauf. Besonders die Erklärung einer Störung des »Zellcomputers« oder Genoms. Sie verursacht ein anarchisches Wuchern der Zellen. Genaues weiß man nicht. Wie früher die Tuberkulose hüllt sich der Krebs in ein wissenschaftlich (noch) nicht gelüftetes Geheimnis. Hier und jetzt sieht sich der Patient mit der Unbekannten konfrontiert, die er für sich selbst ist.

Der plötzliche Aufschwung dieser zweitausend Jahre alten Krabbe verdient Beachtung. Scheinbar erfolgt er ganz automatisch. Sobald die klassischen Kalamitäten ausgerottet sind, erhöht sich die Lebensdauer. Die Statistik hebt Todesursachen hervor, die früher unbestimmt waren, und erklärt sie zu öffentlichen Gefahren großen Ausmaßes. In Wirklichkeit ergibt sich die erhöhte Krebsgefahr als Schrecken des Jahrhunderts nicht aus den statistisch sichtbaren Tatsachen, sondern geht ihnen voraus. Man hätte sie nicht so schnell finden können, wenn man sie nicht gesucht hätte. Im Laufe des 20. Jahrhunderts wächst die Vergesellschaftung des Krebses parallel zur medizinischen Versorgung der Gesellschaft. Aus einem einfachen, wenn auch paradoxen Grund: Dieses alte Übel verhöhnt und widerlegt anscheinend die bigotten Ideen, die man den Schulkindern einbläst.

Die Krebserkrankungen falsifizieren das Pasteursche Unternehmen, folglich wird ihre Devitalisierung zum Hauptziel nicht nur der physischen, sondern auch der geistigen Gesundheit. »Der Kampf gegen den Krebs schafft eine historisch einmalige Situation. Zum erstenmal erklären Gesellschaftsgruppen eine Krankheit zur Geißel, die den klassischen Kampfmitteln des Gesundheitswesens entgeht. Im Gegensatz zu den Infektionskrankheiten, zur Rachitis oder zum Alkoholismus, die mit prophylaktischen Mitteln teilweise kontrollierbar sind.« (P. Pinell) Die Fortsetzung ist bekannt. Das Antikrebs-Dispositiv führt zur Umstrukturierung des Behandlungsapparats mit dem Schwerpunkt auf »harten« Technologien (Chirurgie, Strahlentherapie, Chemotherapie) sowie zur Erfassung der potentiellen Kranken, das heißt der gesamten Bevölkerung, mittels Frühdiagnosen. Die Erfindung einer dreifachen (medizinischen, gesellschaftlichen, persönlichen) Kontrolle fügt sich wunderbar in das Pasteursche

Paradigma ein, und dennoch ist die Sache nicht geregelt. Noch 1983 herrscht die Furcht vor Krebs, kurz bevor die Angst vor Aids sie ablöst.

Trotz aller therapeutischen Fortschritte bleibt das Übel ein Stachel in den erhofften Normalisierungen. Es symbolisiert die Niederlage der hygienistischen Kollektivierung. Die Umwelt wird als krebserregend wahrgenommen (Arbeitsbedingungen, denaturierte Lebensmittel, Streß, Luftverschmutzung, Tabak usw.). Und die Gesellschaft gilt als krebskrank (zerfressen vom Terrorismus, von der Arbeitslosigkeit, der Profitgier usw.). Der Krebs veranschaulicht auf mythologische Weise die Gesamtheit der realen und imaginären Funktionsstörungen, an denen die westliche Lebensweise leidet. Als Metapher für alles, was schlecht läuft, bohrt er sich ins Herz der Programme öffentlicher Prophylaxe. Als nicht auszuräumende Ausnahme fordert er den Bürger immer wieder dazu auf, das subjektive Verhältnis, das früher zur unheilbaren Tuberkulose bestand, zu perpetuieren.

Soll man der Krebs oder die Krebse sagen? Solange die Geheimnisse einer hochdifferenzierten Pathologie fortbestehen, werden die Forscher um die problematische Ausweitung des Phänomens streiten. Unterdessen behauptet sich die Einheit des Konzepts auf differentielle und polemische Weise: »der« Krebs ist nicht ganz eine Krankheit wie die anderen, er führt eine besondere Undurchdringlichkeit in den Kristallpalast des Gesundheitswesens ein. Stellen wir uns vor, alle Infektionskrankheiten wären besiegt und die gewöhnlichen Leiden ordnungsgemäß unter Kontrolle, so würde unser mythologisch-wissenschaftlicher »Pasteur« über den Planeten herrschen wie Gott am siebten Tag, wäre er nicht an die Grenze seines Wissens und seiner Macht gestoßen, die Grenze, die »Krebs« heißt. Der unzerbrechliche harte Kern der Morbidität tritt offen zutage. Da er sich ebensowenig vertuschen läßt wie Aids, konfrontiert der bösartige Tumor seinen Träger bereits mit dem unverhüllten Tod.

»Wie weit sind wir mit ihm von der Romantik entfernt, deren hundertsten Jahrestag man derzeit begeht, einer Zeit, in der man sanft und Verse rezitierend stirbt, in der man sich melancholisch über die Qualen seines Herzens und die Traurigkeit seiner Seele beugt! Mit ihm ist alles tragisch; die Probleme, die er aufwirft, sind die Probleme der Verzweiflung. Darf der Mensch sich selbst töten, wenn er einen Leidensweg vor Augen hat, den er nicht zu gehen wagt? Darf ein Sohn seine Mutter töten, um ihre Schmerzen zu verkürzen? Darf eine Frau aus Mitleid ihren Mann töten, der um den Tod fleht?« (Ligue nationale française contre le cancer, 1930)

Die Tuberkulose rief diskret in Erinnerung, daß der Körper Gründe hat, die die wissenschaftliche Medizin nicht kennt. Hier dagegen gerät der Protest außer sich. Das Übel trifft ins Mark. Der Krebs nötigt die menschliche Gattung zu einem Schicksal, das sie übersteigt und sie mit einer unberechenbaren, prähistorischen und präanimalischen Natur konfrontiert. Es gab einen Roman des Lungenkranken, da der befallene Organismus sein Lebensprinzip und sein Todesprinzip gleichzeitig in sich trug. Der Krebskranke eignet sich weniger fürs Romanhafte, denn der Tod, den er tief in sich entdeckt, kriecht unerschütterlich, unpersönlich, gespenstisch, ein Bote des intimsten Endes, nur daß dieses Ende, unverständlich und unvorhersehbar, demjenigen, dem es das Ende bereitet, entgeht. Physiologisches Äquivalent der Kierkegaardschen stummen Verzweiflung ist dies ein Elend, das »sich in einem Menschen aufhalten kann, ohne daß irgend jemand es entdeckt, ohne daß er selbst etwas davon weiß, so tief kann es in ihm verborgen sein«. Die Erfahrung der Tuberkulose wurde, wie wir sahen, in der Dualität erlebt: heiß/kalt, Animalität/Spiritualität, weiblich/männlich. Der Krebs ist dreipolig. Zwischen das Leben und den Tod schiebt er ein Leben des Todes, den fortschreitenden Verfall des Körpers. Er verurteilt den Arzt wie den Patienten dazu, von außen das nicht datierbare Auftauchen rasender Dritter zu beobachten, die Metastasen.

Das Grauen vor dem Krebs reaktiviert atavistische Ängste. Wenn ein Unheil unbekannter Herkunft heraufzieht, treten Geschichten von Menschenfressern und Feen erneut in Dienst. Was wäre normaler? Nichtsdestoweniger keimt zwischen einer wissenschaftlich-technischen, stummen Autorität und einer veralteten, geschwätzigen Mythologie ein Verständnis der Krankheit, das von drei Jahrtausenden griechischer, dann europäischer, schließlich westlicher Kultur befördert wurde. Als Polybios von Geschwüren zerfressene Körper untersucht, sagt er, daß sie »wieder wild werden«. Die hippokratischen Texte interpretieren die Krankheit als Rückkehr einer präkulturellen Anomie in die zivilisierte Welt. »In ihrer akuten Form kann die Krankheit als ein Einbruch des Wilden erscheinen, das das Fleisch des Menschen zu verschlingen droht wie ein Raubtier oder ein mit einem wilden Tier verglichenes Feuer, das unter Umständen bewirken kann, daß der Kranke sich wie ein wildes Tier verhält.« (J. Jouanna) Wenn die Pasteursche Medizin (»vorläufig«) den Rückzug antritt, gibt es andere Mittel als sanfte Pseudotherapien und Ammenmärchen. Bevor der Kranke eine zu heilende Sache ist, nimmt er den zentralen Beobachtungsposten ein. Ob heilbar oder unheilbar, die wilde Gewalt wird mittels einer mutigen, strengen, unüberschreitbaren Autoskopie ans Licht gebracht.

»Die Pest verzehrte meinen Leib, das Übel zerfraß inwendig Gelenke und Rippen, ausgesogen hat es mir das Mark: in den hohlen Knochen sitzt es; und selbst die Knochen halten nicht stand, sondern in ihrem gebrochenen Gefüge auseinandergeborsten zerfallen sie in zerbröckelnder Masse...« Wenn, Seneca zufolge, Herkules seinen Todeskampf beschreibt, so darf man daraus nicht schließen, daß er dem Arzt den kalten Blick des Experten stiehlt. Im Gegenteil, der medizinische Blick entlehnt dem hellsichtigen Widerstand des Kranken eine erste Möglichkeit, nicht den Kopf zu verlieren, die Wildheit zu fixieren, die Augen auf das hohle Auge eines offenen Grabs geheftet. Wenn Herkules weint, fleht, brüllt: »Glaube mir, mitten durch meine Eingeweide schleichen, o Mutter, die Hydra und mit der lernäischen Schlange tausend andere Untiere zugleich«, so müssen wir wissen, daß er seinen Schmerz nicht mit der Existenz des Fabeltiers erklärt, sondern die Fabel im Licht seines Pestgeschwürs deutet. Er trägt seinen Zoo in sich selbst. »Weh, welcher Skorpion, welcher Krebs, losgerissen aus der glühenden Himmelszone, tief in mir sich festklammernd, versengt mein Mark?« Die Frage leitet die Versuche, eine Antwort zu finden. Der abendländische Mensch hat zu seiner Endlichkeit ein wesentlicheres Verhältnis als zu seiner Gesundheit. Er lernt sterben, bevor er heilen lernt.

Die Krebsknospen als innerkörperliches und feindseliges drittes Leben zu sehen, rehabilitiert, auf seiten des Kranken, die Autoskopie und motiviert, auf ärztlicher Seite, das Einsetzen starker Mittel. Unter dem Banner des Kampfs gegen den Krebs wurde das herkömmliche Krankenhaus in eine »Heilfabrik« verwandelt. Dreißig Jahre reichten aus, die enormen Investitionen, die das Bündnis zwischen einer ausgeklügelten Chirurgie und der Strahlen- und Chemotherapie erforderlich machte, zu rechtfertigen. So etwas hatte es noch nie gegeben. Es hat sich eingebürgert. Dabei verstand sich die Verbindung von Grundlagenforschung, therapeutischer Interdisziplinarität, ziviler und militärischer Großindustrie und Vergesellschaftung der Behandlung keineswegs von selbst. Es gab weder eine wissenschaftliche Revolution noch eine Wundertherapie. Keine abstrakte Wissenschaft, kein *ad hoc*-Labor bezwang den Krebs wie Pasteur die Tollwut. Kein Impfstoff. Keine umfassende Vorsorge. Kein absoluter Erfolg. Auch wenn die Heilungen Fortschritte machen, geht der Tod um. Über die Ursprünge, das Vorfeld, die Entstehungs- und Entwicklungsformen wird weiterhin diskutiert und gestritten. Da man sich über die »Natur« des Übels nicht einigen konnte, mußte man sich über das Minimum verständigen.

Die Therapie im großen Maßstab beinhaltet die erneute Festlegung des Phänomens Krankheit. Bisher galt sie lediglich als Verlust der Gesundheit. Nun wird sie an sich sichtbar und intelligibel. So wie der mythische und begründende Akt eines Pasteurs das Problem aus dem privaten Sprechzimmer ins wissenschaftliche Labor verlagerte, so erfordert die von Claudius Regaud und seinen Kollegen eingeführte »wissenschaftliche Krebsbehandlung« die Verlegung der Pasteur-Klinik über das Radium-Institut ins Curie-Hospital. Die Einführung der Strahlenheilkunde führt zu einer entscheidenden strategischen Umstellung. Man gibt die Physiopathologie im allgemeinen auf, um sich der Pathologie der bestrahlten – krebskranken oder normalen – Pathologie zuzuwenden. »In dem Maße, wie die wissenschaftliche Beherrschung dieser von Zellen verursachten Pathologie es ermöglicht, ihre Zerstörung zu kontrollieren, wird es denkbar, den Krebs zu reduzieren (...), ohne daß es nötig ist, seine physiopathologischen Mechanismen zu kennen.« (P. Pinell) Es geht nicht mehr darum, die Ursachen zu beseitigen oder die Ergebnisse zu garantieren. Man weiß (noch) nicht, was es ist, aber man sieht (bereits), was geschieht.

Die Wissenschaft, die Gesellschaft und die Medizin setzen gemeinsam auf das Operationelle. Krieg ist Krieg. Indem sich der Therapeut – mit Hilfe des Radiums – auf eine »verursachte« Pathologie konzentriert, isoliert er die Zerstörung als Zerstörung. Mit Unterstützung der Chirurgie, der Strahlen und der Chemie übt sich der Behandelnde darin, das zu zerstören, was zerstört, und der künftige Behandelte wird aufgefordert, den Krebs zu töten, bevor er von ihm getötet wird. Eine große Premiere für die moderne Medizin: Kranke und Arzt betrachten dieselbe Sache, diesen Verfall, den die Röntgenaufnahme dem Auge und dem Skalpell nahebringt. Die Möglichkeitsbedingung für eine solche Veränderung der therapeutischen Optik war eine doppelte. Erstens war es erforderlich, daß sich der Patient um autoskopische Verdopplung bemüht; und zweitens, daß der Arzt sich entschließt, der Dringlichkeit ins Auge zu sehen. Wohl oder übel, dem bescheidenen Konzept verpflichtet, begnügt er sich damit, verursachte Pathologie und erlittene Pathologie gegeneinander abzuwägen, noch bevor er die »physiopathologischen Mechanismen« wahrgenommen hat. Er setzt nicht länger alles daran, die krankhafte Unordnung wieder in eine mutmaßlich natürliche Ordnung zu integrieren. Ebensowenig garantiert er eine absolut erfolgreiche Behandlung.

Der Dialog zwischen Arzt und Patient verändert sich aufgrund eines Protests, dem Solschenizyn in seinem Roman *Krebsstation* Gestalt gab. Die herkömmliche Krankenhausstruktur gründete auf dem alten Prinzip notwendigen Unwissens. »Den Kranken ist es verboten, medizinische Bücher zu lesen«, verkündet eine Krankenschwester, während ein rotes Spruchband in Erinnerung ruft: »Kranke! Sprecht nicht untereinander von euren Krankheiten.« Kostoglotow, Krebspatient und ehemaliger Gulag-Insasse, verweigert den Gehorsam. Da er sich für Fachliteratur interessiert, verschlingt er die erstbeste *Pathologische Anatomie*. Er lehnt es ab, daß man für ihn denkt. Als er einer liebenswürdigen, wunderbaren Ärztin begegnet, stellt er die Autorität in Frage, die sie gegen ihren Willen verkörpert: »Etwas pedantisch ist sie auch und glaubt auch unerschütterlich an die vorgeschriebenen Behandlungsmethoden, und ich kann sie nicht dazu bringen, sie anzuzweifeln. Überhaupt läßt sich hier niemand dazu herab, mit mir diese Methoden zu besprechen, niemand will mich als einen einsichtigen Partner gelten lassen. Und so muß ich den Unterhaltungen der Ärzte alles abluchsen, Unausgesprochenes erraten und ergänzen, mir medizinische Bücher verschaffen, um zu erfahren, was ich über meine Lage wissen will.«

Ein neuer ärztlicher Vertrag zeichnet sich ab, zum Preis eines doppelten Verzichts. Der Arzt akzeptiert, weniger zu wissen; der Patient, weniger heftig zu fühlen. Marguerite Gautier entschwindet. Indem der Krebskranke sich weigert, sein Ende zur Apotheose des Lebens, der Tugend oder des Ideals zu verklären, sieht er einem unverblümten, unvorhersehbaren Tod ins Auge. Sein Wille, informiert zu werden, ist »ein Prinzip, das für alle Menschen gilt, die viel durchgemacht haben«.

Solschenizyn stellt Kostoglotow überspitzt als einen der Hölle des Konzentrationslagers Entronnenen dar, wo er gelernt hat, mit dem Schlimmsten zu rechnen. Während der Patient seinen sentimentalen Idealismus abschüttelt, muß der Arzt die ideale Allmacht des Wissens zurückweisen und seine relative Unwissenheit eingestehen, die sich von der seines Gegenübers nur wenig unterscheidet. Solschenizyns Verkürzungen verdichten, ohne sich mit Einzelheiten aufzuhalten. Er schickt seine Heldin, eine Ärztin, selbst aufs Krankenlager. »Durch ihre Beichte schloß sie sich selbst aus dem hohen Stand der Ärzte aus und wurde unfrei, abhängig wie die anderen Kranken.« Wer zu einem vielseitigen Verständnis der Krankheit gelangen will, muß, zumindest spirituell, den Preis dafür zahlen. Die Standpunkte vertauschen sich. Der eine verarztet sich selbst, während der andere sich selbst pathologisiert.

»Es genügt mir, daß die Geschwulst zurückgegangen ist. Sie ist in der Defensive. Und ich bin es auch. Ausgezeichnet. Ein Soldat kann am besten in der Defensive leben. Bis ›zum Ende‹ ausheilen könnten Sie mich doch nicht ...« Damit verkündet Kostoglotow den Ausweg aus dem Pasteurismus durch die systematische und bilaterale Enttäuschung des absoluten Wunsches, geheilt zu werden. Die große napoleonische Schlacht steht nicht mehr auf der Tagesordnung. Die bedingungslose Kapitulation des Morbiden und der Seelenfrieden in makellosen Körpern sind zwei Zielscheiben, die in den Katalog der alten Grillen aufgenommen zu werden verdienen. Eine solche Deflation der medizinisch-sozialen Hoffnungen ist keineswegs das Zeichen einer Niederlage, sondern im Gegenteil eines strategischen Fortschritts. Notgedrungener Übergang von einem – stets erträumten und niemals gewonnenen – Vernichtungskrieg zu einem Abnutzungskrieg. Erste Teilsiege sind nicht belanglos. Man plant, die Krankheit krank zu machen, und fetischisiert nicht länger die überhimmlische Gesundheit.

Bevor sie sich einander anpassen, müssen sie, jeder für sich, das richtige – oder am wenigsten falsche – Verhältnis zum Leiden herstellen. Die Schmerzen der Liebe zwischen Kostoglotow und der Ärztin Donsowa werden von dem Schriftsteller absichtlich marginalisiert, da er darauf bedacht ist, ihre Vorgabe zu erkunden. Das romanhafte Abenteuer der Schwindsüchtigen hatte sich im Gehege einer dualen Konfrontation abgespielt. Auf diese Weise funktionierte der Binarzißmus des großen Meisters Charcot und der Hysterikerin, von Faust und Gretchen, des pädophilen Arztes Eryximachos im *Symposion* und der jungen Schüler. Die geheime Unterredung der Paare war durch die strikt binäre Verteilung der Einsätze verriegelt: Gefühl gegenüber Vernunftgründen, ein Körper gegenüber einem Wissen, jugendliche Frische gegenüber gelehrter Meisterschaft. Wie du mir, so ich dir – in einem als gleich und geschlossen erachteten Austausch.

Unbewußt antizipiert Solschenizyn die Fallstricke, die Aids öffentlich auslegt; er stellt sowohl das ärztliche Zwiegespräch als auch das Band der Leidenschaft in Frage. Als obligaten dritten Partner führt er den Sensenmann ein, der am Ende der Partie die Einsätze einsammelt. Die Liebe, wie der Krebs, spielt die entscheidende Runde zu dritt, wodurch sie das dialektische Binom der spiegelbildlichen Trugbilder entmystifiziert. Kann jedoch allein ein Pragmatismus ohne Konzept und ohne Zukunft die Umstrukturierung des medizinisch-sozialen Feldes erklären, wie sie die schwere Artillerie des Kampfs gegen Krebs eingeleitet hat? Anscheinend führt die Sorge um eine dringende und wirksame Intervention zur – vorläufigen – Abschwächung des Projekts gesundheitlicher Allwissenheit und Allmacht. So wurde, offiziell und trügerisch, die Metamorphose dargestellt. Als hätte das Institut Curie, als es die Nachfolge des Institut Pasteur antrat, dessen ewige Prinzipien in den Grenzen der derzeitigen Kenntnisse übernommen. In Wahrheit erwies sich in der kurzen Zeitspanne zweier Generationen die Übertragung der Kompetenzen als irreversibel. Das Pasteursche Ziel einer Gesundheit für alle und für immer wurde zum rhetorischen alten Eisen geworfen. Auf dem Terrain nimmt der Wille zu zerstören, was zerstört, das Steuer in die Hand.

Die zeitgenössische Antikrebstherapie verläßt das Pasteursche Paradigma durch die Hintertür. Sie findet zur Intuition der antiken Medizin zurück, die auf den Gedanken kam, das Übel durch das Übel zu behandeln, und dabei so wenig wie möglich zu schaden suchte. *Primum non nocere.* Heraklit, einer der ältesten Philosophen des Abendlands, erzählt eine Anekdote, in der Kinder dem weisen und blinden Homer ein Rätsel aufgeben: »Alles was wir gesehen und gegriffen, das lassen wir da; was wir aber nicht gesehen und gegriffen, das bringen wir mit. Wer sind wir? – Kinder, die Läuse knicken.« Die Antwort liefert die Definition der menschlichen Gattung. Mit einem Wortspiel: auf griechisch »bedeutet das Wort *Läuse* nämlich *Zerstörer*, die Knaben töten, was tötet« (J. Bollack). Die (Heraklitsche) Intelligibilität des Kampfs als »Vater aller Dinge« bedarf weder eines Diesseits noch eines Jenseits. Sie gilt durch und für sich selbst, ohne sich der Instanz einer ursprünglichen Transparenz (der Welt des Lebens, der Gesundheit durch die Pflanzen) oder letzten Transparenz (der Gesundheit durch das absolute Wissen) zu unterwerfen.

Eine ähnliche konzeptuelle Drehung wurde in unseren Tagen behutsam erneut vollzogen. Ausdrücklich gebilligt wurde sie nur in literarischer Form. Der Bruch wird hinter dem Schleier einer »post-pasteurschen« Ideologie verborgen, die bescheiden vorgibt, den chimärischen Zielen mit neuen Mitteln zu dienen. Das Krankenhaus wird nun zur therapeutischen Fabrik mythologisiert, in der jedermann an der Heilung teilhat. Der Kranke stellt den Basisarbeiter dar, der demokratisch mit einem aufgeklärten Führungsstab zusammenarbeitet. Auf den triumphierenden Napoleonismus zu Beginn des Jahrhunderts folgt der abgemilderte und auf Konsens beruhende Napoleonismus der Zeit nach dem Zweiten Weltkrieg. Die Erhöhung des westlichen Lebensstandards, die Beschleunigung von Forschung und Entwicklung, die Ubiquität, die sofortige technische Anwendung der grundlegenden Entdeckungen, alle diese Indikatoren verstärkten den Traum von einer Gesellschaft, die wie ein Krankenhaus geführt wird, und einem Krankenhaus, das ebenso effizient arbeitet wie eine Großindustrie.

Die geistige Revolution, die die neue Antikrebsmedizin implizierte, blieb bis zur Ankunft von Aids unbemerkt. Der allgemeine Reflex bestand darin, sich das Gesicht zu verhüllen. Unter den wenigen Spezialisten, die nicht zurückwichen, findet man viele Onkologen: in aller Stille hatten sie verlernt, ihr Können zu überschätzen. Schon seit langem schlugen sie sich mit der Heillosigkeit des Unheilbaren herum. Während ihre Kollegen das Krankenhaus wie einen Tempel betreten, wo alles, sogar Gott, möglich und produzierbar wird, haben sie sich, mit dem Unerbittlichen konfrontiert, im Souterrain einquartiert, im Nebengebäude der Krebskranken, im Irrenhaus des Ungewissen.

*

Der Meteorit Aids vollendet die Zerstörung des Pasteurschen Paradigmas. Angesichts der Evidenz ihres Nicht-Wissens und Nicht-Könnens sind die Gesundheitspolitiker gezwungen zurückzustecken. Die Stunde der universalen Objektivierung der von Amts wegen geimpften, überwachten und geheilten Bürger hat noch nicht geschlagen. Es ist geboten, die subjektive Dimension zu erweitern, wie sie von der Tuberkulose zu der Zeit eingeführt worden war, als sie, geheimnisvoll und unabwendbar, zirkulierte. Es wiederholt sich die intrasubjektive Feindseligkeit eines Krebses, der unsichtbar, Gott weiß wann, beginnt und relativ unvorhersehbar, Gott weiß wie, wuchert. Das HIV erhebt diese verhängnisvolle Art und Weise, sich in meinem Innern einzunisten, zum Quadrat.

Aids bringt die beiden großen tödlichen Krankheiten des Jahrhunderts auf einen gemeinsamen Nenner und verleiht ihnen eine ihm eigentümliche Dimension, die der Intersubjektivität. Die Tuberkulose, mythologische Erbin der Lepra und der Syphilis, ist zwar ansteckend, jedoch auf diskrete Weise; sie kriecht von Individuum zu Individuum. Der Krebs taucht aus einem infraindividuellen und sogar präanimalischen dunklen Aufruhr hervor; er verweist jeden einzelnen auf seine nächtliche Natur, dort setzt er sich fest und gewährt den anderen dennoch die Immunitäten der Extraterritorialität. Indem Aids die Ängste addiert, durchdringt es die Gemeinschaft insgesamt mit einer Auszehrung, die überall einsickert und nirgendwo haltmacht.

Die Virulenz der neuen Pandemie ist qualitativ, bevor sie sich quantitativ fortsetzt. Von vornherein greift sie die kollektive

Existenz physisch und geistig an. Sie beeinträchtigt nicht nur den Verkehr des Individuums mit sich oder mit einem anderen, der nicht weniger einsam ist, sie verweist ihn auf das Ganze, auf jenes *Mitsein*, das den kleinen Menschen einhüllt, selbst dann, wenn er sich noch nicht als »Ich« gegenüber einem »Du« entdeckt hat. Auch wenn er sich jeder politischen Tätigkeit enthielte, läßt sich der Mensch als »politisches Tier« *(zoon politikon)* definieren. Und zwar aus einem fundamentalen Grund: im Unterschied zu den Göttern und vielen Tieren kann er nicht völlig isoliert existieren. Sein Leben, das begehrt, spricht, arbeitet, ist mit analogen Leben nicht weniger verbunden als mit sich selbst.

Unheilbar wie viele Krebsarten, ansteckend wie viele andere Geißeln, wird Aids zum Trauma schlechthin, sobald man vermutet, daß es nicht mehr diesen oder jenen Körper, diese oder jene Seele affiziert, sondern das Netz, das sie miteinander verbindet und einander entgegenstellt. Daher die Verrenkungen, die darauf abzielen, die Bedrohung im Ungesagten zu ersticken und sie sich in den Reservaten der »Risikogruppen« isoliert vorzustellen. Daher die zahlreichen »Affären«, die verbissen verschleiern wollen, was ihre Verbissenheit suggeriert: diesmal geht es um die Menschheit des Menschen.

Dem Pasteurschen Plan lag die dem 19. Jahrhundert verhaftete Überzeugung zugrunde, daß der Sinn der Geschichte und das Überleben der Gattung zusammengehören. Der Überfall dieses noch nicht dagewesenen Übels widerspricht solch wissenschaftlich-sozialem Optimismus. Zumal seine Möglichkeitsbedingungen paradoxerweise mit jener als gesund und immunisierend verheißenen Moderne zusammenzuhängen scheinen. Einerseits sorgen die Beschleunigung der Kommunikationsmittel, die Öffnung der Gemeinwesen, der freie Verkehr der Individuen, die Erhöhung des Lebensstandards, die weltweite Verbreitung der Aufklärung der westlichen Gesellschaft im Gegenzug für die Entstehung eines Schmelztiegels von Mikroben und Viren mit unwägbarem Mutationspotential. Auf der anderen Seite, Kehrseite der Medaille, nährt die Entwicklung der Unterentwicklung die Herde des Desasters. »Die inneren Bewegungen der afrikanischen Populationen charakterisieren den Zustrom in die Städte. Zu Beginn dieses Jahrhunderts zählte Kinshasa (die Hauptstadt von Belgisch-Kongo, die bis 1966 Léopoldville hieß) etwa zehntausend Einwohner; 1960, zum Zeitpunkt der Unabhängigkeit, lag die Zahl ihrer Einwohner bei vierhunderttausend; Anfang der achtziger Jahre nahm die ehemalige Stadt kolonialen Zuschnitts die Form eines riesigen Ballungsraums mit einer auf zweieinhalb Millionen geschätzten Bevölkerung an; heute nähert sich die Zahl der Einwohner der vier Millionengrenze. Es ist kein Zufall, daß Kinshasa, Mombasa, Nairobi, Kigala, Kampala, Bangui, Lusaka, diese Megapolen der Dritten Welt, wo Armut und entsetzliche hygienische Verhältnisse herrschen, heute die Brutstätten des Aids-Virus sind.« (Grmek)

Schließlich können sich die Fortschritte der Medizin selbst teilweise als kontraproduktiv erweisen, da die früheren Seuchen die derzeitigen Infektionen blockierten. »Die Ausbreitung von Aids war erst möglich, als die Erfolge der modernen Medizin die Barriere beseitigt hatte, die ihm einige andere, besonders häufige Infektionskrankheiten entgegenstellten«, betont Grmek, und er entwickelte den Begriff der »Pathozenose«, dem zufolge sich die Krankheiten je nach den Orten und Epochen gegenseitig neutralisieren. Schlußfolgerung: der Fortschritt produziert sowohl die neuen Medikamente als auch die neuen Krankheiten. Unablässig reproduziert er die Pasteurschen Trugbilder und unterminiert gleichzeitig jede Wahrscheinlichkeit, daß sie die Umwelt endgültig reinigen.

»Pasteur« nenne ich einen Gedankengang und eine Strategie des Gesundheitswesens, die den raumzeitlichen Grenzen des unter dem Eigennamen gefeierten medizinischen Ruhms vorauseilen und sie überschreiten. Es wurde vorher geboren. Es hält an, wenn die Erinnerung an die Person nicht mehr herumspukt. Hätte Pasteur sich damit befaßt, »Pasteur« zu widerlegen, so hätte er Aids als das in sein System nicht Integrierbare erfunden. Und wenn man umgekehrt von Aids ausgeht, so bringt die Überheblichkeit des Pasteurismus, mehr als eine untrügliche Wissenschaft und weniger als eine wirksame Kunst, eine Religion ans Licht.

Im Küchenlatein des 17. Jahrhunderts ist das religiös, was ein gesellschaftliches Band schafft. »Pasteur« hat die die modernen Nationen begründende Gleichung in Termini der Biomacht übersetzt: *cujus regio, ejus religio* (anläßlich des Westfälischen Friedens formuliert, 1648). Die große Politik der Gesundheit kapselt auf »religiöse« Weise eine Population in sich selbst ab. Sie garantiert ihr ein gesundes Leben in einem gesunden Territorium. Sie schließt die Gemeinschaft in einen Kokon psychosomatischer Immunität ein. Unterirdisch, grenzüberschreitend, durchlöchert Aids klammheimlich die Kapsel. »Pasteur« untersagt es sich, es zur Kenntnis zu nehmen. Blindheit. Skotom. Die anhaltenden Einbrüche sorgen für Panik, Affären und Skandale. Kehren wir das optische System um: wenn Aids wahr ist, dann wird die Einbildung, unter einer Glasglocke zu existieren, zum fundamentalen Irrtum, zum Schlüssel aller Stümpereien und Mißverständnisse.

Ohne Pasteursche Scheuklappen wirkt Aids weniger undenkbar, als man geglaubt hätte. Zusammen mit den anderen Krankheiten, die in diesem Jahrhundert seinen Einspruch vorweggenommen haben, fügt es sich in die unveränderlichen Perspektiven, in denen das Abendland seit seinen griechischen Ursprüngen *die* Krankheit entziffert. Mit ihr beginnt Homers *Ilias*. Sie verheert Athen, Höhepunkt bei Thukydides. Sie beschließt *De natura rerum* von Lukrez. Die Pathologie, die ein moderner Arzt exakt als »Pest« definiert, dringt jedoch erst sehr viel später in Europa ein. Die »Pest« der griechischen Ärzte und Dichter läßt verschiedene Diagnosen zu. Sie nimmt die Form einer »Pestilenz« an. Der Terminus ist verschwommen. Und diese Verschwommenheit ist keineswegs zufällig und belanglos. Sie muß als wesentlich erachtet werden. Das Phänomen ist verworren, polymorph, nicht einzukreisen. Die Vielfalt der ihr zugeschriebenen Ursachen, die Unzuverlässigkeit der angewandten Heilmittel, alles Merkmale, die nicht als irrelevante Nebensächlichkeiten und vorläufige Unkenntnis abzutun sind. Die griechische Erfahrung der Pest besteht eben darin, daß man nicht weiß, woher sie kommt, wann sie verschwindet, wohin sie geht, und daß sie hier und heute ihre Fallensteller in die Falle lockt. Sie ist, wie Homer sagt, eine »böse Krankheit«, ein Übel, das seine Schädlichkeit verdoppelt und den Arzt ratlos, bestürzt und dann erkrankt zurückläßt.

Aids, das auf Anhieb das Zusammen-Sein affiziert, erinnert an die große Störung, die, von starken Umwälzungen und Unruhen begünstigt, im mythischen Lager der Achaier-Heere vor Troja ausbricht. Sie verwüstet das sehr reale und ausgedehnte Athen; Attika zählt drei- bis vierhunderttausend Einwohner. »Es ist kein Zufall, daß die Pest von Athen, die erste katastrophale Epidemie des Abendlands, deren Symptome und Verlauf bekannt sind, ausgerechnet an der Stelle und zu dem Zeitpunkt ausbrach, wo in Griechenland die größte Menschenanhäufung bestand.« (P. Darmon)

Übervölkerung gewiß, aber diese außergewöhnliche Pathologie ist keineswegs nur die Folge einer Bevölkerungsexplosion. In den Augen eines griechischen Denkers ist die Seuche keine Ausnahme, die der allgemeinen Regel widerspricht. Auch wenn sie nur schubweise auftritt, so bleibt sie unter der Hand doch die Norm, nach der die weniger virulenten Krankheiten sich richten. Wenn ein hippokratischer Arzt forscht, so bemüht er sich, dem Klima, den Winden, den Jahreszeiten Rechnung zu tragen. Ein offensichtlicher »Regionalismus« veranlaßt ihn dazu, die Krankheiten gebündelt wahrzunehmen, abhängig vom Ort – einer Insel, einer Halbinsel, einem Kontinent –, statt sie eine nach der andern zu studieren und zu vermuten, daß sie sich in allen Breiten gleichen.

Hippokrates und seine Schule sind weder Klimatologen noch Deterministen vor dem Buchstaben. Ihre Perspektive ist weniger geographisch denn geopolitisch. Die Pathologien scheinen in ihren Augen intersubjektiv zu sein. Dieser Art und Weise, in Gemeinschaft zu leben, entspricht jene Art, gemeinsam krank zu werden. Die Seuche weicht davon nicht ab. Wie die anderen ist sie eine Krankheit der Gemeinschaft. Und weil die Gemeinschaft sich radikal in ihr auflöst, ist sie die Krankheit schlechthin. Diejenige, die bis zum Ende geht. Diejenige, die in allen anderen steckt. Die lediglich Hälften, Viertel, Bruchteile, Schatten dieses radikalen Übels sind, das sich der Lebenszentren bemächtigt. »Allseits hatten die Keime das Herz des Erkrankten schmerzhaft umschlossen ...« *Morbida vis in cor maestum confluxerat aegris*, schreibt Lukrez.

Paradoxe Schlußfolgerung: Wenn die Pathologien regional, ja kommunal sind – diese Luft, diese Stadt, diese Wirrnis –, dann ist die Krankheit, die in allen anderen haust, kollektiver als alle Kollektive. Ihr Fieber kennt keine gesellschaftlichen Schranken. Und ihr Atem keine politischen Grenzen. Sie erscheint an den Toren der Welt, an der letzten Quelle des Nilstroms, an den Grenzen des Grenzenlosen. Sie kündigt sich an im Krachen des Donners, im Einschlag des Blitzes, in der Wut des Feuerstrahls. Im Ausbruch des Ätnas, in den schädlichen Dünsten der Wasser avernischer Seen, in die erstickte Vögel fallen. In den Wirbeln schwefliger Dämpfe.

Am Ende krönt die Pest die Bewegung der Natur und die Bewegung der Zivilisation mit einer doppelten Apotheose. Athen symbolisiert das allgemeinste Sein und das vollkommenste Sein. Die Natur insgesamt trägt alles Unglück der Welt, aber auch jenes Juwel des Universums, die Stadt der Lichter, das geistige Vaterland des Meisters aller Meister (für Lukrez: Epikur). Die Pestilenz im freien Zustand ist nicht nur eine universale Krankheit, sie ist die Krankheit des Universalen schlechthin. Sie stellt die menschliche Gattung sich selbst vor. Indem sie diese mit den Wahrscheinlichkeiten ihres Verschwindens konfrontiert, weist sie ihr die einzige Schicksalsgemeinschaft zu, die sie nicht zu widerlegen vermag. »Die Keime von Krankheit und Tod schweben in großer Zahl in der Luft.« (Lukrez)

Die Griechen blieben ewige Läuseknicker. Vom Tragödiendichter Sophokles bis zum hellenistischsten aller lateinischen Dichter öffnet die Pest als reine Zerstörung die ummauerten Städte, zertrümmert die geschlossenen Gesellschaften. Sie nimmt weder Erwachsene noch Kinder aus, weder Reiche noch Arme, weder Herren noch Sklaven, weder Mann noch Frau, weder Staatsbürger noch Zugewanderte. Sie verweist sie allesamt auf das unverwundbare Erbteil ihrer Verwundbarkeit. Ihre Epiphanie signalisiert das Zu-sich-selbst-Kommen der *conditio humana*.

Der kleine Mensch erkennt sich als Individuum unter anderen Individuen, da er sich nicht für Gott oder für unsterblich halten kann. Ebenso erkennt sich die menschliche Gattung im Spiegel der »Pest« als menschlich. Oder in den natürlichen Substituten, die die Antike für sie erfindet. Erdbeben, Vulkanausbrüche, Unwetter, Wirbelstürme und Wahnsinn. Oder in den von unseren Zeitgenossen vorgefertigten Äquivalenten: thermonuklearen Waffenarsenalen, politischen Massenvernichtungsverfahren. »Solcherlei wirksame Keime von Krankheit und Träger von Seuchen nahen von außen wie Wolken und Nebel über den Himmel abwärts oder entwickeln sich auch in der Erde und steigen dann aus ihr aufwärts, sobald nach starkem Regen den Boden unter der Sonnenglut etwa Keime von Fäulnis durchsetzen.« (Lukrez) Die Gegenschläge der Natur deuten auf die Ambivalenzen des Fortschritts hin. Daß sich der *Homo faber* der Gefahr aussetzt, von seinen eigenen Fabrikationen vernichtet zu werden, entgeht dem Dichter nicht, der um Hannibals Mißgeschicke weiß: Der Kriegselefant, die absolute Waffe, setzte die römischen Soldaten in Panik, um schließlich, im Gegenzug, die Heere Karthagos zu erschrecken und in die Flucht zu schlagen, die doch so stolz darauf waren, ein Tier in einen Panzer verwandelt zu haben.

Alle Krankheiten, allen voran die Pestilenz, zeugen von dem irreduziblen Chaos, das die Natur und die Gesellschaften ausbrüten. Es handelt sich hier nicht um eine »materialistische« Theorie, die sich ein des Epikureismus verdächtiger Dichter in aller Stille ausgedacht hätte. Im Gegenteil, jedes hellenisch geschulte Ohr vernimmt in der Krankheit eine Rebellion, die aus der Tiefe der physikalischen und menschlichen Dinge emporschießt. Die Identität von *nosos* (Krankheit) und *stasis* (Aufruhr, Zwist) führt Platon als etwas Selbstverständliches an. Die Wahrnehmung des zugrundeliegenden Zerstörungsprozesses als Einheit gleicht die Wucherungen des inneren Kriegs *(diaphora)* und die Ausdehnung der Fäulnis *(diaphtora)* einander an. Die Pestilenz ist das sichtbare Werden einer Erschütterung, die das natürliche und gesellschaftliche Sein von Anfang an zerrüttet. Ein solch ontologischer Aufstand erfaßt das Sein in seiner Allgemeinheit, verschont keine seiner Vollkommenheiten, unterwirft die Geschichte der menschlichen Gattung weder der Einseitigkeit eines Fortschritts noch der Eindimensionalität eines Rückschritts oder Niedergangs, sondern, auf sehr »griechische« Weise, der ewigen Wiederkehr außerordentlicher, gewaltsamer Entwurzelungen. Aus der Sicht des zeitlosen und mythologischen Ägyptens wirkt der Hellene wie ein immer von neuem begonnenes großes Kind. Die Krisen und Katastrophen liefern ihm ein zwiespältiges Jugendserum, das ihn zu lebenslänglicher Adoleszenz verurteilt.

Sich verjüngen oder untergehen. Mit dieser Botschaft peinigt die Pestilenz die Gemeinschaften. Indem sie den Fehdehandschuh aufheben, entdecken sie, daß sie zusammengehören. Vorausgesetzt, es wird ihnen die Zeit dafür gewährt. Die Pest Athens schießt herab wie der Blitz, verbreitet sich augenblicklich und läßt einer dem Nihilismus und dem Wahnsinn geweihten Bevölkerung keinerlei Frist. Die Umwertung der Werte ist also nicht machbar. Die grausame Unmittelbarkeit der Seuche zerbricht die Stadt und die Menschen. Mit einem Schlag schleudert sie diese nicht in eine offene Stadt, sondern in die Abwesenheit jeglichen Staatswesens und Bewußtseins. Damit sie sich hätte öffnen können, hätte es einer relativen Langsamkeit des Übels bedurft, um ihr die Chance für eine Erziehung in Krisenzeiten zu lassen. Aids kommt nicht aus heiterem Himmel. Es gingen ihm beunruhigende Vorzeichen voraus, die die Pasteursche Idylle untergruben.

Die Tuberkulose zwang ihr Subjekt zum persönlichen Engagement, um die Faktizität des Übels zu entfatalisieren. Der Krebs entfacht diesen Kampf erneut im Innern des Körpers. Er lehrt den hochtrabenden Bürger der Moderne erneut die Existenz einer organischen, offenkundig geheimnisvollen und geheimnisvoll offenkundigen Zerstörung im freien Spiel seiner sich rasch vermehrenden Metastasen. Aids verdichtet das moralische Erbe dieser beiden Pathologien. Da sexuell übertragbar, dramatisiert es überdies – durch das Blut, die Wollust und den Tod – die Frage des In-Gesellschaft-Seins.

Als kalte, schleichende, bremsbare Pest nimmt Aids sich Zeit und gibt uns die unsere. Jene, in der es um unser Überleben geht. Jene, in der wir eine vielleicht neue Verantwortlichkeit erfinden müssen.

INFORMATIONEN

Schon im 18. Jahrhundert ...

Aus Abneigung gegen die Maßnahmen, die im Fall einer Pest unerläßlich sind, und vor allem aus Furcht vor Volksunruhen zögerten die Behörden, die Existenz der Infektion zuzugeben, und so kam es, daß die Staatsräson lauter sprach als die wissenschaftliche Räson. »Das Gemeinwohl«, schreibt Kanzler d'Aguesseau, »gebietet, daß man das Volk davon überzeuge, daß die Pest nicht ansteckend ist, und das Ministerium sich so verhalte, als wäre es vom Gegenteil überzeugt.«

J. Ehrard, »Opinions médicales en France au XVIIIe siècle«,
Annales ESC, 1957, S. 52

Epidemie? Kenne ich nicht!

»Der Wissenschaftler, der 1984 für die Verteilung der Gelder verantwortlich war, die das Ministerium für Forschung und Technologie bis Ende 1984 freigegeben hatte, versicherte noch Ende 1984, daß Aids keine übertragbare Krankheit sei, sondern die Folge einer polyvalenten Immunschwäche, hervorgerufen durch eine Gesamtheit von Viren, darunter auch einem Retrovirus! ...« (Aussage eines verantwortlichen Verwaltungsangestellten)

Die Information erreicht den Politiker also auf zwei verschiedenen Kanälen und in zwei verschiedenen Formen, denen nicht dieselbe Glaubwürdigkeit zukommt. Mag die wissenschaftliche Ungewißheit, die noch 1983 in bezug auf Aids herrscht, die Zurückhaltung teilweise erklären, so rechtfertigt sie doch nicht die absolute Weigerung des Politikers, eine Epidemie überhaupt nur ins Auge zu fassen (...).

Michel Setbon, *Pouvoirs contre sida*
a. a. O., S. 59

Zum Beispiel Thailand

Thailand, wo inzwischen alle Schichten der Gesellschaft betroffen sind, ist das Epizentrum der Epidemie in Südostasien. Trotz einer Kampagne der neuen Regierung gegen die Prostitution – vor allem die Kinderprostitution – sprechen zurückhaltende Schätzungen von etwa 800 000 Prostituierten. Immer mehr junge Mädchen stammen aus den ethnischen Minderheiten an den Grenzen, aus Burma, manchmal sogar aus Südchina. Auch wenn die Hauptkundschaft aus dem Land selbst kommt, so rekrutiert sie sich auch aus dem benachbarten Malaysia, wo die Prostitution stark eingeschränkt ist, da über die Hälfte der Bevölkerung muslimisch ist, sowie aus dem Nahen Osten, Japan und aus dem Westen.

Dr. Vichai Chaijitwaickhul, Vizepräsident der Gesundheitskommission der Abgeordnetenkammer, sprach von einer »kritischen Lage« und hielt die Zahl von 600 000 HIV-Positiven (von den 59 Millionen Einwohnern des Königreichs) für zu »niedrig«. Nach offiziellen Angaben sind in Thailand seit 1984 mehr als 1000 Menschen an den Folgen von Aids gestorben. Bei jährlich einer Million Geburten sind 1800 Mütter HIV-positiv und 5400 Neugeborene zur Krankheit verurteilt. 3,5 Prozent Rekruten der Armee sind HIV-positiv, und 98 Prozent aller HIV-Positiven leben außerhalb der Ballungsgebiete.

(...) Wenn es zu keiner radikalen Verhaltensänderung kommt (Aufsuchen von Prostituierten, Landessitte der »minderjährigen Gattinnen«), könnte sich im Jahr 2000 die Zahl der HIV-Positiven auf 4,3 Millionen und die der Opfer auf eine halbe Million belaufen, ungerechnet einige hunderttausend Waisenkinder.

Jean-Claude Pomonti, *Le Monde*, 10. November 1993

Man hätte es wissen und verhindern können

Zwischen Oktober 1984 und Januar 1985 entwickelt das Bluttransfusionszentrum von Lille unter der Leitung von Prof. Gaudemand seine eigene Bluterwärmungsmethode (die Technik ist 1983 in den Vereinigten Staaten erarbeitet worden). Dies ermöglicht es, das Virus zu inaktivieren. Lille besitzt nicht nur genügend unverseuchtes Blut, sondern ist auch in der Lage, andere Zentren zu beliefern; es macht sogar den Vorschlag, seine Methode weiterzugeben. Das CNTS lehnt ab.

Ende 1985 sprechen die Vergleichszahlen: in Lille wurden 10 Prozent der Bluter angesteckt, in Paris 70 Prozent (davon 95 Prozent der Kranken, die Dr. Allain vom CNTS behandelte).

A.-M. Casteret, *L'Affaire du sang*
La Découverte, S. 162

IV. DIE UNIVERSALITÄT DES HIPPOKRATES ODER DIE NEUE ÄRZTLICHE VERANTWORTUNG

einer will wissen,
warum ich bei Gott
nicht anders war als bei dir . . .

Paul Celan, *Schneepart*

Moralisch im landläufigen Sinn ist die Haltung desjenigen, der sich Verhaltensregeln unterwirft. Moralisch nenne ich das Vermögen, sich Regeln zu geben, die Fähigkeit, sie zu erklären und vorzuschreiben. Davon unterscheide ich die Ethik oder das Vermögen, diese Regeln festzulegen, sie zu verändern oder auszusetzen, also andere zu erlassen. Die Ethik ist eine Prämoral, die auf die Moral pfeift, von der Moral jedoch vorausgesetzt wird. Wie es ihre doppelte griechische Etymologie anzeigt, definiert sie eine Art und Weise, mit anderen und mit sich selbst zu leben. Sie ersinnt Lebensgewohnheiten und bringt jene flexible und veränderbare »zweite Natur«, die Sitten hervor. Auf englisch: *way of life*, Lebensweise – *modus*, nach einer lateinischen Übersetzung des griechischen *ethos*.

Die erste These dieses Buchs lautet, daß Aids unausweichlich aus jeder Moral herausfällt. Wir können mit dieser Geißel nicht zusammenleben, ohne daß sie uns in Frage stellt, nicht nur wenn wir unmittelbar betroffen sind (als Kranker oder Pfleger), sondern sobald wir gefährdet sind. Was für alle zutrifft. Auch für diejenigen, und das ist die Mehrheit, die nichts davon hören wollen und deren selbstmörderische Apathie es zu analysieren gilt.

Stümpereien, Unvorsichtigkeiten und Dreistigkeiten scheinen so verbreitet zu sein, daß man kaum danach fragt, wie und warum sie passieren. Man fragt sich vielmehr, ob solche Delikte, begangen von den an höchster Stelle verantwortlichen und von der Mehrheit stillschweigend gebilligten Autoritäten, vermeidbar waren. Müssen wir von der Universalität des Unheils auf seine Zwangsläufigkeit schließen? Sollte sich die Unbesonnenheit der Notabeln und die Sorglosigkeit der theoretisch alarmierten Öffentlichkeit als unausweichlich herausstellen, dann wäre jede Präventionsstrategie zum Scheitern verurteilt. Wie soll man Heranwachsende auffordern, sich mit individuellen Vorsichtsmaßnahmen zu belasten, wenn hochdekorierte Erwachsene kollektiv keine einzige getroffen haben!

Zweite These dieses Buchs: selbst wenn die landläufigen Moralvorstellungen wanken, so ist das ethische Erbe doch ungebrochen. In seinem Werkzeugkasten kann der Abendländer die Methoden und Konzepte einer Strategie der Gegenwehr wiederfinden. Die Pest ist in Europa keine neue Idee, ebensowenig die noch so erbarmungsloseste Krankheit und die Kunst, sich ihren Herausforderungen zu stellen. Am Ursprung der griechischen Medizin steht die hippokratische Ethik, deren einsame Authentizität es in Zeiten der Gefahr wiederzubeleben gilt.

Kein geistiges oder institutionelles Verhängnis, so behaupte ich, zwingt uns dazu, Böses zu tun, und sei es unter dem Deckmantel rechtschaffener Gefühle oder angeblich höherer Interessen der Wissenschaft und der Gesellschaft. Eben zu der Zeit, da Garretta und Co. ungehindert ihren kontaminierenden Talenten frönten, stoppte ein Chirurg, der im Begriff war, eine Organverpflanzung vorzunehmen, die Operation. Durfte er angesichts der ungeprüften Herkunft und des unüberprüfbaren Alters des Gewebes ein wenn auch noch so kleines Risiko eingehen und sich der Dringlichkeit beugen? Mußte er, vielleicht aus übertriebener Vorsicht, verzichten?

Professor Pouliquen traf seine Entscheidung. Im Namen eines einfachen Prinzips, wie er mir sagte, das jeder begreifen müßte: »Was würde ich tun, wenn es sich um meinen Sohn oder mein Enkelkind handelte? Die Übertragung von Aids riskieren, und sei sie noch so unwahrscheinlich?« Er brach den Eingriff ab. Ein solches Kalkül konnte in der Einsamkeit angestrengt werden. Es hätte die mit dem Gesundheitswesen beauftragten denkenden Menschen leiten müssen. Man stelle sich hinter dem anonymen Kranken den geliebten Menschen vor und wäge die Entscheidung ab. Pouliquens Prinzip stellt ein inneres Alarmsystem auf. Da die Todesgefahr eindeutig feststand, auch wenn ihre statistische Bewertung noch zu wünschen ließ und läßt, sah eine Überlegung dem Dilemma ins Auge: nicht behandeln oder möglicherweise töten.

Man vertausche einen mehr oder weniger weit entfernten, ja

unbekannten Patienten X durch das geliebte Gesicht. Das Prinzip scheint über Gebühr zu moralisieren. Wie viele Gewissenslenker, Gurus, wie viele politisch korrekte Kommissare müßten zum Operationstisch eilen, wenn sich der Chirurg im Augenblick des Eingriffs nach seinem Glauben an die Brüderlichkeit der Menschen fragte! Oder sich fragte, ob sich die Individualität in schiere Illusion auflöst, sobald der mystische Schleier gelüftet ist!

Pouliquens Vertauschung (X = geliebter Mensch) ist lästig statt hilfreich, sofern sie den medizinischen Akt äußeren – religiösen oder dogmatischen – Instanzen unterordnet, von denen die hippokratische Medizin sich zu befreien wußte. Doch wenn dieses Prinzip einzig und allein eine streng medizinische Begründung gelten läßt, gibt es dem Arzt ein autonomes Entscheidungsverfahren an die Hand. Es ist nämlich unnötig, X und dem geliebten Menschen eine gewisse transzendente Wesenheit zu unterstellen, in der Art: »Beide sind Söhne desselben Vaters« oder »beide sind Epiphänomene ein und derselben Materie«. Es genügt, die Patienten in ihrer Gesamtheit als verwundbar zu begreifen. Statt einer unsichtbaren und stets anfechtbaren Gleichheit in der Substanz tragen wir die sichtbare Gleichheit des Risikos.

Der Arzt zieht nichts anderes in Betracht als die Krankheit. Auf sie bezogen kommt er, gemeinsam mit dem Patienten, zu Schlüssen über das, was zu tun oder nicht zu tun ist. Kurzschluß des Pouliquen-Prinzips: er dispensiert sich von den Hilfsmitteln einer modischen Doktrin; er begnügt sich damit, seine Universalität der Universalität des Übels selbst zu entlehnen. Die Kranken – aktuelle und künftige, geliebte Menschen und Unbekannte – sind austauschbar, sie kommen und gehen, betreten und verlassen das große Karussell des Daseins, und wenn eine schreckliche und verhängnisvolle Infektion es beschleunigt, zahlen sie den Einheitspreis.

Bevor man sich als Altruist oder Egoist wählt, muß man sein. Angesichts einer tödlichen Epidemie klammert das Pouliquen-Prinzip die existentiellen, kommunalen Optionen aus, um sich zu einer allgemeinen anthropologischen Wahrheit zu erheben. Es schlägt ein medizinisches Kalkül vor, das mit der ökonomischen Rationalität den außermoralischen Bezug auf das »wohlverstandene Interesse« teilt. Wenn du dich schützen willst, schütze die anderen. Wenn du die Anonymen schützt, rettest du gleichzeitig die Erwählten deines Herzens.

Das gemeinsame pathologische Risiko spielt eine ähnliche Rolle wie die »unsichtbare Hand« in der klassischen liberalen Doktrin – oder eine der sozialistischen Orthodoxie zufolge wundersame »Revolution« –, die das besondere Interesse mit dem allgemeinen Interesse in Einklang bringt. Mit einem Unterschied: die Ökonomen – seien sie kollektivistisch oder nicht – projizieren uns über die privaten Konflikte hinaus. Sie beauftragen eine irgendwie göttliche Vorsehung damit, Einsätze und Ergebnisse zu harmonisieren: diese wirkt hinter dem Rücken der Akteure und ohne ihr Wissen, im Hinblick auf ihr gemeinsames Wohl. Das medizinische Kalkül dagegen situiert sich diesseits der Unterscheidung zwischen dein und mein. Mikroben, Viren und Ultraviren kennen weder Privateigentum noch legale Grenzen. Keine prästabilierte Harmonie reguliert ihre Brownsche Bewegung. Die Hand, die Gesunde und Kranke im Fall einer Epidemie gleichmacht, ist weder unsichtbar noch theophan. Sie packt an der Gurgel und eignet sich wenig zur Mythologie, es sei denn durch eine vage mephistophelische Beharrlichkeit, denjenigen zu enttäuschen, der sich für gerettet hält.

Ärzte aller Zeiten und Ökonomen des 19. Jahrhunderts gehen von denselben Prämissen aus: gleichgültig, ob ihr gut oder böse, habgierig oder freigebig seid, rechnet richtig, und ihr werdet euch einig werden. Dennoch stößt das ökonomische Kalkül auf den vielförmigen Schnitt, der *mikro* und *makro* trennt. Zwischen den ausschließlichen, antagonistischen, individuellen Werten und der Bewertung des Ganzen, zwischen dem einseitigen Standpunkt des ökonomischen Agens und dem des »uneigennützigen Zuschauers« (Adam Smith), der den globalen Markt im Auge hat, klafft eine Lücke, die die ökonomische Theorie mittels diverser, reichlich ideologischer Mikro-Makro-Kurzschlüsse zu überbrücken sich abrackert.

Das ärztliche Kalkül ist weit solider, weil es weniger voraussetzt. Es beschränkt sich darauf, das Feld des Möglichen negativ zu vereinheitlichen: wenn ich vermeiden will, daß diejenigen, die ich liebe, sterben, bin ich gezwungen, die Infektion im allgemeinen zu bekämpfen und darauf hinzuwirken, alle oder keinen zu retten. Die Perspektive der klassischen Ökonomie akkumuliert die Ungewißheiten, insofern sie das Problem des guten Lebens stellt (»ökonomische Harmonien«, »gerechter Preis«, »Expropriation der Expropriateure«, je nach Wahl). Die Frage der Medizin stellt sich früher, es geht um das Überleben, ohne das es weder ein »gutes« noch ein »schlechtes« Leben gibt.

Jeder medizinische Akt hat es mit irgendeiner Gefahr zu tun. Er zwingt dazu, mit dem Feuer zu spielen, da er sich darin übt, zwischen zwei Risiken das geringere zu wählen. Das Pouliquen-Prinzip läuft in keiner Weise auf die träge und plumpe Anweisung eines »wenn du im Zweifel bist, enthalte dich« hinaus. Sich enthalten heißt, die Krankheit gewähren lassen. Das Prinzip reaktiviert, im Geist der ersten abendländischen Medizin (Hippokrates, 5. Jahrhundert v. Chr.), die Weisheit eines *primum non nocere*. Als erstes nicht schaden. Wenn ich eine Hornhaut verpflanze, vermeide ich die Blindheit. Aber unter den derzeitigen Umständen kann ich nicht ausschließen, daß ich unwissentlich Aids übertrage. Wenn ich zweifelhafte Präparate aus dem Verkehr ziehe, setze ich mein Unternehmen dem Bankrott und meine Kranken verschiedenen Gebrechen aus. Aber wenn nicht ...

Der Arzt schlägt sich mit Schädlichkeiten herum, er wird sie nie los. Er wägt sie gegeneinander ab, ohne die Illusion verbreiten zu müssen, sie allesamt zu beseitigen; er muß das Schlimmste abschätzen. Hinter der Maxime zeichnet sich das griechische Szenario ab, das ein Spiel zu dritt beginnt. »Grundsatz bei der Behandlung: stets zweierlei im Auge haben: nützen oder wenigstens nicht schaden. Die Kunst hat drei Elemente: die Krankheit, den Kranken und den Arzt. Der Arzt ist Diener der Kunst. Die Krankheit bekämpfen muß der Kranke mit Hilfe des Arztes.« (Hippokrates, »Epidemien«, I, 11) Auf die hier evozierte medizinische Urszene gestützt, ermöglicht das Pouliquen-Prinzip die Beantwortung zweier Fragen.

1. Was schützen? Der Vorrang der Suche nach dem Nicht-Schädlichen vor der Suche nach dem Nützlichen offenbart den Unterschied zwischen dem ärztlichen Kalkül und dem klassischen ökonomischen Kalkül (dem sogenannten Nützlichkeitsprinzip). Was wäre das Äquivalent für das Gemeinwohl (oder den »Gemeinnutzen«) in der Medizin, wenn nicht die als Gegebenheit, als zu verteidigende Errungenschaft konzipierte Gesundheit? Nun behauptet sich aber von Anfang an das epistemologische Privileg der Betrachtung der Krankheiten vor derjenigen der Gesundheit: Die physischen und psychischen Leiden manifestieren sich durch sich selbst, ihre prägnanten Züge werden mittels verschiedener Untersuchungen auf dem Terrain zusammengefaßt, ihre Merkmale und ihre Geschichten begründen Prognosen und Diagnosen. Dagegen wird die Gesundheit sehr früh als unsicher und flüchtig wahrgenommen. »Wäre es möglich, das zur Konstitution eines jeden passende Maß an Speisen und die entsprechende Zahl von Anstrengungen zu finden, die kein Übermaß enthielten, weder nach der Seite des Zuviel noch des Zuwenig, so wäre die Gesundheit für die Menschen genau gefunden (...); das letztere zu finden aber ist unmöglich.« (Hippokrates, »Die Diät«, I, 3)

Notwendige Folge dieses Quasi-Theorems der Unmöglichkeit: wenn sich die Gesundheit weder festlegen noch einkreisen noch definieren läßt, dann wird die Medizin Augen nur für die Krankheiten haben, die sich, im Gegensatz dazu, in ihren Formen, Entwicklungen und Veränderungen am lebenden Subjekt beobachten lassen. Das medizinisch Nützliche beschränkt sich auf die Suche nach der größtmöglichen Unschädlichkeit, die das Primat des *non nocere* zusammenfaßt. Statt die Krankheit als eine Schwäche der Gesundheit zu denken – Krankheit = Nichtgesundheit –, muß man die Gesundheit als eine verminderte, kontrollierte, abgewehrte oder, in trügerischen Fällen, versteckte Krankheit denken. Gesundheit = relative Nichtkrankheit. Man schützt also nicht seine Gesundheit, da sie zu unsagbar ist, um zu anderen

Abwehrstrategien als dem Exorzismus Anlaß zu geben. Man schützt sich vor dieser oder jener Krankheit.

2. Wie schützen? Die Negation »nicht schaden« versteht sich nicht als passiv, sondern als aktiv und, noch genauer, als polemisch. Sie zielt nicht darauf ab, die Abwesenheit einer Schädlichkeit festzustellen, sondern eine Gegen-Schädlichkeit zu erarbeiten. Soll ich die Blindheit verhindern oder Aids den Weg versperren? Soll ich einen Finger abschneiden, um einen Arm zu retten? Derartige Entscheidungen scheinen konjunkturell zu sein, doch ihre Logik impliziert eine gleichbleibende strategische Struktur. Die Medizin sorgt für das Bündnis zwischen Arzt und Krankem. Weniger eine heilige Union für die Gesundheit (die ein verborgener Gott bleibt) als vielmehr ein Pakt gegen eine Krankheit (der die beiden Komplizen gemeinsam entgegentreten müssen).

*

»Schützen« führt erneut die Strategie eines permanenten Kampfes ein, dessen Schlachtfeld der Körper ist. Die somatische Endlichkeit schließt in der Praxis die Perspektive eines endgültigen Siegs aus; und in der Theorie das Ideal einer absoluten Doktrin, die auf alles eine Antwort hat. »An diesen Verhältnissen ist die Schwäche des Körpers schuld.« (Hippokrates, »Die Stellen am Menschen«) Der Körperraum ist nicht allein offen für eine Unzahl äußerer und unvorhersehbarer Aggressionen, er funktioniert überdies wie ein Organismus, dessen Elemente sich in zirkulärem und unbeständigem Gleichgewicht gegenseitig stützen und ausgleichen. Die Alten entschieden sich für die notwendig tastenden Heilverfahren, die unablässig den Exzeß durch den Mangel ausbalancieren, mit dem unvermeidlichen Risiko, dem verfolgten Zweck entgegenzuwirken. *Pharmakon*, Heilmittel, bedeutet auch Gift. Die Zweideutigkeit reproduziert die Unendlichkeit eines zweifelhaften Kampfes, da kein endgültiger Sieg verheißen ist.

Die mathematischen Spieltheorien unterscheiden zwischen den Nullsummenentscheidungen (jeder verliert, was der andere gewinnt) und den Überlebensstrategien, wo es nicht nur darum geht, (über den anderen) zu siegen, sondern die Möglichkeit zu behalten, von neuem zu spielen. Die Verknüpfung des Bemühens, die Partie zu gewinnen, mit dem Willen, das Spiel zu spielen, bestimmt die Flexibilität einer Heilkunst, die versucht, die Krankheit zu zügeln und dabei den Kranken zu schonen. Der richtige Umgang mit diesen komplizierten Berechnungen ist nicht darauf aus, alles durch eine große Schlacht zu entscheiden. Statt nach einem entscheidenden Sieg zu trachten, und sei es nur annäherungsweise, mißt Hippokrates seine Erfolge an hinausgezögerten Niederlagen. Die Fälligkeit ist kein Geheimnis, da alle Menschen sterblich sind. Bleibt, die Krankheiten der Zweischneidigkeit der Abnutzungskriege zu unterwerfen, die sowohl diejenigen aufreiben, denen sie gelten, als auch diejenigen, die sie führen.

Solche Schutzstrategien begründen eine unwiderrufliche Relativität. Einer Sache ausgesetzt, die stärker ist als er – einer äußerlich wie innerlich mörderischen Natur –, erfindet der Mensch Abwehrmittel, »eine künstliche Art und Weise, die Kraft dessen zu beseitigen, was von Natur aus stark ist, und dem, was schwach ist, Kraft zu geben«. (Hippokrates, »Die Diät«) Der Eingriff wirkt kurzfristig (Inzision, Kauterisation, Evakuation) oder – eine Errungenschaft der griechischen Therapie – auf lange Sicht: die Diätetik ergänzt den Wunsch zu heilen durch den Willen zur Vorbeugung. Damit erweist sich die Medizin als die dritte Stufe der Rakete der Zivilisation.

Am Anfang wurde die Küche erfunden, die »Hippokrates«, Autor der Abhandlung *Die alte Heilkunst*, als einen ersten, noch impliziten Schritt der Therapie beschreibt. Der zweite, nachdem das Kochen des Fleischs und der Getreideanbau eingeführt waren, diszipliniert deren Verzehr – Rezepte, Sitten und Bräuche, die Kunst zu essen und zu reinigen, sind der Versuch, bei den »Barbaren« wie bei den Griechen, Exzesse und Mängel zu vermeiden. Die eigentliche Medizin kommt an dritter Stelle. Es gab die Sitten – oder Diät der Gesunden. Nun wird es, von »demselben Gedankengang« inspiriert, spezifische Diäten geben, die sich gegen die beharrlichen Plagen richten. Im Rahmen des Möglichen paßt die Küche den Menschen an eine ursprünglich feindselige Natur an. Die Diät paßt den Menschen an diese Küche an. Die medizinische Diät lindert die Fehler und Lücken dieser beiden Anpassungen.

Indem die Medizin ihre lange Dauer in die noch längere Dauer der Arbeit der Zivilisation einschreibt, verleiht sie sich den einzigen Adelstitel, auf den sie Anspruch erhebt: den einer Kunst, zu schützen. Obwohl partiell, relativ, vom Zufall abhängig, wirkt sie dennoch nicht lächerlich, sobald man in jeder Kultur und öffentlichen Moral nichts anderes sieht als Heilkünste, die von ihrer Natur nichts wissen. Mit der Elle einer heiteren und garantierten Immunität gemessen, besiegelt die Benutzung von Kondomen eine Enttäuschung und eine Niederlage. Ganz anders, wenn das Trugbild der Immunität selbst das aberwitzige Ideal ist, das die westlichen Gemeinwesen entthronen müssen, wenn sie zu einer minimalen Weisheit gelangen wollen. Aufgrund seiner anspruchslosen Widerruflichkeit wird das Kondom zu einer Waffe – unter anderen unabdingbaren Waffen – im langen Krieg des *non nocere*.

Handle so, daß du, soweit irgend möglich, sowohl diejenigen, die du liebst, als auch die Menschheit schützt. In seiner allgemeinen Formulierung erreicht das Pouliquen-Prinzip die Universalität einer philosophischen Maxime, jedoch auf einem Umweg. Im Gegensatz zu den moralischen Maximen Kants verdankt es seine Ubiquität nicht dem Postulat einer unteilbaren positiven Essenz der Menschheit, das uns lehren würde, in uns selbst sowie im Anderen den Menschen im allgemeinen zu achten. Mit listiger Bescheidenheit entnimmt es der negativen Universalität des Bösen die Möglichkeit eines Engagements, das diese Negativität negiert, also positiv ist. »Der Arzt sieht Schreckliches, er kommt mit Unangenehmem in Berührung und hat von fremdem Mißgeschick als Gewinn eigenen Kummer.« (Hippokrates, »Die Winde«, I)

Der Anblick einer Zerstörung, die überall zuschlägt und jedermann ohne Unterschied der Gesinnung und der Rasse trifft, öffnet demjenigen, der sich ihr entgegenstellt, die Augen. Es ist nicht nötig, eine Idee vom Menschen zu fordern, die vermeintlich klarer oder besser sei als andere, da allen der Sarg verheißen ist. Damit sieht sich die Heilkunst von den ihre Tätigkeit transzendierenden moralischen Gehorsamspflichten befreit. Dagegen bindet diese Tätigkeit den Menschen an sich selbst. Von der Moral der anderen entbunden, gibt sich die Medizin ihre eigene Regel.

Von Anfang an wird die abendländische Medizin als eine »Kunst« verstanden. Sie zählt zu den auf Erfahrung und Urteilskraft gründenden Techniken, die ihre glücklichen Besitzer mit der »Macht der Gegensätze« ausstatten. Wer die Fähigkeit erwirbt, das Wahre zu sagen, erwirbt gleichzeitig die Fähigkeit, wissentlich das Falsche zu sagen. Wer das Leben rettet, kann es auch nehmen. Ein und dieselbe Technik für den Apotheker wie für den Giftmischer. »Ich werde niemandem eine Arznei geben, die den Tod bringt, auch nicht, wenn ich darum gebeten werde (...). In welche Häuser ich auch gehe, die werde ich nur zum Heil der Kranken betreten, unter Meidung jedes wissentlichen Unrechts und Verderbens und insbesondere jeder geschlechtlichen Handlung.« *(Hippokratischer Eid)* Wer erklärt, etwas nicht zu wollen, gibt zu, daß er es kann. Unter allen Künsten ist die Medizin die einzige, die sich durch einen feierlichen Eid zur Selbstkontrolle zwingt. In der Ordnung der *techne* ist der, der freiwillig einen Fehler macht, vorzüglicher als der, der ihn unfreiwillig macht, versichert Aristoteles (*Nikomachische Ethik*, VI, 5).

Ein Sofa, Werk des Tischlers, wird nicht von diesem beurteilt, sondern von dem, der gut oder schlecht auf ihm ruht. Ebenso wird das Werk des Strategen oder des Architekten in letzter Instanz von dem kollektiven und individuellen Benutzer (einem Mäzen, der Gemeinschaft der Bürger usw.) verherrlicht oder getadelt. Wie kommt es, daß diese Unterordnung der Hervorbringung unter den Gebrauch im Fall der Heilkunst nur wenig oder gar nicht gilt? Warum hält es der Arzt als einziger unter den »Handwerkern« für unerläßlich zu schwören, daß er mit der Macht, die sein Wissen und sein Dienst ihm verleihen, keinen

Mißbrauch treiben wird? Antwort: unter allen Werken des Menschen läßt sich das der Medizin am schwersten von außen beurteilen. Aus vielfachen Gründen verbirgt sich das Resultat des medizinischen Handelns gern.

Die Legende von Gyges ist bekannt. Glücklicher Besitzer eines Rings, der ihn unsichtbar machen kann, erhebt sich dieser einstige Hirte im Schutz seiner gespenstischen Durchsichtigkeit über die Gesetze. Der Arzt genießt die Privilegien des Gyges. 1. Er arbeitet im Dunkeln. Er behandelt im Innern des Hauses, des Herdes, im *oikos*. Sein Werk spreizt sich nicht im Licht der Öffentlichkeit, sondern vollzieht sich in der Verborgenheit des Privatlebens, wenn nicht der Neugier, so doch der Prüfung und dem Urteil der Gemeinschaft entzogen. »Was ich in meiner Praxis sehe oder höre (...), was niemals anderen Menschen mitgeteilt werden darf, darüber werde ich schweigen.« *(Hippokratischer Eid)* 2. Seine notwendig unvollendete »Hervorbringung« oder Praxis läßt sich nur unter Vorbehalt beurteilen, denn der Krieg, den er gegen die Krankheit führt, ist endlos. 3. Sein »Werk«, die Gesundheit, die er wiederherstellen soll, ist ein viel zu dehnbares Kriterium, als daß man entscheiden könnte, welche Anteile dem Zufall, der Ungeschicklichkeit und den Fehlern dabei zukommen. 4. Die Krankheiten selbst, polymorph und um sich greifend, strafen sowohl allzu peremptorische Ärzte als auch Patienten Lügen, deren Eindruck möglicherweise durch das Fieber verfälscht ist.

Aristoteles unterschied die Produktion *(poiesis)*, die das Werk, das sie hervorgebracht hat (zum Beispiel einen Tempel) hinter sich läßt, von der Handlung *(praxis)*, deren Werk innerlich ist (zum Beispiel sich einen Charakter bilden). Die Medizin verstößt gegen beides. Sie arbeitet am Körper eines anderen, aber ihre Wirkung liegt niemals »hinter« ihr, da eine Diät lediglich die Fortsetzung des medizinischen Akts mit den Mitteln des Kranken ist. Als Ausnahme unter den äußeren und sichtbaren technischen Fertigkeiten, die ihre Ergebnisse öffentlich darlegen, sowie ungewöhnlich in den moralischen Praktiken, die sich wissentlich als untauglich für die »Gegensätze« erklären, verlangt die Hippokratische

Kunst von allen Hirten, daß sie schwören, nicht zu werden, wozu sie sie ja gerade befähigen wird: Gyges.

Seltsame Umkehrung! Der Eid, der lange Zeit für ein Überbleibsel eines archaischen Korporativismus galt, nimmt in genialer Weise die einzige Ethik vorweg, die ein verantwortungsbewußter moderner Wissenschaftler sich zu eigen machen kann. Das Dilemma des antiken Hippokrates, der über ein Wissen um das Leben, also um den Tod, verfügt, überschneidet sich mit der Besorgnis der Atomwissenschaftler Oppenheimer oder Sacharow. »Sie werden weder von dem Willen, alles zu enttabuisieren, noch von der Negation als Prinzip bewegt. Es sind Spezialisten und Denker von höchster Umsicht. Aber das, was sie denken und womit sie umgehen, sind überaus phantastische, gewaltige Energiemassen, die – als Ergebnis einer Denkarbeit von dreihundert Jahren – alles zerstören und verwandeln können. Diese Wissenschaftler sehen sonnenklar, daß alle gesellschaftlichen Projekte der Gegenwart, also die politischen Konstellationen, Situationen und Überlegungen in keinem Verhältnis zu dem stehen, was die Technik in ihren Händen hält, von der die lächerlichen Mächtigen dieser Welt annehmen, sie könnten ihr Befehle erteilen.« (J. Patočka)

Das hippokratische Projekt spricht zum ausgehenden 20. Jahrhundert, denn jeder Kampf gegen die Krankheit versteht sich hier notwendig als Kampf um die Wahrheit. Einerseits schreitet die tödliche Krankheit verhüllt voran, und die Wachsamkeit des Behandelnden will ihr auflauern; sie bietet alle Mittel auf und sucht, was »zu sehen, zu fühlen und zu hören, durch das Auge, den Tastsinn, das Gehör, die Zunge und den Verstand zu bemerken ist« (Hippokrates, *Die ärztliche Werkstätte*). Andererseits vergrößert die Synergie der Entzündungen des Körpers und der Delirien des Kopfes die Schwierigkeit. Schließlich beeinträchtigen Angst, Phobien und Vorurteile, durch das Nahen des Todes geweckt, das Bemühen um wissenschaftliche Neutralität.

Weil der Arzt an die entscheidendsten Fragen rührt, das Leben, den Tod, muß er sich mit den hartnäckigsten Illusionen herumschlagen. Mit denen des Kranken, denen der Gesellschaft und seinen eigenen. Einen Körper der Krankheit und ein Urteil dem Irrtum entreißen sind ein und dasselbe Projekt, und zwar nicht törichterweise zu sterben und nicht als Tor zu sterben.

Der Pouliquensche Imperativ bringt nicht das Eindringen eines außermedizinischen Ideals zum Ausdruck, sondern das geistige Bemühen um Aufklärung, den Willen zur Wahrheit, der dem hippokratischen Projekt und, noch allgemeiner, dem abendländischen Forscherdrang innewohnt, wie ihn Odysseus, seine Erkundungen und seine Listen veranschaulichen. »In dieser Welt sich wandelnder Symptome muß der Arzt über alle Mittel einer ebenso polymorphen Intelligenz verfügen wie sein vielgestaltiger Gegner: er muß ebensoviel Anpassungsvermögen beweisen wie der listenreiche Held Homers.« (M. Detienne)

Nur der Arzt von einst, niemals der Kranke, schwört öffentlich, auf Gyges, seinen Prunk und seine Werke zu verzichten, denn ausschließlich er besitzt eine in Dunkel gehüllte souveräne Macht. Die Patienten dagegen sind einer dreifachen Sichtbarkeit unterworfen. Als Personen leben sie in der Familie und in der Gesellschaft, unter dem Auge des *oikos*, des häuslichen Herdes, und der *agora*, des öffentlichen Platzes, oder sie ablösender Institutionen, Schule, Unternehmen, Armee usw. Als Körper geben sie physisch, unverhüllt ihr schlechtes Befinden kund. Als Bewußtsein »berühren« sie das Kranke mittels ihrer Schmerzen, »denn alles, was dem Menschen Beschwerden macht, nennt man Krankheit« (Hippokrates, »Die Winde«). Das Zwiegespräch zwischen Arzt und Patient verwebt drei Blicke – den kollektiven, den interindividuellen und den subjektiven – zur Einheit einer Nosologie und einer Therapie. Gewiß läßt sich jede Geißel, je nach dem auf sie gerichteten Scheinwerfer, mehr oder weniger genau fixieren. Die Lepra ist in hohem Maße öffentlich, die Tuberkulose weit intimer.

*

Aids ändert die Modalitäten des Krankseins. Alle Rekorde der Anonymität und der Vertuschung werden geschlagen. Man bekommt und überträgt diese Krankheit in absoluter Diskretion. Man brütet sie aus in einer anfangs schmerz- und symptomfreien HIV-Positivität. Sie zeigt sich hinter dem Schirm plötzlich gehäufter »opportunistischer« Erkrankungen. »Gleich der kalten Wut ist die Pest am schlimmsten, die ihre Merkmale nicht augenscheinlich werden läßt«, stellte sich Artaud vor. Wir sind soweit. Zum erstenmal sieht sich der Kranke wider Willen mit einer ebenso bedrohlichen Macht ausgestattet, wie der Therapeut sie schon immer besaß. Ohne daß irgend jemand es weiß und ohne sich dessen bewußt zu sein, könnte er über das Leben seiner Nächsten und Fernsten verfügen: »Meine Krankheit ist ein Gefängnis ohne Wärter«, schreibt Cyril Collard.

Mehr noch: der Heilungsvertrag, der Arzt und Patienten bindet, platzt im Fall einer unheilbaren Erkrankung. Einem Menschen, der sicher ist, sein Leben aufs Spiel zu setzen und zu verlieren, hat der Behandelnde nur einen ungleichen Tausch anzubieten. Er kann lediglich vorschlagen, die Frist zu verlängern, die Nebenwirkungen zu mildern und ein wenig zu erklären, was geschieht. »Ist es möglich, eine Schlacht zu liefern, wenn man den Krieg für verloren hält? Das therapeutische Engagement ähnelt dann einem Ehrengeleit. Aber man läßt sich nicht der Ehre wegen behandeln. Man läßt sich behandeln, um zu leben.« (P. Kneip) Wir sind weit entfernt von der ruhmreichen Wechselseitigkeit, auf die in Platons *Symposion* der pompöse Eryximachos so stolz war, und jeder abendländische Therapeut mit ihm: vertrauen Sie mir Ihr Leben an, es besteht die Chance, daß ich es Ihnen gesund und liebenswert zurückgebe.

Das HIV erteilt uns »eine außerordentliche Lektion in Demut«, die die medizinische Autorität schmerzlich revolutioniert. »Von jetzt an werde ich meiner ärztlichen Ohnmacht ins Auge sehen müssen. Nicht meiner persönlichen Ohnmacht, die mich nötigen würde, den Fall aus der Hand zu geben, den Patienten an einen anderen Spezialisten in einer anderen Abteilung zu überweisen, sondern der generellen Ohnmacht der Medizin.« (J. Lebas) Und diese jähe Ohnmacht – die vom wissenschaftlichen Fortschritt oder vom Sinn der Geschichte leichtfertig relativiert und für vorläufig erklärt wird – ist für den, der nur ein Leben hat und es dahinschmelzen sieht, endgültig.

Der Status des Patienten erfährt eine radikale Veränderung. Mit einemmal gerät ein Teil seiner selbst aus dem Feld der Blicke und der Heilungsversprechen. Er trägt plötzlich ein Geheimnis, mit dem umzugehen letztlich ihm allein anheimfällt. »Die Existenz einer großen Zahl HIV-Positiver bei Homosexuellen trägt zu dieser Angst vor dem anderen bei. Abgesehen von der gesellschaftlichen Diskriminierung und der derzeitigen Ohnmacht der Wissenschaft, für die Aids-Pandemie eine Lösung zu finden, erstreckt sich die Frage, ob sie ihren serologischen Befund offenlegen sollen oder nicht, sowohl auf ihre Umgebung als auch auf ihren Sexualpartner (...). Für die HIV-Negativen (oder jene, die, ob willentlich oder nicht, ihren Befund nicht kennen, besteht eine ständige Angst vor der Ansteckung.« (R. Mendès Leite)

Anfangs meinte man, die Angst auf das Gehege sogenannter Risikogruppen begrenzen zu können, aber eine dumpfe Schrankenlosigkeit gewinnt die Oberhand. Die Krankheit und ihre bloße Möglichkeit sprengen die Normen. Die Asozialität der Drogensüchtigen, die ex-zentrische Aura der Homosexualität nehmen lediglich die Einsamkeit des Aidskranken vorweg, der zu entrinnen heute niemand sicher sein kann. Wir sind arme Nichtse, und wir vermögen alles: winzige, infame Kreaturen und Rachegötter.

Sind die unerträglichen Reaktionen der Zerstörung und Selbstzerstörung nur bei besonderen Gruppen anzutreffen? Ein Psychiater des Saint-Antoine-Hospitals konstatiert die Gewalttätigkeit des HIV-infizierten Drogensüchtigen: »Sie äußert sich in aggressiven Verhaltensweisen, die von Forderungen gegenüber dem Pflegepersonal bis zur vorsätzlichen Ansteckung anderer reichen. Auch die Aggressivität gegen sich selbst kommt häufig vor: zwanghafte Versuche, sich erneut zu infizieren, vermehrte Überdosen, Selbstmordversuche.« (F. Radat) Der Arzt entdeckt anomische Grenzsituationen. »Früher hätte man einem Drogenabhängigen zweifellos erklären können, daß er eine Entziehungskur machen, ein neues Leben beginnen könne, aber was soll man heute einem Drogenabhängigen sagen, den Aids eingeholt hat und dessen Krankheit alle Hoffnungen zunichte macht? Wo die Gründe hernehmen, einen ehemaligen Fixer davon zu überzeugen, daß er nicht mehr spritzen soll, wenn er infiziert und sein Leben kurzfristig bedroht ist? Die Verzweiflung, die Aids mit sich bringt, kann zu einem erhöhten Drogenkonsum führen. Sogar die Vernünftigsten, die vor jeder Injektion Vorsichtsmaßnahmen ergreifen, verändern kaum ihr Sexualverhalten und übertragen das Virus, und diese Übertragung nimmt in dem Maße zu, wie diese Personen sich auf Aids zubewegen: in großem Maßstab kann das eine neue Ausbreitungswelle hervorrufen.«[2]

Eine solch halbseitige Negierung ist nicht nur in den Kreisen der Drogensucht anzutreffen. Wem das Todesurteil verkündet wird, kann es entweder überhören oder nichts anderes mehr hören. Im ersten Fall entscheidet man sich für ein Leben à la Cyril Collard, das sich nur darum kümmert zu leben. Im zweiten Fall konzentriert man sich wie Hervé Guibert auf einen Tod, der nichts hinter sich läßt. In beiden Perspektiven erscheint die Vorstellung, irgend etwas zu schützen, als haltlos und, angesichts der Intensität des inneren Dramas, als unpassend.

Der literarische Ausdruck gibt eine zwar stille, aber sehr weit verbreitete existentielle Haltung wieder. Ein junges Mädchen spricht im Rundfunk: »Mein Bruder und meine beste Freundin sind an einer Überdosis gestorben. Ich spritze jeden Tag, und Sie wollen mir mit Aids angst machen ... Wir bleiben unter uns, wir stecken niemanden an.«[3] Dieses »unter uns« hat unterschiedliche Auswirkungen. Es besteht die ständige Versuchung, den solitären Tod in einen solidarischen Katafalk zu verwandeln.

Eine Psychoanalytikerin weist darauf hin, wie sehr die Angst, nicht mehr »Leben schenken« zu können, bei einer Frau die Oberhand gewinnen kann über die Sorge, den anderen oder sich selbst zu schützen. »Heute besteht die Sexualangst nicht mehr darin, schwanger zu werden, sondern darin, nicht schwanger zu werden (das Präservativ verhindert es) *und* krank zu werden (das Präservativ deutet auf das Risiko hin und zwingt es dem Denken der Partner auf).« (Julia Kristeva[4])

Dieselbe Trotzhaltung bei vielen HIV-Infizierten, die unbedingt ein Kind zeugen wollen, ungeachtet der Gefahren, die diesem drohen: sowohl Waise als auch aidskrank zu werden. »Der Kinderwunsch bleibt trotz der Gefahr bestehen, daß das Kind möglicherweise von der HIV-Krankheit angesteckt wird. Wenn 20 Prozent der Kinder betroffen werden, so bedeutet das, daß 80 Prozent gesund bleiben, und für jemanden, der merkt, daß er sterben wird, ist diese Chance, sich zu 80 Prozent fortzupflanzen, eine Chance, die man nicht verpassen darf (...).«[5] Die vielen Arten, »nach mir die Sintflut« zu sagen, erwachsen aus einer grundlegenden Ausblendung. »Ich wollte mich nicht mit der Tatsache abfinden, daß ich von Aids bedroht und für andere eine Gefahr war«, gestand ein erwachsener, aufgeklärter und gutinformierter Intellektueller.[6]

Aids schreitet verhüllt voran, es weckt die Furcht und die Verlockung einer mit vielen Gyges bevölkerten Welt. Hier eine handelnde Minderheit. Dort vielleicht eine schweigende Mehrheit. Nachrichten, die 1987 verbreitet wurden (unter anderen): Drogenabhängige, die wissen, daß sie infiziert sind, versuchen vorsätzlich, das Virus auf örtliche Persönlichkeiten von Floriana-polis zu übertragen (Brasilien). Ein Kranker wird verurteilt, weil er seinen Partner angesteckt hat (Bayern). Ein HIV-Infizierter ist angeklagt, im Gefängnistrakt des Hospitals in Rochester zwei Wärter gebissen zu haben (Minneapolis). Ein HIV-Träger verkaufte sein Blut, er steht wegen Mordes vor Gericht (Los Angeles). Ein Arzt aus Lyon erzählt in der Leserbriefspalte von *Libération* die Odyssee zweier junger Mädchen, die empört sind, daß sie angesteckt worden sind: »Willkommen im Aids-Club«, schreiben sie nach der Liebe auf die Spiegel der Hotelzimmer als Abschiedsgruß. Im Carabanchel-Gefängnis (Madrid) tritt das Wachpersonal in den Bummelstreik: 30 bis 60 Prozent der zweitausendzweihundert Häftlinge sollen HIV-positiv sein, »die noch gesunden Häftlinge zittern«. In Tournai (Belgien) meutern etwa hundert Gefangene; sie fordern die Verlegung mehrerer Mithäftlinge, die unter Aids-Verdacht stehen. Ein mit einer Spritze bewaffneter Unbekannter zwingt die Kassiererin eines Supermarkts, ihm die Kasse zu übergeben (Basel); die Polizei, die ihn festnimmt, weiß nicht, ob die Spritze tatsächlich verseucht war. Drei Schweizer Journalisten sind angeklagt, den Namen einer Prostituierten verschwiegen zu haben, die nach einem positiven Testergebnis weiter ihrem Beruf nachging – die vorsätzliche Verbreitung einer tödlichen Krankheit ist nach Schweizer Gesetzen ein Verbrechen, usw.

Vermischte Nachrichten und Gerüchte vermengen sich und verdichten eine weit verbreitete Angst. Die HIV-Positiven werden als Bedrohung wahrgenommen, und sie empfinden ihrerseits die Gesellschaft als feindselig und vernichtend. »In New York ist gegenüber den HIV-Positiven der nackte Rassismus zu beobachten, so daß letztere sich sagen: ›Wenn ich die Institutionen aufsuche, werde ich mich am Rand der Gesellschaft wiederfinden. Warum sollte ich Vertrauen haben?‹ Die Zurückhaltung halte ich für legitim. Zudem haben viele New Yorker den Verdacht, daß die nicht vertraulichen Tests zu einer geplanten und globalen Kampagne gehören: sie glauben, das Virus sei speziell dafür geschaffen worden, bestimmte Kategorien von Bürgern wie die Latinos zu vergiften und auszurotten.«[7]

Bisweilen wird der Ton schriller, und es dominieren manichäische Reden. Auf seiten der Gesellschaft berufen sich die Extremisten auf die archaischen Methoden der Stigmatisierung und Einschließung. Auf seiten der Kranken vertreten Militante symbolisch eine Strategie des Bruchs: »Wir sind für einen radikalen Aktivismus, wir sind voller Haß.« In den Augen anderer, die nicht weniger militant sind, laufen sie Gefahr, in Vereinfachungen abzugleiten, die zu bequem sind, um redlich zu bleiben. »Die Selbstbezichtigungen, in einem Moment der Sorglosigkeit sein Leben verpfuscht zu haben, dieses Gefühl, in dem sich schlechtes

Gewissen und Schuld vermischen, artet dann bei der Suche nach ›Schuldigen‹ in einen Vollstreckungsbefehl aus. Damit kehrt sich das Ressentiment gegen die ›Regierung‹, die in letzter Instanz für alles Übel verantwortlich ist.« (M. Pollak)

*

In diesem Mahlstrom aus Angst und Animosität besteht die Gefahr, daß der Infizierte und die beunruhigte Gesellschaft einer im andern den idealen Sündenbock suchen. Sie verfluchen sich gegenseitig. Das ohnehin gespannte Gespräch zwischen Arzt und Patient hat nur dann einen Sinn, wenn es die Konflikte frontal in Angriff nimmt. »Früher hatten die Infektionsspezialisten kaum dauerhafte Beziehungen zu ihren Patienten. Heute ist eine Konsultation mit einem Aids-Kranken zu 90 Prozent Psychologie und nur zu 10 Prozent Medizin. Die Kranken suchen nicht den größten Spezialisten, sondern den sympathischsten Arzt, der es versteht, mit ihnen zu reden.«[8] Die Zunahme von »Psys« in den spezialisierten Abteilungen bestätigt die Aufspaltung der in ihrer Allmacht einst monolithischen ärztlichen Autorität, die heute hin und her gerissen ist zwischen dem Vertrauen auf ihre Hoffnungen und dem Eingeständnis ihrer Ohnmacht.

Gott braucht Menschen und – man höre und staune – die medizinischen und politischen Autoritäten ebenso. »Die Schlacht kann in den Labors vielleicht gewonnen, auf der Straße jedoch verloren werden«, ängstigt sich 1988 ein schwedischer Premierminister.[9] Wozu würde die Entdeckung einer wissenschaftlichen Abwehr denn nützen, wenn bis dahin Gyges die Stadt entvölkert hat? Ohne sich um die Widersprüche zu kümmern, versehen die Kongresse der Gutwilligkeit ihre Hilfsprogramme mit einer rhetorischen und martialischen Hülle. Hinter der Nächstenliebe zeichnet sich die Furcht vor einem stillen Bürgerkrieg ab. Die Weisen beschwören »die auf der Straße verlorene Schlacht«, wagen jedoch nicht, das Bild zu verdeutlichen. Welche Waffen? Welche Strategien? Welche Lager? Welche Barrikaden? Welcher Sturmangriff?

Unterstützung. Medizinische und gesellschaftliche Betreuung. Begleitung. Nähe. Die Verfahren scheinen sich von selbst zu verstehen. Da man der Haut und den Knochen ihre Gesundheit nicht wiedergeben kann, behandelt man die Seele. Der »Psy« in all seinen Spielarten schlüpft um so leichter in die Rolle des Zweitdoktors, als er seine Therapie traditionellerweise dem Kanon der Körpermedizin abgelauscht hat. Jedem, der kommt, bietet er eine doppelte Batterie von Dienstleistungen an. Entweder die kurze Behandlung: du bist geheilt, wenn meine Eingriffe, meine Beruhigungsmittel und andere Schockbehandlungen überflüssig werden. Oder den langen Weg: du bist geheilt, wenn du auf mich verzichten und den zwischen dir und mir begonnenen Dialog mit dir selbst fortsetzen kannst. In beiden Fällen bildet er sich ein, leben zu lehren. Der programmierte Ausgang und das Zeichen für eine wiederhergestellte Gesundheit besteht darin, ohne »Psy« zu existieren. Doch der Ausgang von Aids ist der Tod. Das Programm seiner Begleitung kann nur das Sterben lehren, das nahende Ende lediglich verhüllen, damit es »gut verläuft«.

Was heißt »gut«? Hier gestehen die Seelentherapeuten ihre Verwirrung: »Die Aids-Epidemie zwingt dazu, über die Schwierigkeiten nachzudenken, auf anderen Ebenen zu kommunizieren als denen der Rentabilität und der Effizienz.« (C. Paradas) Ein Heilungsversprechen hegt die Hoffnung auf eine Rückkehr zur Normalität des Fleisches und des Geistes – in diesem Fall ist es von vornherein trügerisch. In einem Teufelskreis gefangen, behandelt der »Psy« auf professionelle Weise die Krankheiten der Seele, während die HIV-Positiven der Definition nach nicht seelenkrank, sondern aidskrank sind.

Die Tatsache, ein Leiden, das im Grunde nicht psychologisch ist, psychologisch durchleben zu müssen, läßt das doppelte Gebot zutage treten, daran zu denken und nicht daran zu denken, das Unheilbare für psychologisch heilbar zu halten und sich gleichzeitig die Heilung psychologisch als unmöglich in Erinnerung zu rufen. Am Ende dieser Nicht-Kuren wiederholt sich die Ambivalenz, in die der Befund einer HIV-Positivität einen jeden wirft.

Der »Psy« ist nicht besser gerüstet als der Arzt, auch wenn ihm das unbestreitbare Verdienst zukommt, die Hilflosigkeit der Medizin zur Sprache zu bringen.

Am Horizont der HIV-Positivität geht es nicht mehr um Heilung, sondern ums Sterben, von dem man weiß, daß man es hinnehmen muß. Das man auferlegen kann. Der der Aura des Zauberers und Wünschelrutengängers entkleidete Arzt verkörpert in den Augen desjenigen, dessen innerstes Geheimnis er teilt, ungewollt die Gemeinschaft. In diesem Dialog neuen Typs überdeckt das oft aufrichtige Mitgefühl Kräfteverhältnisse, deren Struktur selten deutlich gemacht wird. Die Gesellschaft hat die Macht abzustempeln, zu erfassen, zu sequestrieren, zumindest symbolisch auszuschließen und, soweit das Auge reicht, einzuschließen. Das Individuum verfügt, vor allem da es weiß, daß es sterben wird, über die Hilfsmittel der Heimlichkeit, der List, über die Waffen des Mords und des Selbstmords.

Hinter dem persuasiven Dialog schwelt ein terroristisches Duell. Ich bin gut, du bist gut, wir sind unter guten Menschen, und wir tun unser Möglichstes, damit in der höchst qualvollen Lage alles bestens verläuft. Soviel zum Austausch der Überredungen. Du kannst töten, ich kann unterdrücken, jeder verfügt allmählich über den anderen – die Gegenseitigkeit der Terrorismen versteht sich von selbst. Mögen die Realisten die Extremismen zügeln.

Die heimliche Verbreitung von Aids ist eine öffentliche Gefahr, die sich nicht durch rein administrative und polizeiliche Mittel bannen läßt. Also muß die Gesellschaft das Gemeinwohl mit dem privaten Kranken aushandeln, gewissermaßen seine Mitarbeit »kaufen«.

Manchmal, selten, murrt der Behandelnde. Bruch der ärztlichen Schweigepflicht? Ausnahmeregelungen? Dabei droht der Kranke kaum; er befindet sich sichtbar in einer Situation der Schwäche und unsichtbar in einer Situation der Stärke; er weiß, daß er eine menschliche Bombe ist, und weiß, daß man es weiß, unnötig zu insistieren. Der Schein ist gewahrt, den Formen Genüge getan. Aber unter dem Mantel der Konventionen sorgt ein kolossaler Wandel dafür, daß ein seit Hippokrates stabil gebliebenes Paar auseinandergerissen wird.

Die Historiker haben sich für Veränderungen interessiert, die in der Praxis und im Bild der Ärzte eingetreten sind; sie haben die berühmtesten epistemologischen Brüche der Heilkunst untersucht. Diesmal neigt sich alles der Seite des Kranken zu, der plötzlich letale Kräfte besitzt. Er entgeht der äußeren Kontrolle. Er wird zum Alter ego seines Gegenübers. Es stünde ihm frei, Gyges gegen Gyges zu spielen. »Ich dachte an Genet und sagte mir vor: ›Die Krankheit ist mein Gefängnis, mein Guayana, mein Cayenne. Eine parallele Nebenwelt, die der Gesellschaft trotzt, wie sie sich auf den ersten Seiten der Zeitungen darbietet, und ihr manchmal begegnet, wenn Blut und Sperma aus dem Virus eine Luftbrücke machen«, schreibt Cyril Collard. Wird er zum absoluten Aufrührer, weil er seine Freundin angesteckt hat aus Angst, mit ihr zu sprechen? Infiziert er sie, um den Helden einer einsamen Revolution zu mimen? Komödiant oder Märtyrer? Der Bezug auf Genet ist vielsagend. Er verbindet alle aus der Schöpfung Ausgeschlossenen mit einer Revolte, die tausendfach die Apokalypse verhieß, von Los Angeles bis Pnom Penh, von Mogadischu bis Gaza, und die manchmal bis zum Äußersten eskalierte.

Wer glaubt, man habe es nur mit individuellen Trieben, mit zerstörerischen und selbstzerstörerischen, quasi analphabetischen Rasereien zu tun, täuscht sich. Wenn man die »negativen Reaktionen« des Kranken vorschnell einem schlecht gelösten »präödipalen« Konflikt anlastet, geht man in die Irre. Die angebliche Infantilisierung verrät lediglich die Geisteshaltung des Exegeten, der seine Wunderlampe reibt. Gewiß fehlt es dem Behandelten, ebenso wie dem Behandelnden, nicht an einer kaputten Verwandtschaft, aber ebensowenig mangelt es ihm an Rede und Kultur.

Zwischen den HIV-positiven »wilden Nächten«, dem Samstagabendkoller und den Blutbädern in der Dritten Welt gibt es tausend kleine Brücken: *tags*, Rock, religiöse Predigten, Seifenopern, erotische Literatur und gelehrte Abhandlungen. Es besteht kein Anlaß, dieses intellektuelle Treiben anzuprangern, als wäre dies das heimliche Orchester, das alle unsere Abirrungen verursacht. Jedes *tag* kann sein Gegen-*tag*, ein Chanson seine Replik und eine Theorie ihre Widerlegung hervorrufen. Will man mit dem HIV-Positiven verhandeln – das heißt mit dem im Verlauf einer zufälligen Begegnung oder einer Bluttransfusion stets verwundbaren Teil von uns selbst –, dann muß man ihn als denkendes Wesen anerkennen, das sich erregt, spricht, rechnet und auf einem Terrain gemeinsamer Gedanken herumtollt, wobei er sich erprobter Werkzeuge und wohlbekannter Analysen bedient.

Gibt es eine größere Ungleichheit als die der Leben und der Tode? Der Schock einer Aids-Ankündigung reaktiviert alle Gefühle intensiver Abhängigkeit, seien sie imaginär oder erlebt, innerlich oder äußerlich, historisch, kollektiv und intim. Was Wunder, wenn sich der Ankündiger in der falschen Situation einer ehemaligen Kolonialmacht wiederfindet, der sogar die Geschenke der Zivilisation angelastet wurden. In der Schule wie im Krankenhaus wurde dem Eingeborenen das Lesen und die Hygiene beigebracht, aber auch seine Unterlegenheit. Er entdeckte, daß er schlecht lebte, indem er lernte, sich im Auge eines besser Lebenden anderer Hautfarbe zu sehen. Daher die Versuchung, den erbarmungslosen Spiegel zu zerbrechen, Schulen und Krankenhäuser anzuzünden, *burn, baby, burn!* – oder noch einfacher das Sprechzimmer zu fliehen.

Über den Kolonisierten ist bereits alles gesagt worden, über das Recht, das er sich zubilligt, die Werte des Kolonisatoren umzustürzen, ja über die Notwendigkeit, Sartre und Fanon zufolge, keinen einzigen Wert zu respektieren. Die Menschheit terrorisieren, um sich als Mensch zu fühlen – diese Maxime war zwar selten eine offizielle Losung, doch im stillen hat sie eine revolutionäre Praxis geleitet. Sie bleibt die ständige Versuchung dessen, der im Ekel, sich als Untermenschen zu erkennen, versinkt.

Die antikolonialistischen Befreiungsbewegungen haben nicht die friedliche und demokratische Zukunft zum Blühen gebracht, deren Träger die Dritte-Welt-Ideologien zu sein wähnten. Kaum sind die aufständischen Sklaven ihre Herren los, arbeiten sie verbissen daran, sich gegenseitig zu kolonisieren, in einer steten Folge von »wilden Nächten« in Mondialvision. Die Revolten, die manchmal ganz natürlich die Verdammten der Gesundheit aufstacheln, sind nicht weniger gerechtfertigt und vielversprechend als die Aufstände der Verdammten der Erde, die die Tragödien der beiden letzten Jahrhunderte entfachten.

Auf die Cholera im Frühjahr 1832 folgten der Aufruhr des Volks von Paris sowie Massaker. »Der Juni-Aufstand, der unmittelbar auf die Epidemie folgt, ist in jeder Hinsicht nur die politische Fortsetzung ein und derselben biologischen Krise: in ihren Hauptakteuren, ihren wichtigsten Lokalisierungen, in der Angst, die sie in der Stadt verbreitet, dem physischen Haß, den sie bei den Aufrührern wie bei den Bürgerlichen, bei den Besiegten wie bei den Siegern weckt, in den Gewalttaten der einen wie der anderen, in jenem Vernichtungswillen, wo die einen wie die anderen weniger über politische Gegner als über die für das Übel Verantwortlichen herzufallen scheinen.« (L. Chevalier) Dieselbe bio-soziologische Wechselbeziehung verbindet Klassenhaß und Angst vor den Mikroben in den Ghettos der USA, wo Militante Drogen und Epidemien mit einem *wasp*-Komplott des FBI oder CIA erklären.

Was der Behandelte vom Behandelnden verlangt, ist bekanntlich die Beachtung des Hippokratischen Eids: behandle mich. Was aber fordert im Gegenzug der Arzt und durch ihn die Gemeinschaft, wenn nicht die Reduplikation eben dieses Eids? Obwohl verurteilt, werde ich nicht töten, ich werde schützen ... Ob man will oder nicht, seit Hippokrates kann niemand den Arzt kontrollieren mit Ausnahme von ihm selbst und den Standesgenossen, denen er sich freiwillig verpflichtet und anvertraut. Von nun an hängt, mag es uns passen oder nicht, die letzte Kontrolle des HIV-Positiven allein von ihm selbst ab.

Eine faszinierende, paradoxe Umkehrung! In dem Augenblick, wo einer kurzlebigen Kreatur das Schlimmste widerfährt, trägt sie die höchste Verantwortung. Sie muß die letzten Stunden, die sie erschöpfen, organisieren und über das Los ihrer Umgebung befinden. Sie spricht mit den Autoritäten, denen das Überleben der Gemeinschaft und der Gattung obliegt, von gleich zu gleich.

INFORMATIONEN

Wenn man liebt, fürchtet man nichts

(...) In dieser Spiritualisierung und Idealisierung der Liebe, einer Art Mithridatisierung im jüdisch-christlichen Abendland, hat man das Auftauchen und das Fortleben der Ideotypen, wie die höfische Liebe und die romantische Norm, zu suchen, die die affektiven Bedingungen in den sexuellen Beziehungen lenken. Genau in diesem Typus von Vorbildern scheinen die *Liebes*praktiken zu wurzeln. Dennoch führen sie ein Ensemble neuer Bedeutungen in die Dialektik der Befriedigung von Fleisch und Affekt ein, die Art des Verhältnisses von sich zum Anderen (Vertrauen, Treue...), die gesellschaftliche Form, die die Beziehung annimmt. (...)

Es könnte also der Eindruck entstehen, als beziehe man sich, wenn man von *Liebes*praktiken spricht, mehr auf eine Form des Verhältnisses zum Anderen, mit dem man eine »Sexualität« teilt, als auf »die absolute und idealisierte Liebe«. Es wäre in der Tat falsch, in den *Liebes*praktiken eine bloße Wiederkehr der Romantik zu sehen, die in den siebziger Jahren angeblich aufgegeben wurde. Sie zeichnen die Umrisse einer »neuen« Beziehungskultur bei den Jugendlichen der neunziger Jahre, oder: Treue reimt sich eher auf »die mit einer Person verbrachte Zeit« als auf »die Liebe meines Lebens«; »intellektuelle Übereinstimmung« verträgt sich mit »körperlicher Entfaltung zu zweit«; die Beziehung zum Anderen läuft zuerst über das Vertrauen, die Selbsthingabe und den gegenseitigen Austausch.

Im Gegensatz zum »Sexualverhalten« impliziert und ermöglicht die *Liebes*praxis, »Dinge zu zweit zu tun« und sich eine Art Verschmelzung mit dem anderen vorzustellen. In der »sexuellen« Praxis hast »du einfach einen Sexualkontakt«, in der *Liebes*praxis dagegen »spürst du den Anderen, du willst vorher, während und nachher mit ihm zusammensein (...) es ist etwas Geistiges dabei«. Deshalb bewegt sich die *Liebes*praxis in der Annäherung, der Gegenseitigkeit

und der Dauer. Sie setzt voraus, »sich dem anderen ganz hinzugeben«, ihm zu vertrauen, ihm den Status eines »Privilegierten« zu verleihen, sowie die Notwendigkeit, »sich gehen zu lassen«. Dieser Beziehungsrahmen liegt dem »Warum« und dem »Wie« von Brüchen in bezug auf eine bestimmte »präventive Rationalität« zugrunde, da die *Liebes*praxis selbst zu einer Form von »Prävention« wird. Es sieht nämlich so aus, als bedeutete die Tatsache, in der *Liebes*praxis ein Präservativ zu benutzen, den Anderen in diesen intensiven und privilegierten Augenblicken seines Status als »einziger« Person zu berauben. Außerdem scheint das Präservativ der Spontaneität und der Dynamik des Liebesaustauschs entgegenzuwirken, da es hier als Verkünder eines »unwiderruflichen Akts« wahrgenommen wird.
Themis Apostolidis, »Pratiques sexuelles versus pratiques amoureuses«
Sociétés, Nr. 39, S. 43

Die Funktionsweise der Funktionsstörung

Ein Bericht des Rechnungshofs untersucht die Aktivitäten der Agence française de lutte contre le sida (AFLS) in den Jahren 1989–1991:

Der allererste Direktor der AFLS sowie ihr derzeitiger Leiter werden wegen der Höhe ihres Gehalts gerügt, das den ursprünglich vorgesehenen Betrag »erheblich überstieg« und sich jährlich auf 560000 bzw. 584000 Francs belief. Das wären jedoch Brosamen, wenn sich die Agentur durch Effizienz hervortäte. Aber, so behauptet der Bericht, »es wurde nichts unternommen, um die Einwanderer zu informieren, obwohl sie als äußerst gefährdet gelten. Auch für Drogenabhängige waren – abgesehen von vier vereinzelten Rundfunksendungen und einer kleinen Broschüre – keine besonderen Botschaften vorgesehen«. Außerdem haben sich zwischen 1991 und 1992 die für diese beiden Risikogruppen bestimmten Summen um etwa 20 Prozent verringert. Sind sie außer Gefahr? (...)

Die unter diesen finanziellen Bedingungen, die der Rechnungshof scharf kritisiert, durchgeführten Präventionsmaßnahmen haben zuweilen Riesensummen verschlungen. So gab die AFLS allein dafür 984000 Francs aus, um zu erreichen, daß in einer am 3. Dezember 1991 ausgestrahlten Fernsehserie ein HIV-Positiver auftrat.

1991 kaufte die AFLS sogar – natürlich ohne Ausschreibung – für 400 000 Francs einen Posten Kondome. Wenige Monate später verlor der Hersteller das Gütesiegel: seine Gummis taugten nichts. Damit hat die AFLS zum Absatz einer Handelsmarke von zweifelhafter Qualität beigetragen. Und zum Schluß müssen die Kondome, die für eine große Sicherheitskampagne vorgesehen waren, vernichtet werden. Aus Sicherheitsgründen.

Eine Handelsgesellschaft, Partizip Präsens genannt, hat 1,6 Millionen eingesteckt, nur um zwei Kolloquien zu organisieren, über die der Rechnungshof lakonisch anmerkt, daß »keine Bilanz erstellt wurde, um ihren Beitrag zu den im Kampf gegen Aids durchgeführten Aktionen zu ermitteln«. Ein Detail.

Jérôme Canard, *Le Canard enchaîné*,
10. November 1993

Eine widersprüchliche Rezeption

Wenn man sich nur auf den Standpunkt der medizinischen Vorsorge stellt, so sind die wirksamen Maßnahmen zur Eindämmung des Risikos der Ansteckung auf sexuellem Weg solche, die jeden Austausch von Sperma und Blut unterbinden, daher die Regeln des *safer sex* und insbesondere der Rat, Kondome zu verwenden. Doch die ziemlich allgemeine Ablehnung des Präservativs zu Beginn unserer Umfrage im Jahre 1985 und seine langsame Verbreitung lassen vermuten, daß nur wenige in der Lage sind, sich dem Problem der sexuellen Prävention auf rationale Weise und zu dem Zweck zu nähern, ihre sexuelle Aktivität einzig und allein auf den »Risikoausschluß« auszurichten. Was bei dem Risiko, sich mit dem HI-Virus zu infizieren, auf dem Spiel steht, nämlich Leben und Tod, müßte, nach dem Modell der rationalen Wahl, ziemlich automatisch zu geeigneten Maßnahmen führen, die zudem technisch einfach zu handhaben sind. Doch das Risiko rational einschätzen und sich danach richten können erstens nur diejenigen, die über die Voraussetzungen (vor allem die notwendigen Informationen) verfügen, es zu kalkulieren, und zweitens diejenigen, die unter Bedingungen leben, die es ermöglichen, das Kalkül in die Praxis umzusetzen. (...)

Ratgeber in der Klemme

Dies bringt die Verantwortlichen des Gesundheitswesens in die ausweglose Situation eines »doppelten Zwangs«. Diese Situation läßt sich wie folgt beschreiben: Als sexuell übertragbare und sich epidemisch ausbreitende Krankheit zwingt Aids die Verantwortlichen des Gesundheitswesens dazu, über dieses Thema zu kommunizieren; doch eine solche Kommunikation wird dadurch erschwert, daß sich die Ausbreitung der Krankheit in Randgruppen konzentriert. Aids bringt bereits betroffene Minderheiten mit einer noch nicht betroffenen, aber potentiell gefährdeten Mehrheit in Verbindung; dies wirkt sich auf die präventive Botschaft aus. Da sie sich sowohl an die nicht gefährdete Mehrheit als auch an die gefährdeten Minderheiten richten möchte, hat sie die Tendenz, eine negativ reflexive Struktur anzunehmen. Infolgedessen erweckt sie oft den Eindruck, als verneine sie, was sie behauptet, und behaupte, was sie verneint. (...)

Michael Pollak, *Une identité blessée*
Editions Anne-Marie Métailié, S. 236f., 272f.

Die Notwendigkeit zur Wahrheit

Ohne Zweifel hat die »therapeutische Revolution« die Medizin effizient gemacht, effizienter, als sie es je gewesen ist, aber sie hat sie auch gefährlicher, aggressiver, »verletzender« gemacht. Zwar sind heute die Chancen größer, eine größere Anzahl von Krankheiten zu heilen, aber auch die Chancen eines Unfalls sind größer. (...)

Daher besteht das Problem nicht darin, zwischen Kranken und Ärzten für eine bessere rechtliche oder finanzielle Regelung im Konfliktfall zu sorgen, sondern sie durch die *Institution eines gemeinsamen Wahrhaftigkeitsverfahrens* zu ersetzen. Es fehlt an Wahrheit. Wahrheit ist hier mindestens in zwei Bedeutungen zu verstehen. Zunächst gilt es, ein Verfahren einzusetzen, das der Undurchdringlichkeit, dem Geheimnis, der Verleugnung, den Abwehrreaktionen ein Ende setzt, die heute im Schwange sind, besonders dann, wenn etwas schiefgeht. Doch mehr noch: Wahrheit ist auch in dem Sinne zu verstehen, wo es darum geht, ein Verfahren einzusetzen, das es erlaubt, eine von beiden Seiten geteilte Objektivität der therapeutischen Beziehungen herzustellen. Es geht darum, die Kategorien und die Sprache zu definieren, die es sowohl den Ärzten als auch den Kranken ermöglichen, den Unfall, die medizinische Handlung, Angebot und Nachfrage gemeinsam zu definieren. Das Problem ist nicht in erster Linie ein Geldproblem (wen wird man zur Zahlung heranziehen? für wie viele?), sondern ein Problem der Objektivität (hat man auf beiden Seiten den Mut zur Wahrheit?) Wir brauchen eine ungeheure Wahrheitsproduktion. Was ist die moderne Medizin? Was kann sie leisten? Was darf man von ihr erwarten? Was geschieht in diesem oder jenem Krankenhaus? Was ist hier und heute geschehen? In allen diesen Situationen muß man die Wahrheit zurückerobern, eine Wahrheit, in der Ärzte und Kranke sich wiedererkennen, eine Wahrheit, die die einen wie die anderen wieder als Subjekte des sie bindenden Vertrags einsetzen.

F. Ewald, *Le Problème français des accidents thérapeutiques*
Bericht an den Gesundheitsminister M. Kouchner,
September/Oktober 1992

Die Erhabenheit der Schwindsüchtigen im 19. Jahrhundert

Die Krankheit, die schleichende Krankheit, die Madame Gervaisais' Leben fast friedlich auslöschte – die Schwindsucht –, trug wesentlich zu diesem Mystizismus, diesen ekstatischen Zuständen bei, aber auch zum Hang dieses immer schemenhafteren Körpers zum Übernatürlichen und zur reinen Geistigkeit.

Die durch die Schwindsucht bedingte Abmagerung, das Schwinden und Verschwinden der Muskeln, das beginnende, stufenweise Absterben des Fleisches durch die höhlende innere Verzehrung, die wachsende Entstofflichung des leiblichen Seins rückten die Kranke dem heiligen Wahn und dem halluzinativen Labsal der religiösen Liebe ständig etwas näher. Und noch eine andere Auswirkung ihres Leidens förderte dies. Im Unterschied zu den Erkrankungen der niedrig gemeinen Körperorgane, die den Geist, die Vorstellungskraft, ja selbst die Stimmungen des Leidenden wie durch eine Seuche besudeln und verschmutzen, erweckt die Schwindsucht, diese Erkrankung der höheren und edlen Teile eines Geschöpfs, im Kranken bezeichnenderweise einen undefinierbaren Adel, eine Gerührtheit, etwas Liebendes, eine neue Fähigkeit, die Dinge gut, schön und ideal zu sehen – eine Art menschlicher Erhabenheit, die kaum noch von dieser Welt ist.

Doch die Schwindsucht wirkte auf Madame Gervaisais hauptsächlich durch ihren seltsamen Einfluß auf das Gehirn, die unglaubliche Verwandlung jener Gußform der Gedanken durch einen unbeachteten, bis anhin verschleierten und der Medizin unbekannten Einfluß, den aber ein bedeutender Physiologe unserer Zeit zu ergründen sucht – eine Einwirkung, die dem Gehirn jene ursprüngliche Lauterkeit zurückgibt, in der es eigentlich nur noch besitzt, was es als Gehirnsubstanz unbedingt braucht, und wo es, in seiner krankhaften Rückbildung und Schrumpfung, alles in den verflossenen Jahren erworbene Wissen gleichsam abstößt und ausräumt, so daß eine vierzigjährige Brustkranke beim Abbau ihres Gehirns auf dessen erste kindliche Wesenszüge wieder so rein denkt wie ein Mädchen von zwölf Jahren, wie eine Kleine bei ihrer ersten Kommunion.

Schließlich verursachte die Schwindsucht durch das Unvermögen der Lungen, die erstickende Kohlensäure auszuatmen, einen Erregungszustand sowie leichten Schwindel, ähnlich dem Rauschgefühl eines kleinen Kindes, das nüchternen Magens Selterswasser getrunken hat.

Die Krankheit, die sie zermürbte, schwächte und besudelte, ihre anhaltend und erschöpfend übersteigerten Gefühle, das Fortdauern einer fixen Idee, die regellose Aufwühlung ihres ganzen Wesens, die Anstrengung und Spannung all ihrer geistigen Fähigkeiten und ihres gesamten Vorstellungsvermögens – dies alles gesellte sich zu ihrer natürlichen Voraussetzung einer heimlichen Lust an göttlicher Liebe und brachte sie also schnell an jene kaum wahrnehmbare Grenze, die Erleuchtung von der Einswerdung trennt, vom großen Immer der in Gott ruhenden Seele, wie man es auch nennen könnte.

Edmond und Jules de Goncourt, *Madame Gervaisais*,
übers. v. Hugo Meier,
Manesse, Zürich 1990, S. 231 ff.

V. AIDS ABSCHRECKEN

Eine Gesellschaft Stachelschweine drängte sich an einem kalten Wintertage recht nahe zusammen, um durch die gegenseitige Wärme sich vor dem Erfrieren zu schützen. Jedoch bald empfanden sie die gegenseitigen Stacheln; welche sie dann wieder von einander entfernten. Wann nun das Bedürfnis der Erwärmung sie wieder näher zusammenbrachte, wiederholte sich jenes zweite Übel; so daß sie zwischen beiden Leiden hin- und hergeworfen wurden, bis sie eine mäßige Entfernung von einander herausgefunden hatten, in der sie es am besten aushalten konnten.

Arthur Schopenhauer, *Perarga und Paralipomena*

Wie läßt sich vor dem Hintergrund gegenseitigen Mißtrauens ein Zusammenleben stabilisieren? Intolerante Gesellschaften, unachtsame Infizierte, aus Bequemlichkeit kurzsichtige Ärzte – keine Abirrung ist *a priori* ausgeschlossen. Ein schneeballartig wachsender Argwohn droht die Panik der einen dadurch zu schüren, daß sie sich die der anderen vorstellen. Der Schrecken von morgen lähmt heute den Willen. Wie können wir uns ertragen und gegenseitig helfen, ohne die falsche Naivität zur Schau zu tragen, nichts von den Übeln zu wissen, die jede Partei hervorzurufen vermag?

Dies war vor einigen Jahrzehnten das Problem der ersten Atommächte, die aufgefordert waren (wobei die Notwendigkeit zur Tugend wurde), eine für alle grauenvolle Zukunft in eine für jeden lebbare Gegenwart zu verwandeln. Sie erfanden das »Gleichgewicht des Schreckens«. Durch die Gefahr, mit der der eine den anderen bedrohte, konnte schließlich die Gefahr, mit der der andere drohte, begrenzt und selbstgegrenzt werden. Läßt sich das Modell der internationalen Gesellschaft auf die zivile Gesellschaft übertragen, wo sich nicht Interkontinentalraketen anstarren wie Porzellanhündchen, sondern explosive Intimitäten, zu denen wir füreinander geworden sind? Genügt es, die Augen zu öffnen, damit das allgemeine Interesse über die besonderen Entgleisungen die Oberhand gewinnt?

Die Immunschwäche teilt jede Gesellschaft in drei Untergruppen. Die Kranken, die Behandelnden und die Gefährdeten. Diese Gliederung ist rein funktional. In Wirklichkeit kann ein und dasselbe Subjekt sowohl Behandelnder wie Behandelter sein, abwechselnd gefährdet, erkrankt und dann sogar einer Überansteckung ausgesetzt, ohne Behandlung sich selbst überlassen oder kontraindizierten Behandlungsmethoden unterworfen. Ob erwartet, vermieden oder erlebt, Aids zerreißt jedes Bewußtsein. Es läßt es zwischen zwei Extremen taumeln. Dem großen Publikum

– oder der Gesamtheit der Gefährdeten – werden in sich widersprüchliche Bilder gezeigt. Auf der einen Seite schont man es, man verhätschelt es, man bemüht sich, »es nicht in Panik zu versetzen«, so daß man ihm schließlich jede besorgniserregende Information vorenthält. Auf der anderen Seite drängt man es, aufzuwachen, sich in Bewegung zu setzen, man predigt ihm ständige Wachsamkeit und grenzenloses Mißtrauen. Als torkelte die »Menge« zwischen lynchender Wut und unerschrockenem Leichtsinn.

Das Bild, das die Ärzteschaft zeigt, schwankt seinerseits zwischen Allmacht und Abdankung, zwischen dem guten Therapeuten und dem unheilvollen Diafoirus. Zwischen einem Doktor Folamour und Albert Schweitzer. Was den Kranken betrifft, so veranschaulicht er sowohl das Opfer, das man umsorgt, als auch den Pestkranken, dem man aus dem Weg geht. Eine solche Ambivalenz ist ein wesentlicher Bestandteil der traditionellen Wahrnehmung von Seuchen. So wurden die Ärzte zu allen Zeiten sowohl begehrt und verherrlicht als auch abgelehnt und verflucht.

Die kalte Pest unserer Zeit verinnerlicht die allgemeine Bestürzung. Die Krise – ihre beiden Gewichte, zweierlei Maße – zerfrißt das Individuum, kehrt es gegen sich selbst. Die Ärzte gestehen, wie wir sahen, eine noch nie dagewesene Verwirrung. Das Publikum fragt sich, ratlos: was tun? und rührt sich nicht mehr. Der aktuelle oder potentielle Kranke begnügt sich nicht mehr damit, Gegenstand einer Behandlung zu sein, er erhebt sich zum tragischen Helden einer Geschichte voller Schall und Wahn. »Seit Beginn der Epidemie kann in New York niemand mehr den entscheidenden Beitrag des Gay Men's Health Crisis (GMHC) leugnen, der schon 1982 das Modell der Organisationen des Kampfs gegen Aids erfand, von Homosexuellen gegründeter Organisationen, die bald allen betroffenen Sektoren der Bevölkerung Hilfe boten; in London der Terrence Higings Trust (THT) 1983; in Paris die 1984 gegründete Aides. Jede dieser Organisationen hatte eine nationale Funktion. Sie sind Teil der Geschichte der Identifizierung und des öffentlichen Ausdrucks der emotionalen, medizinischen, gesellschaftlichen, legalen, ethischen und häuslichen Bedürfnisse der ersten Kranken. Diese Organisationen entwarfen die ersten Strategien kommunaler Vorsorge und riefen als erste zur Wachsamkeit gegenüber der Diskriminierung, zum Respekt vor der Würde und den Rechten der erkrankten Personen auf, während das gesellschaftliche Umfeld gleichgültig, ungläubig oder feindselig war. Auch wenn jede ihre eigene Geschichte hatte, so delegierte doch keine von ihnen die Interessen der betroffenen oder gefährdeten Personen an die bestehenden medizinischen oder sozialen Einrichtungen; sie setzen sich auch weiterhin als ständige Partner des öffentlichen Handelns durch.« (D. Defert)

Das Engagement für die am stärksten Bedrohten und die Erkrankten verändert tatsächlich die Gesamtsituation. Daß Schweden zu den Ländern zählt, die die Ansteckung durch Bluttransfusion am besten vermieden, verdankt es den Homosexuellenorganisationen. Diese schlugen als erste Alarm. Da sie die Selbstkontrolle praktizierten, waren sie in der Lage, die medizinischen und politischen Autoritäten dazu zu zwingen, ihr Gefühl der Dringlichkeit zu teilen und zu verallgemeinern, also zu handeln (M. Setbon). Auch die Aussagen unverhüllter Zeugen auf den Fernsehschirmen, aber mehr noch bei Versammlungen in Gymnasien und Universitäten skizzieren eine beispiellose Methode der Abschreckung. Der Journalist A. Guérin berichtet:

Martine: »Wenn ich den Schülern sage, daß ich HIV-positiv bin, sind sie wie versteinert. Es folgt ein langes Schweigen. Dann stellen sie enorm viel Fragen, die sie vorher nicht gestellt hatten. Mir wird klar, daß sie nicht zugehört oder nicht verstanden hatten, was ich vorher mit verhülltem Gesicht gesagt hatte.«
Sophie: »Ich sage als Zeugin aus, damit die Leute wissen, wo sie hingehen. Sollen sie tun, was sie wollen, mit oder ohne Kondom, aber in Kenntnis der Dinge.«
Daniel: »Die Ärzte, die Aidsspezialisten haben die Menschen daran gewöhnt, uns als Leute zu betrachten, die Hilfe und Unterstützung brauchen. Das Publikum weiß also nicht, daß die Erkrankten auch gesellschaftlich Handelnde sein können, die ihr Leben in die Hand

nehmen ... und die Zeit dafür haben, da die schleichende Infektion sehr lange dauert, was nicht oft genug gesagt wird.« (Assises nationales de Aides, Lyon, 24.–26. September 1993)

»Als ich an einer Sensibilisierungskampagne in La Ciotat teilnahm, stand ich einem Gymnasiasten gegenüber, der sich überhaupt nicht für Aids interessierte. Warum? ›Weil ich keine HIV-Positiven oder Kranken kenne.‹«

Man wünschte sich, das Beispiel möge Schule machen und durch eine heilsame Ansteckung das Mißtrauen aus Körpern und Herzen vertreiben. Doch leider garantiert kein Deus ex machina, daß die Gemeinschaft der Gefahr über die gefährdeten Egoismen siegt. Da das persönliche Unglück im Vordergrund steht, wirkt es der Würdigung der Schmerzen anderer um so heimtückischer entgegen, als die Intimität des Leidens kaum Vergleiche zuläßt. Sogar militante Aidskranke und HIV-Positive schildern nur selten, welche Fahrlässigkeiten, Unachtsamkeiten oder Rasereien dazu führen können, ein so genau übertragbares Virus zu verbreiten. Manchmal fragen sie sich, woher dieses drückende Schweigen rühren mag: »Ist unsere Gleichgültigkeit nicht Ausdruck eines Unbehagens, von etwas Ungesagtem, das Verlegenheit, Scham, Furcht verrät?«

Diese Frage stellt A. Molla, und er merkt zu Recht an, daß die Angst, rundheraus als vorsätzlicher Vergifter gebrandmarkt zu werden, teilweise die allgemeine Zurückhaltung motiviert. Die Erklärung befriedigt ihn nicht. Er hat recht. Wer zu einem feindseligen Gerücht schweigt, stimmt zu. Die im Getümmel vorgeschlagene Lösung läßt freilich die Aporie erneut aufleben. Der Intervenierende weigert sich, einen »bewußt lebenden und gewarnten« Menschen, der jede Warnung und Vorsicht in den Wind schlägt und einen Sexualpartner ansteckt, schuldig zu sprechen. Ein solches Verhalten sei weder *de facto* noch *de jure* strafbar. In Anbetracht der Schwierigkeit, in einer so intimen und geheimen Situation Vorsätzlichkeit festzustellen, läßt sich diese Auffassung *de facto* vertreten; *de jure* jedoch scheint die rechtliche

Immunität auch die moralische Unschuld nach sich zu ziehen, nicht ohne die Argumentation in einen Circulus vitiosus zu führen. Es gehören zwei dazu, um eine Beziehung aufzunehmen; warum, so wird vorgebracht, den Ansteckenden verfolgen? »Damit würde man darauf verzichten klarzumachen, daß ungeschützter Geschlechtsverkehr vor dem Hintergrund von Aids geteilte Verantwortung bedeutet.« Einverstanden. Aber das Argument greift zu kurz. Wenn geteilte Verantwortung, dann auch geteilte Schuld. Und infolgedessen geteilte Strafe.

Der neu Angesteckte ist gestraft, seine Sorglosigkeit bedeutet das Todesurteil. Und der Ansteckende? Sollte er etwa im voraus gestraft worden sein? Entrückt ihn der Status eines Kranken jenseits von Gut und Böse, in ein Reich außerhalb der Moral, wo alles erlaubt ist? Auch wenn gerichtliche Verfolgungen und gesetzlich erwirkte Strafen deplaziert erscheinen mögen, kann man dann nicht von Bewußtsein zu Bewußtsein, ja von HIV-Positivem zu HIV-Positivem argumentieren und, unter vier Augen, die zwar völlig verständliche, aber absolut unentschuldbare Verhaltensweise verurteilen? Bringt die Ablehnung der Debatte – abgesehen von der Angst, beim anderen eine zwar ungerechtfertigte, aber primäre Abwehrreaktion auszulösen – nicht die Verleugnung des Delikts zum Ausdruck? »Laura ist achtzehn Jahre alt und ihr Leib tödlich getroffen. Und damit trage ich eine viel schwerere Bürde als die Bedrohung durch meinen eigenen Tod. Zum erstenmal in meinem Leben klebt mir ein wirkliches Verbrechen an den Händen.« (Cyril Collard) Ja, ein Verbrechen.

Niemand ist vor korporativistischer Kurzsichtigkeit gefeit. Sogar angesichts eines offenkundig gemeinsamen Übels neigt jeder einzelne dazu, sein eigenes Haus zu verteidigen, das er, wenn nicht für das einzige, so doch für das erste Opfer hält. Ein Arzt beschönigt nur allzu gern die Fehler seiner Kollegen, da er vermutet, daß die Anklage auf die Medizin, die Wissenschaft, das Pflegesystem insgesamt gemünzt ist, was in seinen Augen die Schutzvorkehrungen allgemein schwer zu belasten scheint. Die Nichtgeschädigten würden ihre Gleichgültigkeit gern mit brutalen Quarantänen unterfüttern und sich damit im Gefühl einer imaginären Sicherheit wiegen. Und die Kranken laufen Gefahr, auch wenn sie neue Solidaritäten schaffen, sich zu verschließen und einzuschließen. Damit eine geteilte Gefahr eine einheitliche Strategie hervorruft, genügt es nicht, sie gemeinsam zu beschwören. Man muß lernen, sie gemeinsam zu denken und wahrzunehmen.

Die nukleare Bedrohung hat nur zu Mächten gesprochen, die hinreichend desillusioniert und atheologisch waren, um ihren wenig mystischen Mahnungen das Ohr zu leihen. Die Aids-Lektion setzt wie die anatomische Vorlesung Augen und Geister voraus, die gelernt haben, ihr die Wahrheit zu entreißen. Um vom unterschwelligen Wettlauf der Schreckensherrschaften zu einem Gleichgewicht des Schreckens zu gelangen, muß die neue Pest zum Thema einer Rede werden, der die drei involvierten Teile zustimmen können. Ein solches Abkommen impliziert eine geistige und moralische Reform, die der Betrachtung der Übel den Vorrang vor der Kontemplation des Guten einräumt. Man muß vom Paradigma der persuasiven Verhältnisse (jener, zu denen die Stärke nötigt oder die die Überzeugungen vorschlagen) zum Paradigma des dissuasiven Dialogs überspringen (der die Gleichheit des Abgrunds voraussetzt).

*

Hinter der Komplementarität des für den Körper zuständigen Arztes und des Seelendoktors zeichnet sich die gespannte Dualität von Krankem und Gesellschaft ab. Zum Vorschein kommen ihre gemischte Verantwortlichkeit sowie ihre unfreiwillige Fähigkeit, sich gegenseitig zu terrorisieren. Zum erstenmal in der Geschichte des Abendlands unterliegt die öffentliche Gesundheit der doppelten Macht desjenigen, der sie verliert, und desjenigen, der sie verwaltet. Von Anfang an wußte man, daß eine Seuche – d. h. eine gemeinsame Krankheit – ein Übel in gesteigerter Form ist. Sie überschreitet die üblichen Grenzen zwischen Subjektivem und Intersubjektivem.

Die von Thukydides beschriebene Pest von Athen verläßt die Intimität des häuslichen Herds, versetzt die Stadt in Panik, verdirbt die Sitten, blendet die Ideen und fegt alle Gesetze und Rituale hinweg. Dieser Augenblick absoluter Subversion bleibt eingegrenzt. Die Pestilenz kommt, wütet und zieht wieder ab. Camus leistet sich eine Epidemie mit beschränkter Herrschaft; seine Pest verschanzt sich im geschlossenen Raum von Oran, sie dauert nur kurze Zeit. Zweitausendfünfhundert Jahre lang wurden die verschiedenen Geißeln, die über Europa hereinbrachen, zwar in ihrer verheerenden Intensität erfaßt, jedoch stets als Ausnahme gewertet. Der große Würger, mit seiner Sense bewaffnet, schlug zu wie der Zorn oder ein Urteil Gottes.

Dann, bei abnehmendem Höllenfeuer, setzte sich der Schrekken physisch fort. »Glänzender Sonnenschein, die Gleichgültigkeit der Menge, die gewohnte Lebensweise, die überall weitergeht, verliehen diesen Pesttagen einen neuen Charakter und eine andere Art Entsetzen«, bemerkt Chateaubriand und betont das Unbehagen, das das bizarre Nebeneinander von Normalem und Pathologischem hervorruft. Das Außergewöhnliche, das weder Treu noch Glauben kennt, und das Gewöhnliche der Sitten und Gebräuche bleiben einander fremd. Wenn sie aufeinandertreffen, weicht die Legalität zurück, bereit, ganz zu verschwinden. Sobald sie sich trennen, legt sich der Sturm, das Gesetz tritt wieder in seine Rechte ein. Die Gesellschaft hat ihren Tobsuchtsanfall gehabt. »Es hat den Anschein, als leere sich durch die Pest und auf kollektiver Basis ein gigantischer Abszeß, der sowohl geistig wie gesellschaftlich ist.« (A. Artaud)

Diese zuerst religiöse, dann weltliche, poetische, soziologische Sicht der Pest als eines »Abszesses« beherrscht das westliche Denken bis heute. Aids führt einen neuen Stil ein. Dieses Übel ist weder ein Exzeß, den die Zeit bringt und wieder mitnimmt, noch eine Pustel, die zur großen Erleichterung der anderen in einem Punkt des Raums eingeschlossen ist. Heimtückisch sorgt die Drohung der HIV-Infektion im Imaginären des Unheils für eine Umkehrung der Perspektiven. Die klassische Pest wurde im

Vordergrund wahrgenommen, als eine »gute« Form, die sich, sorgfältig gezeichnet, vom Hintergrund der Normalität abhob. Das HIV treibt sich, allgegenwärtig und unvorhersehbar, in den Kulissen herum, während sich die menschliche Komödie im Rampenlicht den üblichen Vergnügungen hingibt. Von der geschlossenen Katastrophe sind wir zur unendlichen Geißel übergegangen.

Auf ihrem Höhepunkt konzentrierte die Epidemie die böse Kraft der Naturkatastrophen, den gewaltsamen Umsturz der Kriege und Revolutionen, die innere Sprengkraft des Wahnsinns. Innerhalb eines Augenblicks, desselben für alle, gab es »das Hervorbrechen einer latenten Tiefenschicht an Grausamkeit, durch die sich in einem Einzelwesen oder in einem ganzen Volk alle perversen Möglichkeiten des Geistes lokalisieren« (A. Artaud). An der Nahtstelle einer Zeit und eines Raums löst das Übel, in sich zusammengeballt, blitzartig einen Selbstexorzismus aus, den verschiedene religiöse Zeremonien, unter anderen die des Sündenbocks, in die Länge ziehen. Es ist ganz und gar da – dann ist es die Krise, der Paroxysmus. Es ist einfach da, dann kommt die Erlösung. Der Abszeß ist von nun an Reinigung. Der intensive Schrecken trägt die ungeheure Erleichterung in sich.

Die klassische Pest, so nihilistisch sie auch wütet, erneuert die Welt eher, als daß sie sie umstürzt. Sie verändert mehr, als daß sie entstellt. Sie ist eine Negation, die vorübergeht. Die letztlich nützliche, reinigende, erlösende Rolle des Bösen gilt als religiöse Verkündigung, dann als weltliche Evidenz. Der Antrieb der »Kraft, die stets das Böse will und stets das Gute schafft«, nährt die große Spekulation. Hegel feiert die Heraufkunft einer ordnenden Zeit, die nur durch die Widrigkeiten des Unglücks und des Todes als List der Vernunft erscheint: »Trotzdem aber finden Kriege, wo sie in der Natur der Sache liegen, statt; die Saaten schießen wieder auf, und das Gerede verstummt vor den ernsten Wiederholungen der Geschichte.« Die bescheidene Romanze ist ein Widerhall der hehren Spekulation, so wie Gretchen von Faust; »auf Regen folgt Sonnenschein«.

Zweitausend Jahre lang stellt ein unwandelbares optisches System jede Pestilenz als Zuckung einer Antinatur dar. Dazu verurteilt, sich selbst zu verzehren, um das Universum von dem Entsetzen zu erlösen, das sie kristallisiert, soll sie zum eigenen Nachteil von der letztlichen Überlegenheit der Naturgesetze zeugen. Die Ordnung des Kosmos siegt stets über die irdische Unordnung, so lehren es die dominierenden Stimmen, Platon und Aristoteles. Gott ist stärker als der Teufel, insistieren die Theologien. Diverse Formen des Unglaubens säkularisieren dieselbe Tröstung. Dem skeptischen Falconet predigt Diderot: »Das Individuum vergeht, aber die Spezies hat kein Ende, und eben dies rechtfertigt den Menschen, der sich, ein Brandopfer auf den Altären der Nachwelt, verzehrt.« (17. März 1766) Die Grausamkeit der Tumulte und Verbrechen wird sorgfältig registriert und analysiert, ohne Halbherzigkeiten noch Beschönigungen: ein wenig Demoralisierung entfernt von der Moral, viel führt zu ihr zurück; ist die Niedertracht auf dem Gipfel des Unerträglichen angelangt, so löst sie sich selbst auf, da sie sich nicht mehr ertragen kann. Über dem Getümmel schwebt ein Himmel, den der grausame Auswurf der Ereignisse nicht erreicht. »Ich aber bete den an«, sagt Goethe zu Eckermann, »der eine solche Produktionskraft in die Welt gelegt hat, daß, wenn nur der millionste Teil davon ins Leben tritt, die Welt von Geschöpfen wimmelt, so daß Krieg, Pest, Wasser und Brand ihr nichts anzuhaben vermögen. Das ist *mein* Gott.« (20. Februar 1831) Zwar pflegt Goethe seine Abweichung, sein Neopaganismus stellt sich das Höchste Wesen anders vor, als Thomas von Aquin und Platon es konzipieren. Doch hinter den Schulstreitigkeiten, den Religionskriegen und antireligiösen Kreuzzügen bleibt die gemeinsame und scheinbar unerschütterliche Überzeugung bestehen, daß das Böse, und wenn es noch so heftig zuschlägt, der Welt »nichts anzuhaben vermag«. Mögen die Individuen sich auf lokaler, nationaler Ebene gegenseitig abschlachten und infizieren, die Gesamtheit, die sie bilden, die menschliche Spezies, entgeht ihren Schlägen.

Das Postulat der Unzerstörbarkeit der Gattung ist eine so

vollkommen fixe Idee, daß auch starke und schweflige Geister sie nicht ablegen. Als unfreiwillig komischer Kontrapunkt zu Goethes Begeisterung suchen die Helden de Sades endlos nach der Revolte, dem Gift oder dem Erdbeben, das fähig wäre, endlich die Menschheit von der Landkarte zu tilgen. Sie beschwören ein totales Übel. Und begegnen ihm nie. Eines nach dem anderen geraten die menschlichen Ungeheuer in Verzweiflung: die Gesamtheit der Sterblichen ist unsterblich. Der göttliche Marquis, der das Schlimmste des Schlimmsten erkundete, hätte auf der Aids-Schule gelernt, das Autodafé der Spezies in den Betten zu programmieren.

*

Während die Ideale und Werte wechseln und schwanken – zur Erbauung der Menge, zum Ruhm der predigenden Brüder und zur Belustigung der Philosophen –, bleibt die Angel, um die das Illusionskarussell sich dreht, unverändert. Die Beständigkeit der abendländischen Ordnung verdankt sich nur wenig der Imagination des Guten, die sie oberflächlich legitimiert, ihre Festigkeit rührt von der Optik her, die die Wahrnehmung der Übel regelt. Die Gewißheit einer dem Menschen als Menschen garantierten Immunität liegt nicht nur an einer narzißtischen Intoxikation von begrenzter Dauer. Sie setzte sich, lange gegen jedes Dementi gefeit, deshalb fest, weil, hinter dem Wahrnehmungsapparat, die Operation, die sie erzwang, jeden Widerspruch überstieg.

Weit entfernt, für ein günstiges Spiel zu sorgen und auf ein minimales Risiko zu setzen, hat die abendländische Gesellschaft die physische und geistige Zerstörung konzipiert. Jedoch ohne deren Neigung, alles zu überwuchern. Die Kriege ähneln den Seuchen, die wiederum an die Bacchanalien erinnern, die die Stadt zerrütten, oder an den Wahnsinn, der das Individuum fortreißt. Die Ansteckung wurde als gemeinsames Merkmal und Hauptgefahr aller kollektiven und individuellen Krankheiten des Körpers und der Seele erkannt. Wenn Hegel auf den Niedergang Roms, die beispiellose Feuersbrunst der Stadt oder den als schädlich aufgefaßten politischen Einfluß Christi anspielt, spricht er immer von »allgemeiner Pest«. Jacques d'Hondt unterstreicht: »Die Verschleppung der Pest, die Ausbreitung der Feuersbrunst, die Verallgemeinerung eines Einzelmenschen – *das macht sich weiter durch sich selbst*, wie Hegel sagt.« Aber diesen mephistophelischen Auflösungen war es bestimmt, sich selbst abzunutzen. Unweigerlich kehrt der Teufel in die Ecke zurück.

Vor Aids erlaubten es zwei Operationen, die Gefahren zu bannen. Auf seiten der Natur setzte man auf die Tendenz des Übels, sich automatisch zu erschöpfen. Nachdem die schwarze Pest etwa ein Drittel der Bevölkerung Europas dahingerafft hatte, lichtete sie den Anker, ohne daß man genau wußte, warum. In Hegels Augen verschwinden die großen Eroberer, von ihren eigenen Siegen erdrückt. So war Dschingis-Khan, dem »Besen Gottes«, keine Posterität beschieden. Auf seiten der Kultur wurde die Unschlüssigkeit der natürlichen Infektionen systematisch ausgebeutet. In Marseille und Toulon tobte im Jahre 1720 die letzte denkwürdige Pest Europas. Die Berichte über sie inspirierten Hegel zu seinen Betrachtungen über den religiösen und ideologischen Bekehrungseifer. Sie wurde gestoppt, dann gedrosselt durch eine Strategie der Einschließung, deren Vorherrschen im Zeitalter der Klassik Michel Foucault analysiert hat. Die Streitkräfte sperrten die Provence ab. Ganz Europa konnte sehen, daß der Rückgang der Sterblichkeit mit dem Verbot des Waren- und Personenverkehrs zusammenfiel.

Einkreisen, in Planquadrate einteilen, drosseln, ersticken. Als erstes gilt es, die Schädlichkeit in ihrem Wanderungsvermögen zu treffen, ihre ständigen Ortswechsel einzufrieren und sie von Verschanzungen in Festungen abzudrängen. Man muß sie fixieren und so aushungern, daß sie sich an Ort und Stelle auffrißt. Eine moderne Nation, die ihre Grenzen zu ziehen und zu schützen versteht, verheißt sich Gesundheit. Die rational verwalteten Staaten und die universale Natur teilen dasselbe mikro- und makrokosmische Paradigma: die Mengen können von den schlechten

Elementen, die sie möglicherweise enthalten, abgeschottet werden. Gemeinschaften, Völker, Rassen, die Menschheit – lauter unsinkbare Schutzräume, weil sie das Übel im Zaum halten und es im Innern in die Enge treiben. Pasteur und seine hygienistischen Vorläufer haben nichts erfunden. Das Zusammentreffen von Gesundheit, einem Territorium sowie Fähigkeiten, beide zu schützen, liefert eine neue Version der für die ersten nachrömischen Nationen grundlegenden Triade: *rex, gens* und *patria*.

Eine höchste Autorität (»Meister nach Gott«) herrscht über einen Raum und gewährleistet das Gemeinwohl. Sie vereint drei Elemente: den unitarisch regierten Körper *(regio)*, die Seele oder den gesellschaftlichen Zusammenhalt *(religio)* sowie die Waffen, die im Innern wie nach außen die Unverjährbarkeit des Axioms *cujus regio, ejus religio* aufrechterhalten. Die moderne Gesundheitsvorstellung spielt auf diesen drei Registern. Die Energie (»Gesundheitspolitik«) instauriert (eine gesunde Seele) und restauriert (in einem gesunden Körper). Wenn sie siegreich ist, erzeugt sie die »Reinheit« des Ganzen (Ethnie, Rasse, menschliche Gattung). Und im Fall einer Niederlage? Diese Hypothese wird ausgeschlossen. »... selbst krank, machte ich noch die beste Miene zu meinem ›Spiele‹ (...). ›Vorwärts, sprach ich mir zu, morgen wirst du gesund sein, heute genügt es dich gesund zu stellen.‹ (...) Der Wille zur Gesundheit selbst, das Schauspielern der Gesundheit war mein Heilmittel.« (Nietzsche)

Als die Frage des Heils zur Privatangelegenheit wurde, tauchte die körperliche und moralische Gesundheitspflege als Kernfrage auf, ohne sich deshalb für sich selbst in Frage zu stellen. *Die* Gesundheit existierte meta-physisch über unseren Häuptern. Man glaubte zu wissen, wovon man sprach. Es genügte, sie zu zwingen, zur Erde herabzusteigen, sie durch unsere guten Sitten zu verführen, sie mit unserem aufgeklärten Verstand zu fesseln. Kurz, uns zu ihr zu erheben, damit ihr Reich komme.

Das Individuum phantasierte sich als wohlumsorgt, eingebettet in Gesamtheiten, die sich wie russische Puppen ineinanderschachteln. Jeder Behälter war größer als sein Inhalt, gemäß einer

Stufenleiter wachsender Vollkommenheit. »Wüßte ich etwas, was mir nützlich und meiner Familie abträglich wäre, so würde ich es verwerfen. Wüßte ich etwas, was meiner Familie nützlich wäre, nicht aber meinem Vaterland, so würde ich versuchen, es zu vergessen. Wüßte ich etwas, was meinem Vaterland nützlich und Europa abträglich oder aber Europa nützlich und der menschlichen Gattung abträglich wäre, so würde ich es als Verbrechen ansehen.« (Montesquieu) So großherzig die Maxime ist, so gefährlich ist sie. Sie setzt voraus, daß wir recht daran tun, uns für die Gesamtheit, die uns übersteigt, aufzuopfern. Der Hintergedanke postuliert, daß eine Gesamtheit sich gegen ihre Elemente, nicht aber gegen sich selbst kehren kann. Daß infolgedessen die menschliche Gattung nur der menschlichen Gattung abträglich sein kann.

Es geht hier durchaus um eine These über das Böse: welch höchstem Guten man sich auch weihen mag, seine Überlegenheit beruht auf dem Axiom, daß die Gesamtheit den Übeln entgeht, die den Atomen, die sie umhüllt, Schaden zufügen. Die Bösartigkeit infiziert die Individuen, aber nicht die Sphäre, die sie umfaßt. Und wenn die nationalen Gesamtheiten sich mit Kriegen und Gemetzeln vergiften, so birgt die Übergesamtheit Menschheit auf ideale Weise die Tugend, die alle Tugenden in sich schließt. Und jedem einzelnen obliegt es, seine Privatinteressen dem öffentlichen Interesse und das öffentliche Interesse dem Gattungsinteresse, das heißt der Gesundheit unterzuordnen.

Schwebt die idyllische menschliche Gattung allein und unbeschadet über dem eklen menschlichen Getümmel wie der Geist Gottes während der Sintflut? Keineswegs, denn für das moderne Europa nimmt die Gesundheit Gestalt an. Sie ist keine ferne und blutleere abstrakte Idee. Sie sprüht vor Energie. Sie rechtfertigt sich durch die Operation, deren Prinzip sie sein will. Theoretisch erhebt sie sich genau in dem Maße über die Übel und die Krankheit, wie sie sie praktisch bezwingt. Das europäische Gleichgewicht (und sein »Völkerrecht«, *jus Europeanum*) konfrontierte drei Jahrhunderte lang Nationalstaaten, die sich gegenseitig beweisen konnten, daß sie »bei guter Gesundheit« waren, das heißt in der Lage, sich auf ihre eigenen Kräfte zu verlassen, um die friedlichen und kriegerischen Wettbewerbe durchzustehen.

Die europäischen Nationen haben dem Bürger kein körperloses Trugbild vorgesetzt. Die Gesundheit manifestierte sich durch das Opfer selbst, durch die Fähigkeit des Individuums, sich in eine Gesamtheit einzuordnen und sich mit Leib und Seele dem auszuliefern, was umfassend ist: Partei, Vaterland, Klasse, Rasse, Menschheit. Es sind nicht deshalb Absoluta, weil sie als vollkommen erscheinen. Sie erscheinen als solche und werden geheiligt, weil jeder sich ihnen absolut verschreibt. Ein solches Denk- und Handlungssystem läßt dem Quietismus keinerlei Spielraum, die Gesundheit beweist und erweist sich durch die Mobilisierung, zu der sie aufruft. Sie ist nichts anderes als ein permanentes Zu-den-Waffen-Greifen, das erst mit dem Tod endet. In der Prüfung (Krankheit oder Krieg) verifizieren Individuen und Nationen, daß sie leben. Und wenn sie untergehen, so fügt Hegel hinzu, beglaubigt die Gattung ihr Überleben, sobald Sieger und Nachfolger auf die Asche blasen und den Streit neu entfachen. Auf diese Weise schützt das Opfer seiner selbst die Gattung, die sich vor nichts zu schützen braucht, da die in ihrem Namen begangenen Verbrechen von ihrem unvergänglichen Ruhm künden. »Die Ohnmacht des Lebens zeigt sich aber darin, daß, was anfängt und was Resultat ist, auseinanderfallen. So auch im Leben der Individuen und Völker. Das Leben eines Volks bringt eine Frucht zur Reife; denn seine Tätigkeit geht dahin, sein Prinzip zu vollführen. Diese Frucht fällt aber nicht in den Schoß des Volks zurück, das sie ausgeboren und gezeitigt hat; im Gegenteil, sie wird ihm ein bittrer Trank. Lassen kann es nicht von ihm, denn es hat den unendlichen Durst nach demselben, aber das Kosten des Tranks ist seine Vernichtung, doch zugleich das Aufgehen eines neuen Prinzips.« (Hegel)

Vom Denker bis zur Mutter des Soldaten haben die Europäer guten Willens die Pest – und ihren Bruder, den Krieg – lange Zeit als eine schlimme Zeitspanne empfunden, die man durchstehen muß; die für den einzelnen zwar verhängnisvoll ist, auf das Ganze jedoch keinen Einfluß hat. Bei Aids, einer entgrenzten, ungreifbaren und jahrelang unsichtbaren Krankheit, die Sperma und Blut verdirbt, ist es nicht mehr gestattet zu rufen: Möge das Individuum untergehen! Die Gattung wird überleben! Wenn ein Aids-Kranker stirbt, bröckelt ein Stück der Menschheit, denn nichts läßt vermuten, daß die Zeit gegen das Virus arbeitet oder daß klassische Einsperrungsverfahren es eingrenzen.

Die Gattung sieht sich erneut außerstande, sich durch sich selbst zu schützen; die Individuen werden wider Willen zu Hütern der menschlichen Gattung. Früher glaubten sie, sich in ihr zu retten, wenn sie sich opferten. Heute müssen sie sie retten, indem sie sich selbst retten. Die Immunschwäche ist eindeutig eine Krankheit der Gattung. Die Menschheit insgesamt verliert ihre Privilegien körperlicher und moralischer Unverweslichkeit. Sie muß für schädlich erklärt werden, da sie anerkanntermaßen zur Todesstrafe tauglich ist.

Aids durchkreuzt das persönliche Leben und das Schicksal aller, das nahe wie das ferne. Es stiftet eine Unsicherheit, bei der die altehrwürdigen Gewißheiten ins Schwanken geraten. Niemals verspricht es: du stirbst, du tötest. Mach dir keine Sorgen! Der Phönix Menschheit wird unweigerlich aus der Asche steigen. Derlei Beschwörungen klingen plötzlich wie aus einer anderen Zeit, gut für das Museum der transzendentalen Illusionen. Fortan ist die Erde nur noch von Eintagsfliegen bevölkert, im großen wie im kleinen. Der Himmel ist uns auf den Kopf gefallen. Weder die wohlregulierte Bewegung des gestirnten Himmels, der die Unordnung umwölbt, noch irgendein Sinn der Geschichte, der die zufällige Aktualität bezwingt, noch das ewig Weibliche zieht eine Anhäufung halbdenker Wesen mehr nach oben oder in die Zukunft. Diese Wesen finden nur noch in der Frage nach ihrem gemeinsamen Verschwinden zu einer Einheit. Es bleibt ihnen nur noch zu entdecken, daß dieses ehrwürdige und welthistorische Firmament lediglich ein falscher Plafond war. Verschiedene denkwürdige Erschütterungen deuteten auf seinen Einsturz hin.

Wußte man nicht, nach Verdun, daß auch siegreiche Kriege sich als weniger hygienisch und regenerierend herausstellen, als die enthusiastische Hast der Völker es sich eingebildet hatte? Der Erste Weltkrieg rief den überheblichen Europäern ihre Sterblichkeit in Erinnerung. Der Zweite erteilte die Lektion dem ganzen Planeten. »Doch jetzt sind wir ins Jahr Tausend zurückgekehrt, jeden Morgen werden wir am Vorabend des Endes der Zeiten stehen; am Vorabend des Tages, wo unser Anstand, unser Mut, unser guter Wille für niemand mehr Sinn haben, wo sie gemeinsam mit der Bosheit, dem bösen Willen, der Angst in radikaler Ununterscheidbarkeit versinken werden. Nach dem Tode Gottes verkündet man jetzt den Tod des Menschen«, schrieb Jean-Paul Sartre im Oktober 1945. Er fuhr fort: »Es gibt keine menschliche Spezies mehr. Die Gemeinschaft, die sich zur Hüterin der Atombombe gemacht hat, steht über dem Naturreich, denn sie ist für ihr Leben und für ihren Tod verantwortlich: jeden Tag, jede Minute muß sie bereit sein zu leben.«

Die Aids-Offenbarung wiederholt den Blitz von Hiroshima, der die Wahrheit der vorherigen Massengräber kristallisiert. Die Geschichte tischt immer dieselben Gerichte auf, ein »Jahr Tausend« folgt dem anderen. Jede Generation übertrifft die Desillusionierung der vorhergehenden, wenn ein weiterer Dekor des antiken Firmaments zusammenkracht. Aus war es mit den frischen und fröhlichen Kriegen! Verabschiedet waren die letzten allmächtigen und wahren revolutionären Gefechte! Blieb die Liebe-stärker-als-der-Tod als Verheißung der Ewigkeit, die in Platons geheimnisvollem *Symposion* oder in der Metaphysik von Aristoteles ebenso unentgeltlich geboten wurde wie im billigsten Unterhaltungsroman. Der Zusammenbruch der rettenden Liebe zerpflückt unsere Phantasien und leert den Äther.

Die Entfesselung von Aids verdichtet alle vorhergegangenen apokalyptischen Ankündigungen. Als erstes stellt es die umfassendste Frage, die – o Verdun, o Hiroshima! – die physische Entvölkerung der Welt vorausahnen läßt. Aber, geben wir es zu, die Beschwörung eines allgemeinen Verlöschens der Lichter hat die Gedanken nicht sonderlich aufgewühlt. Die Fortdauer der menschlichen Gattung ist nicht mehr gesichert, aber wie zuvor ermächtigt man sich, in ihrem Namen zu sprechen. Man versteift sich: auch wenn der Mensch verschwindet, sein Wesen bleibt bestehen. Keine Politik ohne eine »Idee vom Menschen«, doziert Valéry. Und Sartre, der den Tod des Menschen aufdeckt, läßt es sich nicht nehmen, gleich darauf dessen heroische und rundum erbauliche Gestalten vorzustellen, die geeignet sind, die Metallarbeiter der Metropole und die Bauern der Dritten Welt mit Hoffnung zu erfüllen. Aids unterminiert heimtückischer als die atomare Gefahr. Es zerfrißt das soziale Band von innen.

Seine Übertragungsweise stellt sowohl die intimen Gefühle als auch die Kommunikation untereinander, die Achtbarkeit der Institutionen, das Ansehen der Wissenschaft, die berufliche und private Ehre jedes einzelnen radikal in Frage. Aids zersplittert wie ein Bürgerkrieg, entmutigt das spontane Vertrauen und entzaubert den impliziten Gesellschaftsvertrag, der die Bürger verbindet. Es vergiftet den Menschen in der Idee, die er sich von sich machte, und zerstört sein Wesen. Zu welchem Heiligen beten? Auf welches Medium setzen? Gewiß, man muß reden, das Schweigen ist tödlich, aber selbst die glühendste Liebeserklärung kann sich *hic et nunc* als verhängnisvoll erweisen. Gewiß, ich fühle mein Herz, wie Rousseau, aber das Begehren hat seinen makellosen Elan eingebüßt: mit oder ohne Begriff kann es den Tod bringen. Gewiß, die Arbeit und die Wissenschaft produzieren Strategien und partielle Heilmittel, aber sie irren und zerstören auch.

Das Europa von einst wurde von drei Fackeln erleuchtet. Es hielt sie – abwechselnd oder zusammen – für unfehlbar: das Leben (»gutes Blut lügt nicht«), die Sprache (die mütterliche, die unzerstörbare Wahrheiten überliefert), die Arbeit (die fortschreitet und mehr aufbaut, als sie zerstört). Michel Foucault nennt diese drei epistemologischen Sockel der modernen Vernunft »transzendental«. Es gab die vorgriechische »Welt des Lebens«, die antike Welt des Logos, die moderne Welt der Selbstproduktion des Menschen durch den Menschen.

Im Schatten von Auschwitz und der Kolyma hatten, aus den Gefilden des Nichtverstehens, einige böse Geister nach der Berechtigung der Fetischwerte der Moderne gefragt. Aber man mußte auf die letzte Geißel warten, damit der Mensch sich im Bett, bei Tisch, im Büro, im Gymnasium plötzlich fragt, ob er weiß, so stolz und fest, wie man glaubt, was sprechen heißt:

> Ich grabe, du gräbst, und es gräbt auch der Wurm,
> Und das Singende dort sagt: Sie graben.
> O einer, o keiner, o niemand, o du:
> Wohin gings, da's nirgendhin ging?
> O du gräbst und ich grab, und ich grab mich dir zu,
> und am Finger erwacht uns der Ring.
>
> (Paul Celan, *Die Niemandrose*)

1. Aids stellt eine sehr philosophische Frage, die jedes Erscheinen an seiner letzten Möglichkeit des Verschwindens mißt. 2. Es fragt jedes Erscheinen in bezug auf seine Erscheinungsform und befragt den Wahrheitswillen im Hinblick auf seine plausiblen Falschheiten. 3. Es entwickelt die allerintimste Befragung, insofern als seit Sokrates die Wurzel der menschlichen Irrtümer im Menschen selbst zu suchen ist. Umfassende und verwirrende, da sogar in ihrem Aufschub verheerende extreme Sorgen; die Garantien verflüchtigen sich. Das Erscheinen im Hinblick auf seine Erscheinungsform und sein Verschwinden zu denken, läuft darauf hinaus, die Möglichkeit des Nichts zum Maß dessen zu erheben, was ist. Der Mensch ist jenes Wesen, das eine Fähigkeit zu vernichten in sich beobachtet. Erkenne dich selbst, empfiehlt Sokrates. Forsche nach dem »Typhon« in dir, entdecke deine Fähigkeit, unterzugehen und sterben zu lassen (Platon). Hier kommt die neue Verantwortung desjenigen zum Vorschein, der die Frage nach der Pest stellt und sich mit der Möglichkeit des Nichts konfrontiert.

Bedingungslose Rückkehr zum Pouliquen-Prinzip: jeder ist verantwortlich für ... und vor ... Er muß einstehen für das, was er liebt und was er auserwählt hat; und vor den Gefahren, die seine Lieben bedrohen und die manchmal gemeinsam getragen werden können. Also allein verantwortlich für … und kollektiv gegen … Eine Gemeinschaft vereinigt sich nicht mehr dadurch, daß sie dem Leben aller einen einzigen Sinn aufdrängt, sondern in und durch ihre Weigerung, sich dem Tod zu überlassen. Schützen heißt, das Erscheinen retten, ohne sich an eine ausschließliche Erscheinungsweise zu ketten. Eine solche Verantwortung kann sich nur doppelt negativ einsetzen, will sie nicht die ganze Erde schulmeistern, statt zu handeln. Wenn es ratsam ist, auf die vorletzte und universal anerkannte Wertetabelle zu warten, hat die Pest im voraus gewonnen. Die umfassendste. Die wesentlichste. Die intimste. Die verantwortungsvollste aller Fragen erweist sich als die beunruhigendste. Wie die Kriege addiert sie die Ängste. Kein Refugium entgeht der Gefahr. Wie die schlimmsten Bürgerplagen akkumuliert sie die Furcht vor einem unwiderruflichen und unwiederbringlichen Bankrott aller menschlichen Beziehungen. Doch Aids erschreckt unmittelbarer als die äußeren Kriege, so total sie auch wüten. Innerlicher als alle noch so totalitären Risse.

Die Pest von heute, die schleichende, diffuse, kalte Pest, läßt sich weder auf einen – geographischen oder sozialen – Ort noch auf eine katastrophale Dauer festnageln. Man muß ihr den Raum und die Zeit in ihrer Gesamtheit streitig machen, jedoch Punkt für Punkt und Fall für Fall. Unmöglich, Atem zu holen, indem man zu den alten Teilungen zurückkehrt – hier die gesunde und regenerierte Gemeinschaft, dort der Sündenbock, der isolierte Unheilbringer. Jeder einzelne sieht sich für ein Ganzes verantwortlich, das nicht mehr unverweslich ist. Unnötig, die Hoffnung (Diderots und Goethes) oder die Verzweiflung (de Sades) zu nähren, daß sich »dort oben« eine Zukunft der Gattung unseren Handlungen entzieht. Ich, du, wir entscheiden, heute, für morgen und alle kommenden Jahrhunderte. Das sanfte Ruhekissen ist verboten.

Warum etwas statt nichts? Diese höchste und höchst theologische Frage wurde von Leibniz formuliert. Die Antwort war Gott.

Unterschiedlich verstanden oder vielfältig gedoubelt durch irgendeinen materialistischen Ersatz. Aids macht denjenigen, der zu hören versteht, wissender und unwissender. Er weiß weniger: er weiß nicht, ob die theophilosophische Frage noch einen Sinn hat. Warum sollte es morgen Sein geben und nicht Nichts? Warum Schein und nicht eine mondlose Nacht? Aber er weiß auch mehr. Er gesteht sich ein, daß eher nichts existieren kann als etwas Erscheinendes, und daß dieses Nichts nicht über sein Fassungsvermögen geht. Er fühlt, daß die drohende Vorherrschaft des Nichts über die Beständigkeit des Seins in seinen Handlungen beschlossen ist. Die Zerstörung rinnt in seinen Adern. Sie ist Fleisch von seinem Fleisch. Sie pocht im Herzschlag der Brust, die er abhorcht und liebkost.

*

Grausame Enthüllungen machen systematisch die aufgeklärten Gewißheiten des alten Europäers zunichte. Die unendliche Ausdehnung und die radikale Intensität des Zerstörungspotentials sind kein Geheimnis mehr. Internationale Schlächtereien sind am Firmament heraufgezogen. Revolutionen und Konterrevolutionen haben die Familienstrukturen und die Produktionsweisen entwurzelt. Sie haben bewiesen, wie leicht die Grundlagen der gesellschaftlichen Kommunikation zerfallen können. Frisch und fröhlich hatte sich das Jahrhundert, à la Bonaparte, in die Konflikte zwischen Klassen, Nationen, Rassen, wissenschaftlichen, religiösen und ideologischen Bekenntnissen gestürzt. Die radikalen Maximen von Nietzsche, Sorel oder Marx waren in aller Munde. Alles oder Nichts. Man führte »einen ununterbrochenen, bald versteckten, bald offenen Kampf, einen Kampf, der jedesmal mit einer revolutionären Umgestaltung der ganzen Gesellschaft endete oder mit dem gemeinsamen Untergang der kämpfenden Klasse« (Marx). Versteckte und prophetische Spannungen, mehr oder weniger dauerhafte Friedensschlüsse, Waffenruhen, Bündnisse standen in einer Perspektive, die stets die Möglichkeit offen ließ, im Hinblick auf einen entscheidenden Sieg alles aufs Spiel zu setzen. Wenn der Aufstieg stattfand, war man sicher, am Ende einen Gewinner krönen zu können. Ob der Krieg gesellschaftlich oder international war, er blieb die Matrix jeder Entscheidung.

Die Hypothese eines »gemeinsamen Untergangs« der Gegner öffnet lediglich ein falsches rhetorisches Fenster. Kein Generalstab hat ihn ernsthaft ins Auge gefaßt. Auch Marx nicht. Es bedurfte der großen Depression von 1930. Sie verursachte anstekkende Diktaturen und lehrte die Demokratien, daß die Zuspitzung sozialer Konflikte ohne Sieger enden kann. Es bedurfte der Atombombe. Sie brachte den Militärs bei, daß der frontale und globale Zusammenstoß, bedingungslos und uneingeschränkt geschürt, sie alle als Besiegte zurücklassen würde.

Der Krieg, der seit jeher die Waffen der Vernunft zum Schweigen brachte, annullierte hinfort die Vernunft der Waffen. Er war nicht mehr imstande, das Gesetz eines Stärkeren durchzusetzen. Wenn das Spiel seinen traditionellen Einsatz verliert, wenn allein die Niederlage total ist, der Sieg jedoch niemals, wenn der Nullpunkt einer gegenseitigen Vernichtung die Spieler einander gleichmacht, mehr als ein partielles und vorläufiges Kräfteverhältnis sie begünstigt, wenn nichts mehr kurzfristig entschieden wird und »wir langfristig alle tot sein werden« (Keynes), dann haben Ökonomie und Strategie das Paradigma gewechselt.

Keinem Lager, keinem Partner gelingt es mehr, jemanden davon zu überzeugen, daß er recht hat, daß er mächtig ist. Die Aussicht auf eine endgültige Abrechnung, bei der der eine verliert und der andere gewinnt, schwindet. Es bleibt allein die abschrekkende Möglichkeit eines allen Akteuren gemeinsamen letzten Absturzes. Man muß einen Streik beenden können. Man muß sich bewaffnen, um sich seiner Waffen nicht zu bedienen. Die großen Krisen des Jahrhunderts, seien sie ökonomischer, sozialer, internationaler oder geistiger Art, hatten Aids vorweggenommen, indem sie die angeblich unwandelbare Immunität der menschlichen Gattung aufhoben.

Wenn man die polemischen Beziehungen, bei denen jeder

imstande ist, einen allgemeinen Tod herbeizuführen, ohne den Schlüssel zu einem klaren, endgültigen und einseitigen Sieg in der Hand zu haben, abschreckend nennt, so muß man daraus schließen, daß die Aids-Gefahr den Übergang von der Überredung zur Abschreckung, der die Produktionsweise der Reichtümer und das Verhältnis der Mächte bereits irreversibel verändert hat, verallgemeinert und beschleunigt.

Infolge der nuklearen Abschreckung ist »die Stunde der Wahrheit nicht mehr der Krieg, sondern die Krise« (R. Aron). Ebenso wirft Aids die intimsten manichäischen Zweiteilungen über den Haufen. Als seit nun fast dreißig Jahren verehrtes und unangefochtenes Ziel wirkt eine vor Krisen gefeite Gesundheit heute ebenso veraltet wie der Mythos vom Goldenen Zeitalter. In dem Augenblick, wo man sich für gesund und stark hält, zur Stunde, da der Krieg *urbi et orbi* »geächtet« worden ist, wo die Wissenschaft im Ruf steht, die Gesellschaft pasteurisiert zu haben, genau in diesem Moment kommen die ignorierten Infektionen, die alle Rahmen sprengenden Konflikte zum Ausbruch. Nur dadurch, daß man sich ohne Geheimnistuerei die gemeinsame Verwundbarkeit bewußt macht, wird man geneigt, zu einigen abschreckenden Vorsichtsmaßnahmen zu greifen.

Zur großen Verblüffung der Naiven hat das Ende des kalten Krieges die Abschreckungsverhältnisse nicht etwa abgeschafft, sondern ihre Ausweitung verallgemeinert und, schlimmer noch, demokratisiert. Die augenscheinlich von einigen Supermächten konfiszierte Fähigkeit, der Welt ein Ende zu setzen, wird nach und nach Gemeingut. Erreichbar für Staaten zweiter oder dritter Ordnung, bis sie bald auch winzigen Gruppen ohne Staat zur Verfügung steht. Begünstigt durch die Verbreitung, Vermehrung und Miniaturisierung der Massenvernichtungswaffen, drückt der wissenschaftliche und technologische Vormarsch die Preise und liefert jedem Hergelaufenen die Waffensammlungen des terroristischen ABC (atomar, bakteriologisch, chemisch, im Sortiment oder en Gros je nach Zweckmäßigkeit). Als unvermeidliche Folge der weltweiten Vermehrung des Sprengstoffs werden die abschreckenden, ursprünglich bipolaren Beziehungen multipolar und unstabil. Damit sorgen sie für eine zusätzliche Ähnlichkeit mit der durch das Auftreten von Aids verursachten Umorientierung der intimen Beziehungen.

Die Rivalität zwischen den Supermächten verhinderte das Äußerste, weil jeder feindliche Bruder den Pfeil des Parthers in seinem Köcher zurückhielt. Ein »Zweitschlag« ermöglichte ihm eine Rache *post mortem*. Auch wenn er sich, überraschend, von der Landkarte getilgt sähe, würde sein Strafarsenal, der allgemeinen Vernichtung entgangen (Silos, U-Boote), es dem anmaßenden Aggressor heimzahlen. Null zu Null. Da jeder auf das wohlverstandene Interesse des anderen baute, konnte er sich für die Vorsicht entscheiden; keiner sicherte sich den Sieg, wenn er als erster schoß. Aber auch wenn sich die Werkzeuge des Massenmords (»Erstschlag«) rasch verbreiten, so sind doch zur Zeit die technischen Mittel zu einer Replik vorerst noch ein Privileg der Großen. Daher die wachsende Ideologisierung der abschreckenden Herausforderungen.

Die Kleinen, denen diese materielle Fähigkeit zum »Zweitschlag« fehlt, erfinden sich eine himmlische. Wenn ich New York nuklear verseuche, wird Kuba zwar dahinschmelzen, aber die Völker Lateinamerikas werden sich erheben, und der Sozialismus wird siegen, schrieb der Diktator Fidel Castro an die Moskauer Führung: er forderte die freie Verfügung über die Raketen, die für kurze Zeit auf seiner Insel stationiert waren (1961). Wer sich auf ein höchstes Wesen, auf eine unbesiegbare Theorie, auf eine mutmaßlich unzerstörbare ethnische oder gesellschaftliche Gemeinschaft beruft, der kann sich das Götzenbild eines »Zweitschlags« zulegen und sich dort oben für unsterblich erklären, auch wenn es hienieden nicht danach aussieht.

Wer glaubt – und überdies glauben macht, daß er glaubt –, er sei ewig, wird zu einer Trumpfkarte im Abschreckungsspiel. Doch gleichzeitig zerstört sie ihn. Der Kleine, der sich in Unverwundbarkeit hüllt, versichert, daß er nichts mehr zu fürchten hat und ihm folglich die Drohung der anderen nichts anhaben kann.

Er entgeht gewissermaßen der Abschreckung »von oben« und schwebt unkontrollierbar über den Dingen. Damit er zur irdischen Gegenseitigkeit des Schreckens zurückkehrt, muß man ihn zwingen, seinem Glauben abzuschwören. Die auf die großen Atommächte beschränkte Abschreckung von gestern fand ihren Höhepunkt im Vergleich materiell definierbarer Arsenale. Die verallgemeinerte Abschreckung von heute verbindet moralische Dringlichkeiten und prosaische Verfahren. Um die Stärke abzuschrecken, muß man sie desillusionieren und die Gesellschaft ernüchtern, um die menschlichen Bomben zu entschärfen.

*

Aids treibt die Herausforderungen einer verallgemeinerten Abschreckung auf ihre anstößige Spitze. Wie soll man zusammenleben, wenn jeder für sich, wie für die anderen, ein Miniatur-Tschernobyl ist?

Seit dem Neolithikum hat keine menschliche Gemeinschaft je die Möglichkeit von Kriegen ausgeschlossen. Auch nicht, im Innern, die Gefahr diverser Bartholomäusnächte gebannt. In jedem Individuum zuckt seit jeher die Angst vor einer ausweglosen Krankheit. Die zeitgenössischen Gesellschaften haben diese uneinholbare Geschichte letztlich nur bestätigt. Sie verkörperten sie in der absoluten Waffe (ABC), der absoluten Guillotine (deren erstes Beispiel das Vernichtungslager ist) und der absoluten Krankheit. Heute heißt sie Immunschwäche. Das Epitheton »absolut« bezeichnet in allen drei Fällen einen möglichen Aufstieg zur extremsten Gewalt, deren schiere Möglichkeit die Gattung einem brüchigen und ephemeren Schicksal unterwirft.

Die Lehre, die aus den *Welt*kriegen, den »totalen« Revolutionen und alle Mauern durchdringenden Seuchen gezogen wurden, ist die Lehre einer unwiderruflichen Verantwortung des Individuums. »Angesichts der immer komplexer werdenden Bedingungen der Moderne ist Selbstbeschränkung der einzige Weg zur Erhaltung aller.« (A. Solschenizyn) Dieser Satz sollte alle politischen

Manifeste einleiten, jedes strategische Abkommen beschließen und in fetten Buchstaben auf den Kondomautomaten stehen. Bleibt noch zu untersuchen, ob die Selbstbeschränkung der Selbstzerstörung – letzte Zuflucht oder letzte Hilfe – möglich ist und welche geistigen Veränderungen sie erfordert.

VI. DIE KRANKHEIT DER GESUNDHEIT

Was immer Aristoteles sagen mag und die ganze Philosophie – nichts kommt dem Tabak gleich; er ist die Passion der Leute von Stand, und wer ohne Tabak lebt, lebt unverdient: Nicht nur erfreut und spült er das menschliche Hirn, er lehrt die Seele Tugend, und man lernt von ihm den Anstand. Sehen Sie nicht, wie man mit aller Welt umgeht auf die gefälligste Weise, entzückt, ihn anzubieten links und rechts, wenn man schnupft? Man wartet nicht, bis jemand darum bittet, man kommt dem Wunsch der Leute zuvor.«

Molière, *Don Juan*
(übers. v. Benno Besson und Heiner Müller)

Innerhalb von zehn Jahren errang Frankreich den Weltrekord in öffentlichen und institutionellen Skandalen sowie den Europarekord in der Sparte der Infizierungen. Ausländische Kommentatoren, von einem vorgeblichen kulturellen Sonderfall geblendet, machen die chauvinistische Abschottung eines in seine Atavismen verstrickten Landes dafür verantwortlich. Ich behaupte das Gegenteil. Mir scheint, daß Frankreich nicht hinterherhinkt, sondern leider vorauseilt. Wie eine Kristallkugel sollte es von Geistern befragt werden, denen daran gelegen ist, die Gefahren vorauszusehen, die die Zukunft der aufgeklärten und fortschrittlichen Gesellschaften untergraben. Schon macht die Enthüllung scheinbar nationaler Unterschlagungen Schule. In Deutschland wächst die Zahl der Bluter, die infolge sträflicher Fahrlässigkeiten gestorben sind; private Labors sind wegen mörderischer Improvisationen und die Aufsichtsbehörden wegen zu großer Nachsicht angeklagt.

Auf der einen Seite des Rheins herrscht der Staatszentralismus; auf der anderen die Privatinitiative und die Zersplitterung der Verantwortlichen. Die Schlampereien spiegelten einander wider, während sich nun auch Spanien, Italien bis hin zum Schweizer oder amerikanischen Roten Kreuz (Seattle) besudeln. Die Geschlossenheit des französischen Gesundheitsapparats wirkte als Vergrößerungsglas. Sie ist nicht schuld an dem Phänomen, nur an seiner Sichtbarkeit. Ob schleichend oder offen eingestanden, die Verwirrung der Institutionen scheint eher universal denn spezifisch pariserisch oder gallisch zu sein.

Man begreift, daß sich die Zeugen von einer exotisch hexagonalen Inszenierung faszinieren lassen. Die zwiespältige Huldigung bekräftigend, die Marx ihm zollte, gelang es Frankreich, diesem »klassischen« Land der Politik, in kürzester Zeit, das Miasma zu ideologisieren. Die extreme Rechte, die Zeitung *Minute* und der Parteiführer Le Pen unternahmen es, die Bevölkerung in Panik zu versetzen. 1. Indem sie die Gefahr durch apokalyptische Extrapolationen übertrieben – »erster Tag des 3. Jahrtausends: es gibt keine Franzosen mehr«. 2. Indem sie von einer ubiquitären Ausbreitung faseln, die die Geißel in ein nicht beherrschbares Schicksal verwandelt, da sie durch den Speichel, den Schweiß, den Atem und die Tränen in alle vier Winde übertragen wird. 3. Indem sie drakonische Maßnahmen empfehlen: lückenlose Erfassung, Stigmatisierung, »Sidatorien« (Aids-Anstalten) genannte Konzentrationslager.

Mit derartigen Maßnahmen hätte der Staat die alten »Anti-Pest«-Rezepte reaktiviert, obwohl die Historiker ihre angebliche Effizienz – von Ausnahmen abgesehen – ernsthaft in Abrede stellen oder relativieren. Vor allem aber hieße das, wie informierte Leute anmerken, die besondere Form der Ausbreitung des HIV leugnen, die langsam, individuell und unsichtbar vonstatten geht, was die Behörden zwingt, die Überwachung mit der Gesamtheit der Bürger auszuhandeln (die alle Gefahr laufen, das Virus zu übertragen oder einzufangen). Die Mißerfolge eines Jahrhunderts, Drogen und venerische Krankheiten (vor dem Penizillin) zu kontrollieren, lassen vermuten, daß bloße polizeiliche Maßnahmen, so brutal man sie sich vorstellen mag, kontraproduktiv sind.

In einer modernen Gesellschaft, die zu vielfältigen Illegalitäten neigt, erzeugt ein Übermaß an Verboten Antikörper, unterirdische Netze und unkontrollierbare Märkte. Mehr noch als die Verletzung der Menschenrechte verhinderte die praktische Dummheit dieser Vorschläge die Verbreitung der extremistischen Thesen, denen das Verdienst zukam, die totalitäre Verleugnung von Aids in allen Einzelheiten ins Licht gerückt zu haben. Wer die neue Gefahr auf das als bekannt vorausgesetzte Pest-Modell reduziert, der verhüllt sich das Gesicht unter dem Vorwand, die Stirn zu bieten.

Die schamlose Ausbeutung des öffentlichen Unglücks durch den politischen Extremismus lähmte die Elite. Die allgemeine Losung, einschließlich die der Journalisten, lautete »Entdramatisierung und Kampf gegen Phantasmen«, merkt Michael Pollak an, der stets sehr hellsichtig und unmittelbar interessiert war, da er sich von der Krankheit, an der er später starb, getroffen wußte. Ironisch fügte er hinzu: »Doch dieser mit dem erklärten Ziel der Verhinderung einer zu erwartenden Panik an die Öffentlichkeit getragene Diskurs steht in krassem Gegensatz zu der (zumindest bis 1987 durch Meinungsumfragen bezeugten) nahezu totalen Gleichgültigkeit der Bevölkerung...«

Diese Wahrheit aus dem Jahre 1987 wird 1993 in Deutschland bekräftigt, wo der Gesundheitsminister auf die Vorboten eines Blutplasmaskandals hinwies, was ihm von allen Seiten den Vorwurf eintrug, er sei das Risiko eingegangen, die gesamte Gesellschaft zu terrorisieren. Er wurde offen beschimpft, da er den Test für jeden empfahl; ein so verwirrendes Ansinnen müsse einen allgemeinen Aufruhr auslösen (der im übrigen nicht stattfand).

Die Vorwegnahme einer kollektiven Panik und die Furcht vor politischem Mißbrauch sorgen für eine stille Blockierung. Alles sieht so aus, als stellten sich die demokratischen Behörden – da sie ihre Untergebenen nicht vor der Krankheit bewahren können – die vordringliche Aufgabe, sie vor der Angst zu schützen, die sie hervorruft. Gesundheitlich im Notstand, machen sie sich moralisch nützlich und in ihren Augen unentbehrlich. Heißt das nicht, daß man sich allzu schnell mit einer praktischen Ohnmacht abfindet, die nicht so total ist, wie man behauptet? Und vermehrt man, unter dem Vorwand, sich der apokalyptischen und totalitären Verleugnung zu widersetzen, damit nicht die rettenden, abschwächenden und »entdramatisierenden«, ebenfalls trügerischen Negierungen?

Die Angst vor der Angst vor Aids nährt die Zweideutigkeit: »Zu sagen, man solle nicht den Kopf verlieren, heißt zugeben, daß es Gründe geben kann, den Kopf zu verlieren.« (Herzlich und Pierret) Die katastrophalen Leistungen Frankreichs hinsichtlich der Prävention wurden durch eine Informationskampagne begünstigt, die die Dinge herunterspielte, denn sie »vermeidet nicht nur die Mobilisierung von Ängsten, sondern zugleich die Verwendung von Bildern, die direkt auf die riskantesten Praktiken und primär gefährdeten Gruppen hinweisen«. Der offizielle Bericht von Professor Montagnier, der am 1. Dezember 1993 nach einer sechsmonatigen Umfrage übergeben wurde, bestätigt das Gefühl des klugen Beobachters von 1987: Die Botschaft und die gezeigten Bilder »sind nicht dazu angetan, die Bedrohlichkeit der Epidemie wirklich bewußt zu machen« (M. Pollak).

Die totalitäre Verleugnung fetischisiert die Unterdrückung der Pestilenzen. Die demokratische Verleugnung bezieht sich auf den Krebs. In beiden Fällen leistet die mißbräuchliche Identifizierung unzulässigen Vereinfachungen Vorschub: im Unterschied zur Pest, die »ausbricht«, arbeitet das HI-Virus im geheimen; im Unterschied zum Krebs, »einer endogenen Erkrankung mit innerer Ätiologie« (E. de Fontenay), wütet die Infektion von Anfang an. Indem man darüber hinweggeht, sieht man veraltete Lösungen für unvorhergesehene Ängste vor, deren Neuheit man geflissentlich nicht erläutert.

Das Verfahren, das die Gefahr überschätzt – die Pest gewährt keinen Aufschub – und das andere, das sie unterschätzt – der Krebs bedroht nicht das Leben anderer –, sind die beiden konkurrierenden, jedoch konvergierenden Verfahren, denen es gelingt, die individuellen Verantwortlichkeiten im Kampf gegen die Aids-Ansteckung auf die leichte Schulter zu nehmen.

Das passiert nur den anderen, also passiert mir das nur durch die anderen, suggeriert die extremistische Strategie der Ausgrenzung der »Pestkranken«; dieses mehr oder weniger eingestandene Phantasma ist nicht nur das Privileg einer auf Frankreich zentrierten Ultrarechten, sie entsteht in allen dualen Situationen, wo die gesellschaftlichen Verhältnisse als Kampf mit gezogenem Messer erlebt werden, als ein »Alles oder Nichts«. Die Diktaturen der extremen Linken neigen dazu, den Träumen der extremen Rechten Gestalt zu geben. Castro hat die Aids-Opfer tatsächlich eingesperrt, während Mengistu, lange Zeit marxistisch-leninistischer Staatschef von Addis-Abeba, im Ruf stand, die angeblich kranken Prostituierten von seinen Anhängern aufgreifen zu lassen.

Bevor die prophylaktische Apartheid diese erschreckenden Höhepunkte erreicht, errichtet sie geistige Palisaden, als ließe sich das Übel, kraft seiner magischen Projektion auf den anderen, auf Distanz halten. Die Überzeugung, daß die Krankheit rein kapitalistisch sei, ermöglichte ihre verheerende Ausbreitung in den sozialistischen, also immunisierten Kinderkrippen im Rumänien Ceausescus. Jede duale Gesellschaft besteht hartnäckig darauf, ihre Bruchstellen in merkwürdig schützende Abgründe zu verwandeln. Zu einer Pathologie der Randgruppen, der Armen, der Asozialen, der Ausländer erklärt, beunruhigt die Epidemie die ansonsten alphabetisierten und informierten Notabeln erst mit nicht mehr einzuholender Verspätung. So wächst in Thailand die Zahl infizierter Prostituiertenkinder von 3 Prozent im Jahre 1989 auf 35 Prozent im Jahre 1993.

Phantasma gegen Phantasma: Die Mittellosen und Unterdrückten der westlichen Metropolen (Ghettos in den USA) und mehr noch auf den benachteiligten Kontinenten (Afrika) halten sich für die Opfer eines Komplotts: der weiße »Imperialismus« soll ihren Genozid aushecken. Das allgemeine Schema: zwischen uns läuft alles gut, zwischen »ihnen« und uns droht unversöhnlicher Mord. Weit davon entfernt, schierer Unkenntnis oder bloßer Desinformiertheit zu entspringen, erweist sich ein solch manichäischer Extremismus als weit verbreitet. Der politische Wahn blockiert die Besorgnis, die eine schwer zu kontrollierende und unmöglich zu heilende Infektionskrankheit weckt.

Die beschönigende Verleugnung, »nur nicht übertreiben«, entfaltet einen parallelen geistigen Schutzschirm, diesmal für den Gebrauch der weniger dualen, toleranteren, auf Konsum beruhenden demokratischen Gesellschaften. Im Unterschied zu den totalitären Verleugnungen proklamiert die Entdramatisierung, daß man die Kranken sowie die Menschenrechte achten müsse. Doch sie vertieft auf ähnliche Weise, höchst diskret und widersprüchlich, den Graben zwischen der Sorge um sich und der Sorge um den anderen, zwischen gesund und krank. Das wilde Universum, in dem der Andere die Pest ist, weicht dem naiven Raum, in dem der »Krebs« sich ruhig verhält und nicht zirkuliert. Wer ihn behandelt, kann ihn nicht übertragen. Wer ihn bekommen hat, gibt ihn nicht weiter. Als ob es genügte, daß Arzt, Kranker und Durchschnittsbürger sich die Ansteckung aus dem Kopf schlagen, damit sie ihre Handlungen nicht durchkreuzt. Sprechen wir wenig davon, schließen wir die Augen – das ist das beste Heilmittel.

Egoismus der Ärzteschaft, die es nicht erträgt, daß die Integrität ihrer Mitglieder – oder die Unerschütterlichkeit ihrer geistigen Gewohnheiten – in Frage gestellt wird. Egoismus des Kranken, der jeden Verdacht auf möglicherweise unmenschliche Maßnahmen, die er einem furchtbaren Schicksal entgegensetzen könnte, als Verfolgung anprangert. Egoismus der zufriedenen Gesundheiten, die jeder Anspielung auf die Unsicherheit ihrer prekären Ruhe geflissentlich aus dem Weg gehen.

Die friedliche Harmonie der Egozentrismen setzt uns in die beste aller demokratischen und entdramatisierten Welten ein, indem sie *a priori* die potentielle Verantwortung jedes einzelnen bei der Ausbreitung des Übels ausschließt. Die Losung »nicht den Kopf verlieren«, die eine künftige und hypothetische Gefahr zum Vorwand nimmt, hat ihre unmittelbare Wirkung darin, daß sie verschiedene gutgesinnte Konservatismen vereint. Unter dem Deckmantel, dem totalitären Willen, der alle Polizeien auf den »anderen« hetzt, Kontra zu geben, wird die äußerste defätistische Konsequenz daraus gezogen: wenn du deine Überwachung vermeiden willst, verzichte auf jede Kontrolle.

Hinter der Opposition der Politik tritt die Ubiquität eines Willens zutage, nicht zu sehen, was in verschiedener Hinsicht die Gesamtheit der politischen und medizinischen Institutionen sowie die einfachen Bürger lähmt. Die Sorglosigkeit bei der Sammlung, die Fahrlässigkeit bei der Verteilung von Blut, die Trägheit, die elementare Vorsichtsmaßnahmen verzögert (Präservative, Austausch von Spritzen) – das alles sind Hinweise auf den irrsinnigen Wunsch, eine real verlorene Immunität ideal zu bewahren. Die phantasmatischen Metaphern einer unheilvollen, aber äußerlichen und sichtbaren Pest oder eines Krebses, der sich wie ein nicht übertragbarer Privatbesitz isolieren läßt, stärken das Bild eines Selbst, das über seine Gesundheit ebenso Herr ist wie über seine Krankheiten. Trotz ihrer Gegensätzlichkeit arbeiten totalitäre und reduktionistische Verleugnungen beim großen Werk der geistigen Abriegelung Hand in Hand. Wie die anderen haben es die Extremisten, die lauthals die Apokalypse mittels Schweißabsonderung beschwören, zugelassen, daß die Skandale um verseuchtes Blut gedeihen.

Ein praktischer Quietismus triumphiert hinter der geschwätzigen Aufregung. Das Gespenst eines noch nie dagewesenen Desasters löst ein Fluchtverhalten aus. Ob gewaltsam oder hinterhältig, die vielfältigen Banalisierungsarbeiten haben die Aids-Enthüllung neutralisiert, die dazu angetan wäre, die Gesamtheit der Beziehungen ins Wanken zu bringen, die ein Individuum mit sich selbst, mit den anderen und mit der Zukunft eingeht. Das Objekt der Verleugnung ist die Krankheit als Krankheit der Gattung. Die abgelehnte Beunruhigung ist die des Menschen, der entdeckt, daß die höheren Interessen des Ganzen, dem er sein Vertrauen schenkt, ebenso fehlbar, trügerisch und vergänglich sind wie er selbst, der sich infolgedessen auf seine alleinige persönliche Verantwortung zurückgeworfen sieht.

Der gebieterische Wunsch, sich nicht in Frage zu stellen, der in allen Breiten keimt und in den Falten vieler Flaggen genährt wird, begleitet eine allgemeine, aber uneingestandene Angst. Dem braven Volk unterstellte Kopflosigkeit, der Science-fiction entlehnte paroxystische Vorhersagen – die Wandelhalle der falschen Paniken deckt eine wahre auf. Wenn wir Aids derart ungeschickt bekämpfen, muß man vermuten, daß eine zweite Absicht auch das aufrichtigste Engagement überdeterminiert. Die Mobilisierung geht mit einem Exorzismusversuch einher. Indem die Gesellschaft, wenn nicht der Krankheit, so doch dem Entsetzen, das sie hervorruft, den Weg versperrt, rechnet sie mit ihrer Vergangenheit ab. Da sie die Ausbreitung des Übels nicht verhindern kann, wappnet sie sich gegen die großen Schrecken von einst.

*

Eine so starke Besessenheit verweist auf die grundlegenden Entscheidungen, die die urbane, europäische und westliche moderne Zivilisation strukturiert haben. Nicht alles ist ein für allemal entschieden.

Im Gegensatz zu den eindimensionalen Schemata des 19. Jahrhunderts postuliert der Historiker der Mentalitäten nicht mehr die Existenz eines allgemeinen »Fortschritts«, den seine Gegner (die Verherrlicher des »Untergangs«) wie seine Lobredner (die sich selbst »aufgeklärt« nennen) als eingleisig und unwiderstehlich darstellen.

Der Historiker, der die kollektiven Ängste und die Modalitäten untersucht, die es Europa ermöglichten, ihnen entgegenzutreten oder mit ihnen umzugehen, veranschaulicht die Ähnlichkeit der Jahrhunderte durch Analogien. »Trägt unsere Epoche nicht dazu bei, die Anfänge der europäischen Moderne zu verstehen? Die Hekatomben des 20. Jahrhunderts, von 1914 bis zum Völkermord in Kambodscha (über die verschiedenen ›Holocausts‹ und die Bombenteppiche über Vietnam), die Drohung eines atomaren Konflikts, die ständig wachsende Anwendung der Folter, die Zunahme der Gulags, der Wiederanstieg der Unsicherheit, die raschen und zuweilen immer beunruhigenderen Fortschritte der Technik, die Gefahren einer zu intensiven Nutzung der natürlichen Ressourcen, bestimmte genetische Manipulationen sowie die unkontrollierte Verallgemeinerung der Informatik – lauter Faktoren, die, sich addierend, in unserer Zivilisation ein Klima der Angst erzeugen, in gewisser Hinsicht demjenigen vergleichbar, das unsere Vorfahren zwischen der Zeit der Schwarzen Pest und dem Ende der Religionskriege kannten.« (J. Delumeau) Diese Bemerkung ist um so ahnungsvoller, als sie vor dem Wüten von Aids gemacht wurde.

Das auf dem Weg der Urbanisierung befindliche Europa setzte globale und einheitliche Strategien ins Werk, um Mißgeschicken ganz unterschiedlicher Herkunft zu begegnen (Epidemien, Hundertjähriger Krieg, Bürgerkriege und Schismen, türkischer Vormarsch, religiöse Erschütterungen und zwischenstaatliche Konflikte). Vor allem zwei Methoden ermöglichten es ihm, die Verbindung von Wirrnissen und harten Zeiten zu überwinden.

Eine erste Periode rückt die Beherrschung der Ängste an den Horizont des religiösen Heils. Fast fünf Jahrhunderte lang fasziniert die Allgegenwart des Todes – eines in den Totentänzen symbolischen, in den Beulen der Schwarzen Pest (1346) konkreten Todes – eine durch »Bilder von Schädeln, Schienbeinen, verwesten und ekelerregenden Fleischs« gepeinigte Zivilisation. Schon im 15. Jahrhundert hatten sich die traditionellen Aufteilungen zwischen dem Heiligen und dem Profanen, wie die wesentlich bäuerlichen Gesellschaften sie vornahmen, verloren. Die Kirche setzte sich zur Wehr. Das Schäferspiel der Angst sowie die Schuldigsprechung der Gläubigen eröffneten die Möglichkeit einer inneren Verwaltung der äußeren Unordnung. Auf diese Weise sorgte die Zunahme der Aggressionen und emotionalen Erschütterungen für einen Sprung ins Unbekannte, aus dem die abendländische Zivilisation am Ende siegreich hervorging. »In den Augen der Kirche sind Schmerzen und die (vorläufige) Zerstörung des Körpers weniger furchtbar als die Sünde und das Fegefeuer. Der Mensch vermag nichts gegen den Tod zu tun, aber mit Gottes Hilfe kann er der ewigen Verdammnis entgehen. Von diesem Moment an ersetzte eine – theologische – Angst eine andere, die älter, tiefsitzender und spontaner war. Gewiß eine heldenmütige Heilmethode, die aber dennoch eine solche war, da sie einen Ausweg bot, wo nur Leere war.« (J. Delumeau)

Zweite Periode: an die Stelle des himmlischen Bezugs auf das Heil trat allmählich der profane Bezug auf die Große Gesundheit. Der Westfälische Friede (1648) beendet den Dreißigjährigen Krieg und begräbt die Hoffnungen auf eine religiöse Wiedervereinigung des alten Kontinents. Die Disziplinierung der Bevölkerung durch die Reformation oder die Gegenreformation und das Auftreten der Nationalstaaten gehen mit einem Abflauen der großen Geißeln und einer Zerstreuung der paroxystischen Ängste einher. »Und zu dieser Beruhigung der Lage kam es bei genauer Betrachtung schon vor der großen Reform der Gesetzgebung, vor den großen medizinischen Fortschritten, vor dem Triumph der Naturwissenschaft.« (J. Delumeau) Nicht die Aufklärung heilt das Abendland von seinem Unbehagen, vielmehr gibt der Ausweg aus dem Unbehagen den Anstoß zur Ausbreitung der Aufklärung.

Die Abnahme der kollektiven Mißgeschicke ging dem Aufschwung von Technik und Industrie voraus, sie hat ihn möglich gemacht. Es ist verständlich, daß das 20. Jahrhundert sich trotz seiner Produktionsleistungen um das Ende dieser »Beruhigung« und die Rückkehr der verheerenden physischen oder sozialen Gefahren ängstigt. Im grellen Licht von Aids, wie im Blitz der Weltkonflikte, erbeben drei Jahrhunderte der Expansion in ihren Grundfesten.

Dem christlichen Europa gelingt es, die herrschende Unordnung in eine transzendente Ordnung zu verkehren. Das weltliche Europa fetischisiert, ideell, eine tatsächliche Beruhigung, die sie erbt, ohne sie erwirkt zu haben. Es verwandelt ein glückliches Zusammentreffen von Umständen in Schicksal. Es hält sich für unsterblich, während es *de facto* nur von einem unsicheren Gleichgewicht zwischen Nationalstaaten und einem relativen Nachlassen der bakteriellen und viralen Angriffe profitiert. Es erlebt seine Ruhe als ewig, und die vorausgegangenen geplagten Jahrhunderte wirken als Makel in der Ordnung der Welt, als sonderbare historische Anomalie. Die Moderne betrachtet sich nicht als Ausnahme, sie fragt kaum danach, was es mit ihrer befremdlichen Gewißheit auf sich hat. Sie brüstet sich, die Schlüssel der Sicherheit fest in der Hand zu halten. Vorsorgestaat, Vorsorgegeschichte, Vorsorgewissenschaft: indem die europäische Republik die Trümpfe der Göttlichkeit irdischen und weltlichen Institutionen übertrug, hat sie eine Religion des Heils gegen eine Mystik der Gesundheit eingetauscht.

*

Die antike hippokratische Kunst oder die völlig neue experimentelle und positive Medizin haben nichts mit dem Gesundheitsmodell zu tun, für das sich drei Jahrhunderte des aufgeklärten Europas begeisterten. Die medizinische Aufmachung darf nicht täuschen, auch wenn sie die Fakultät irreführt. Noch bevor sich die technische und wissenschaftliche Praxis der Medizin entwikkelt, wird die Gesundheit zum höchsten Bezugspunkt der dem religiösen Einfluß entzogenen Gesellschaft. Die Genealogie ist zunächst religiös. Das Heilige wird profan, und das Heil im Jenseits schlägt in eine irdische und tägliche Gymnastik um, die die disziplinäre und zwingende Seite einer Beherrschung der Ängste und Zerrüttungen bewahrt. Postreligiös und präwissenschaftlich verdankt sich dieser Gesundheitsfetischismus weder der Täuschung noch dem Betrug noch der Böswilligkeit, sondern einfach dem Glauben. Schon sehr früh verhilft er dem Arzt zu einem Ansehen, das sowohl sein theoretisches Wissen als auch seine operatorischen Fähigkeiten bei weitem übersteigt, und zu verblüffender Autorität: »Er würde Sie mit bestem Wissen und Gewissen ins Jenseits befördern, und so wie er Sie ums Leben brächte, würde er es mit seiner Frau und seinen Kindern tun, und im Bedarfsfalle auch mit sich selbst.« Das Beispiel operierter Chirurgen, die weder für sich noch für andere, weder vorher noch nachher die Vorsichtsmaßnahmen ergreifen, die eine mögliche Infizierung durch Blut erfordert, veranschaulicht Molières Worte. Zum Selbstmord wie zum Mord fähig, opfert der Fetischist seinen staubigen Körper der glänzenden Hülle, mit der er sich bedacht wähnt. Argan, der eingebildete Kranke, martert sich vor lauter Heilmethoden. Er macht sich krank aus Liebe zur Gesundheit. Eine Gesellschaft, die die Augen schließt, um ihre Illusionen und ihre falschen Gewißheiten nicht zu verlieren, gefällt sich in der Rolle des Argan.

Während ich das komischste Theaterstück des europäischen Repertoires lachend, jauchzend auskoste, gestehe ich mir insgeheim: das ist er, das bin ich, das sind wir. Das Defizit der Krankenkasse? Man braucht nach keiner anderen Erklärung zu suchen. Der Streit um die sanften Heilverfahren, die Tätigkeit von Scharlatanen, der Firlefanz der Quacksalber und die ehrbaren

Irrtümer alternativer Forscher, der Autoritätsmißbrauch diplomierter Heilpraktiker und die enthusiastische Zustimmung des breiten Publikums – nichts, was in Molières Text nicht zur Sprache käme oder zwischen den Zeilen aufschiene.

Argan, was immer ihm fehlen mag, gelingt es nicht zu sterben. Alle auf der Bühne bestätigen ihm seine gesunde Miene, rühmen sein gutes Aussehen, loben seine blühende Farbe. Die Behandlungen, die er sich angedeihen läßt, zeugen *a contrario* von seiner körperlichen Kraft. Weder Einläufe noch Aderlässe bringen ihn zur Strecke. Nicht einmal seine neue Gattin, eine Sammlerin von Erbschaften, die sie anhäuft, und von Ehemännern, die sie beerdigt. Was sie betrifft, so wird Argan seine Illusionen verlieren, aber bezüglich seines eigenen Zustands bleibt er unerschütterlich. Es geht ihm schlecht. Er kann sich nicht ausstehen. Er macht sich krank, weil er sich nie gesund genug fühlt.

Seine wirkliche Pathologie ist das Imaginäre der Gesundheit. »Noch einmal, Herr Bruder: Gibt es denn gar kein Mittel, Sie von dieser Pest von Ärzten zu befreien; wollen Sie sich Ihr Leben lang unter Ihren Rezepten begraben?« Ein Drittel der französischen Bevölkerung schluckt Beruhigungsmittel. 1970 meldete jede Person im Durchschnitt 1,62 Krankheiten. 1980 waren es 2,28. Die Progression steht in keinem Verhältnis zu den tatsächlichen Erkrankungen, »Frankreich war 1980 nicht kränker als 1970«. (G. Vigarello) Argan bringt das Sein der Perfektion zum Opfer.

Wenn die Weltgesundheitsorganisation ihre Ziele definiert, evoziert sie »einen Zustand völligen körperlichen, seelischen und sozialen Wohlbefindens, der sich nicht allein durch das Fehlen einer Krankheit oder Behinderung auszeichnet«. Die klare und deutliche Dringlichkeit zu *sein* ersetzt sie durch eine Aufgabe *(wohlsein)*, die ebenso konfus und unbestimmbar ist wie Argans Marotte. Bei der Jagd nach der unverwüstlichen Gesundheit schließt er sich zweifach in seine Suche ein. Schon in der ersten Szene nimmt er seine Unkosten unter die Lupe und kürzt die Honorare seiner Ärzte, aber er spart nur deshalb, um mehr für

Behandlungen und Heilmittel ausgeben zu können. Und so entsteht das Loch der Gesundheitsausgaben. Zwischen 1970 und 1980 sind diese um jährlich 16 Prozent gewachsen, während das Bruttosozialprodukt nur um 6 Prozent stieg. Schon vor über drei Jahrhunderten diagnostiziert, belastet »die Pest von Ärzten« noch immer die öffentlichen und privaten Haushalte.

Soll man sich beunruhigen oder lachen über die Spirale der Behandlungen, Gegenbehandlungen und Gegen-Gegen-Pharmakopöen? Auf merkwürdige, ästhetische und groteske Weise verbraucht jede Zivilisation am Ende stets ihre Ressourcen. »Nichts halte ich für schätzenswerter als die Gesundheit; ich bin vorzugsweise auf meine Gesundheit bedacht; ich denke nur an meine Gesundheit, und gegenwärtig heißt das Zucker auf Makronen streuen«, betonte Madame de Sévigné, die sich im allgemeinen therapeutischen Wahn ihren Humor bewahrt. Ägypten errichtete Pyramiden für die pharaonischen Mumien. Athen gab ein Vermögen für die Inszenierung der Stücke von Aischylos und Sophokles aus. Rom verschrieb sich den Zirkusspielen und das bürgerliche Holland den Tulpen. Warum sollte der dominierende Westen seine Hegemonie nicht dadurch feiern, daß er Pillen schluckt und in Thalasso- und Phytotherapien schwelgt? Doch eine Schwierigkeit bleibt bestehen, die auch den Zeitgenossen bevorsteht. Argan ist abstoßend. Sein »krankhaftes Streben nach Gesundheit« (P. Dandrey) verwandelt ihn in ein Ungeheuer: »Ein Mann, der nur jedem im Wege war, unsauber, eklig, ununterbrochen ein Klistier oder eine Medizin im Bauch, schnupfend, hustend, unaufhörlich spuckend, geistlos, langweilig, schlechter Laune, der jedermann auf die Nerven fiel, der Tag und Nacht Mägde und Diener ausschimpfte.« Und die schelmische Toinette kommentiert die Tirade. »Was für eine rührende Leichenrede!« Genau. Der seinen medizinalen Andachten hingegebene Argan verpestet die Luft. Er ist ein lebendiger Leichnam. Er stinkt buchstäblich nach Scheiße, er ertrinkt darin. Von seiner Chimäre umnebelt, schenkt er den Nöten und Leiden, die ihn umgeben und die er verursacht, nicht die geringste Aufmerksamkeit. Seine Wohn- und Krankenstube wird zum Vorzimmer des Leichenhauses.

Die Widerstände, die der Verleugnung von Aids Nahrung geben, stützen sich auf eine festverankerte Tradition. Das Verneinte der Verneinung ist nicht die Existenz einer neuen Infektion, sondern der Umfang ihrer Herausforderung. Europa prahlt damit, im Laufe der Jahrhunderte die Pest und die ihr verwandten Krankheiten besiegt zu haben. »Ich verachte es, mich mit diesem Kleinkram von gewöhnlichen Krankheiten abzugeben, mit diesen Bagatellen von Rheumatismus und Durchfall, diesen Fieberchen, Nervenleiden und Migränen. Ich verlange bedeutende Krankheiten: anhaltendes Fieber mit Gehirnentzündung, ordentliches Scharlachfieber, eine ordentliche Pest, eine ordentlich ausgebildete Wassersucht, eine ordentliche Rippenfellreizung mit Brustentzündung – so etwas gefällt mir. Da kann ich meine Triumphe feiern.« (Molière)

Die Behauptung der wissenschaftlichen Allmacht der Medizin ist nicht wissenschaftlich, sie eilt den vortrefflichen Beiträgen zur Heilkunst, die Physik, Chemie und Biotechniken leisteten, weit voraus. In noch lächerlichen Kleidern und mit der Schroffheit des Neophyten äfft Toinette den epistemologischen Staatsstreich und die neuen Anmaßungen einer Gesellschaft nach, die bald die »Auslöschung« der Epidemien geloben wird. Doppelter Bruch. 1. Mit der griechischen Tradition der Medizin, die im Gegenteil behauptete, daß die Fähigkeit, das Unmögliche einer Heilung zu umschreiben, das Hauptprivileg des ärztlichen Wissens sei. 2. Mit der religiösen Tradition, für die die unüberwindlichen Übel von der Endlichkeit des Menschen zeugen.

Mit dem Postulat, daß jede Krankheit beherrschbar ist, sogar die schlimmste, leitet die neue Medizin die theoretische Ausrottung der großen Geißeln ein. Von nun an »wissen die Ärzte mehr als die andern«, wie Argan meint, so daß es ihnen und ihnen allein zukommt zu sagen, ob eine Krankheit ausbricht und um welche es sich handelt. Sie kontrollieren ihre Existenz und ihr Wesen. Keine Pathologie, für die es nicht – *de jure*, wenn nicht *de facto* –

ein Heilmittel gibt, und darüber hinaus bezeichnet jede Krankheit lediglich das Fehlen ihres Gegengifts. Der Gelehrte besitzt die Kenntnis der Heilmittel, folglich ist keine Krankheit ein Geheimnis für ihn: er prüft Herzen und Nieren mit dem allwissenden Auge eines Gottes.

Totus mundus currens ad nostros remedios
Nos regardat sicut deos,

singt der Chor im Schlußballett des *Eingebildeten Kranken*. Er feiert die neomystische Begegnung der wunderwirkenden Ärzteschaft mit einem kranken Körper, der wundersam gerettet, da medizinisch behandelt wurde. Zum größten Ruhm der erhabenen Gesundheit der Gattung Mensch.

*

Auf den ersten Putsch, der die medizinische Allmacht dekretiert, folgt ein zweiter, der die Allgegenwart einer Krankheit mit angewiesenem, das heißt sichtbarem Aufenthaltsort bekanntgibt. Erneuter Bruch mit der hippokratischen Heilkunst, die darauf achtete, dem Übel sein Geheimnis nur sehr partiell zu entreißen. Wie Hesiod sagt, »bringen die Krankheiten den Sterblichen Schaden, schweigend, denn der weise Zeus hat ihnen die Stimme genommen«. Noch immer kann kein ärztliches Geschwätz eine so ursprüngliche Lücke füllen. Auch wenn dieses Schweigen der Pathologie, das die Alten für rätselhaft hielten, nicht spricht, so ist es doch nicht völlig stumm. Gleich dem Gott Heraklits »gibt es ein Zeichen« durch das Leiden *(pathein)* des Kranken und das Forschen *(mathein)* des Arztes. Keiner von beiden ist unfehlbar, sie müssen sich gegenseitig unterrichten, tastend, durch Versuche und Irrtümer.

Molières Arzt dagegen, mit der Macht ausgestattet, die Krankheit einseitig zu definieren, schneidet dem Kranken das Wort ab: »Du bist krank.« Argan gerät in Verwirrung, als die anderen ihm diesen Ritterschlag versagen und ihn zu seiner Gesundheit beglückwünschen. Denn er mag noch so oft sagen: »Ich bin krank«, dieses Geständnis ist keinen Pfifferling wert, solange es von der Fakultät nicht anerkannt wird. Hinter der Krankheit würde also nichts anderes stecken als das, was der Arzt meint. Kein Geheimnis entgeht dem Programm seiner pharmazeutischen Manipulationen. »Ich hätte nur noch etwa ein Dutzend Arzneien gebraucht, um ganz zum Ende zu kommen«, sagt Purgon. Sobald alle Pathologien für kontrollierbar erklärt werden, schwindet die Angst vor der Pest und anderen Erkrankungen der Gattung. Die vollständige Sichtbarkeit vertreibt das Geheimnis der Seuche.

Lange vor Koch und dem Penizillin stand der Endsieg fest. Unwichtig, ob Argan über seine Leber, sein Zwerchfell oder seine Lunge klagt, Hauptsache, das Delikt läßt sich in einem Stück Fleisch lokalisieren, in den Augen, in der Entschlossenheit und den Vorschriften des Souveräns zugänglich. Der Kranke hat kein Wort mehr mitzureden. Eine Diskussion findet nur noch unter Gelehrten statt. Kann es Wunder nehmen, daß Bluter und Empfänger von Bluttransfusionen vor lauter Ehrfurcht so lange geschwiegen haben? »Wenn man Sie reden hört, möchte man fast glauben, Herr Purgon hielte Ihren Lebensfaden in der Hand und hätte die Allgewalt, ihn ganz nach Belieben zu verlängern oder zu verkürzen.«

Man schließe daraus nicht vorschnell, daß dieser neue Kult die Passivität des Patienten voraussetzt. Im Gegenteil, mit methodischer Unterwürfigkeit muß er das Spiel mitmachen. Am Horizont der absoluten Gesundheit genügt es nicht, daß die Krankheit 1. beherrschbar und 2. sichtbar wird, sie muß 3. auch vorhersehbar sein. Die Angst vor Krebs läßt die Störung durch eine autonome Widrigkeit wieder aufleben, die auf molièresche Weise zu mindern die Geschäfte der neuen Medizin sich zur Aufgabe machen.

Argans skatologische Vorliebe für die Entleerung und Wiederauffüllung des Körpers durch sämtliche Öffnungen übersteigt die persönliche Gleichung eines Charakters. Jedermann, vom Sonnenkönig bis zum gemeinen Bürger, wird purgiert und zur Ader gelassen. »Die wirkliche Veränderung der Gesundheitspraktiken im Frankreich des 17. Jahrhunderts hängt mit der Ausweitung der Evakuationspraktiken zusammen.« (G. Vigarello) Der Sinn dieser therapeutisch fragwürdigen Operationen ist rein symbolisch. Der Kranke wird zum Apostel einer vollkommenen Schuld.

Die Transparenz, die der Menschenfeind in den gesellschaftlichen Beziehungen nicht zu finden klagt, führt Argan in die Verhältnisse ein, die er seinem Körper auferlegt. Er verflüssigt ihn mit Hilfe des Klistiers. Er wendet ihn wie einen Handschuh. Er kehrt das Innere nach außen. »Hat mein Einlauf heute gewirkt?« Nichts kommt hinein, was er nicht kennt. Nichts verläßt ihn, was er nicht untersucht. Alles wird gezählt, gewogen, überwacht. »Ist viel Galle abgegangen?«

Jahrtausendelang hat sich die Heilkunst mit der Ungewißheit abgefunden und auf die dunkle Arbeit der Heilmittel in den unbekannten Tiefen des Körpers gesetzt. Dritter Putsch: das Auge des Arztes sieht alles, nicht nur die Krankheit und die Gesundheit, sondern auch den Weg, der von der einen zur anderen führt. So wie der Gott von Leibniz in ein und derselben Bewegung denkt – rechnet – und erschafft *(cum Deus calculat fit mundus)*, so setzt Argan, der damit begann, sich medizinisch zu behandeln, um zu leben, sein Leben fort, um sich medizinisch zu behandeln, und endet damit, daß er Behandlung, Heilung und Gesundheit gleichsetzt. Leben heißt, sich ganz und gar selbst medikalisieren. Sich zur lebendigen Apotheke aufwerfen heißt wirklich leben.

Der für die Komik der Person empfängliche Zuschauer läuft Gefahr, den Ernst des Programms zu übersehen. Ein Lobhudler der technologischen Utopien, der in bewundernswerter Weise das Porträt des künftigen Adams der wissenschaftlichen Hypergesundheit zeichnet, spickt ihn mit auf der Haut angebrachten Meßgeräten: »Demnächst werden viele autodiagnostische Instrumente Mikroprozessoren verwenden (...). Eines Tages wird jedermann einen Apparat am Handgelenk tragen, der den Zustand seines Herzens, seinen Blutdruck, seinen Cholesterinspiegel usw.

aufzeichnet. Auf dieselbe Weise werden andere tragbare oder eingepflanzte Geräte andere Gesundheitsparameter messen.« (J. Attali) Die Augen auf die Bildschirme geheftet und mit in den Augen befestigten Bildschirmen versehen, träumt unser Argan des 21. Jahrhunderts wiederum von einem glücklichen Nachfolger, der im 23. Jahrhundert die Kontrolle der Kontrolle eines allseits kontrollierten, also gesunden Selbst vervollkommnen wird.

»Werden Sie doch selbst Arzt. Das ist ja noch viel bequemer, wenn Sie alles, was Sie brauchen, bei sich selbst finden.« Der musikalische und tänzerische Ausklang paßt sich den Phantasien des Kranken an und erhebt ihn zum Richter über seinen eigenen Fall. Zum Arzt gekrönt, ist er das Gewogene, der Wiegende, das Gewicht und das Maß, die Waage und der Operationstisch. Das beobachtende Auge des Arztes testet nur sich selbst. Er beobachtet sich, also lebt er; er lebt, also beobachtet er sich.

Kranker und Arzt sind in dem Maße identisch, wie Gesundheit und Leben ununterscheidbar sind, sie verschmelzen durch ständige Selbstkontrolle. Solange ich mich abhorche, existiere ich. Wenn der Betrachtete, der Betrachtende oder ihre Beziehung aussetzt, bin ich tot. In einem solchen Stadium der Durchsichtigkeit ist die Krankheit undenkbar geworden. Als diskretes und großartiges Programm nährt es drei Jahrhunderte allerhöchsten Respekts für die wunderwirkenden Gesundheitsrezepte. Indem er nicht diese oder jene Krankheit bekämpft, sondern die Möglichkeit selbst, sich krank zu fühlen, hat Argan alles in sich, »was er braucht«. Was heißt das anderes, als daß er, da sein eigener Arzt, die Gewißheit hat, der Krankheit zu entrinnen? Nicht, daß er unsterblich wird: ein Arzt, der sich selbst behandelt, gelangt zur gleichen Zeit ans Ende seiner Kunst wie ans Ende seines Lebens. Mehr verlangt Argan nicht, ebensowenig wie der moderne Bürger: er wird lebendig sein oder tot, aber niemals krank.

*

Die betörende Verheißung ermöglicht es dem Gesundheitskult, die Nachfolge der Heilsreligionen anzutreten: mit der Angst vor der Krankheit Schluß machen! Der schlichte, kalte und abstrakte Tod schreckt weniger als man glaubt. Millionen von Zeitgenossen waren bereit, sich beim geringsten Ruf zu den Fahnen umstandslos zu opfern. Abscheulich wird es, wenn der Tod anfängt, das Leben zu seinen Lebzeiten anzuknabbern. Die entstellende Lepra, die Pestbeulen, die syphilitische Fäulnis erschrecken mehr durch die Qualität der Hekatombe als durch die Ansammlung der Leichen. Ende des Ersten Weltkriegs fielen viele Millionen Menschen der Spanischen Grippe zum Opfer; da sie schnell und sauber, »clean« war, beeindruckte sie weniger als die Heimkehr der Giftgasopfer und der Krüppel.

Die biologischen Geißeln pflanzen den Tod ins Herz des Lebens, beseitigen die Grenzen und übertreten die angeblich unverrückbaren Trennungslinien zwischen dem Vorher und dem Nachher, dem Diesseits und dem Jenseits, dem Exzeß und dem Tod. Der Horror eines Lebens, dem es nicht mehr zu leben gelingt, oder eines Todes, der nicht zu sterben vermag, läßt uns keine Ruhe. »Ich erinnere mich an Pierre-Henri, der mir sagte, er wisse nur zu genau, daß sein Körper eines Tages Abscheu erregen werde: ›Ein Aids-Kranker weiß, daß er sterben wird. Vor allem, wie er sterben wird. Zwar lebt jeder auf Abruf, aber der Unterschied zu einem Gesunden, der morgen an einem Unfall sterben kann, besteht in diesem Wissen um einen unabwendbaren Termin, in diesem Wissen um die Stadien, die er durchlaufen muß. Er weiß, daß er dahinsiechen wird, bis er nur noch der Schatten einer menschlichen Gestalt sein wird. Er kennt im voraus den Verfall, dem sein Körper unterliegt, weil er Freunde gekannt hat, die auf diese Weise umgekommen sind. Er fürchtet sich vor der Demütigung der neurologischen Erkrankungen. Und er hat Angst, Angst einzujagen.‹ Deshalb zog Pierre-Henri es vor, sich dieser letzten Demütigung zu entziehen, nämlich ein ausgestoßener Leichnam zu sein. Deshalb wollte er eingeäschert werden. Durch das reinigende Feuer so schnell wie möglich zu Asche werden, um einen von den Lebenden geachteten Status zu erringen. Deshalb auch erzeugt das Wissen um diesen Tod Angst. Es verweist den Kranken auf die äußerste Einsamkeit des Sterbens. Es verweist die Überlebenden auf die Angst, ein geliebtes Objekt zu verlieren. Und vor allem verweist es sie auf das Bild ihres eigenen Todes.« (B. Paillard)

Viele Ärzte geben es ehrlich zu: das Aufkommen von Aids hat ihre tiefen Überzeugungen erschüttert. Als verdoppelten sich die klinischen Probleme einer nicht beherrschten Epidemie durch einen nahezu blasphemischen Protest, ein Verbrechen kultureller Majestätsbeleidigung, verübt an einer weltlichen Religiosität, deren Diener und Nutznießer sie unwissentlich waren. Ohne ihr Wissen lasen sie die Messe, umflossen von der Aura einer dreihundert Jahre alten Verheißung, die Aids plötzlich zerfetzte.

Das Streitobjekt ist nicht die Medizin, ihre partielle, aber glücklicherweise dennoch wissenschaftliche Rationalität, auch nicht ihre unverfälschte hippokratische Tradition, sondern der Gesundheitskult, der »Roman der Medizin«, der sie über ihren Kopf hinweg heilig spricht und unterschwellig ideologisiert. Es gibt einen grundsätzlichen Skandal in der Existenz der Krankheit, jenes Todes, der auf dem Höhepunkt des Lebens lauert. Ein Skandal, der im Fall banaler Erkrankungen abgeschwächt ist und verschärft wird, wenn das Übel die körperliche Integrität (die Haut), die zwischenmenschlichen Beziehungen (Ansteckung, Epidemie) oder die Zukunft (Sex und Blut) angreift.

Mit dieser primären und unüberschreitbaren Schmach konfrontiert, hat der Mensch verschiedene Antworten gefunden, die Antworten der Kunst (Hippokrates), die der Religionen. Auf dem Weg seiner Verweltlichung hat Europa die Antwort der Negierung gefunden; der Skandal existiert nicht; sollte er dennoch auftreten, dann verrät er ein vorübergehendes Versagen unseres Gesundheitssystems; wenn unsere Gesundheit versagt, so deshalb, weil wir unzulängliche Ärzte sind. Sei es, weil wir, abergläubisch, in der Krankheit nicht einfach das Fehlen eines Heilmittels zu erkennen vermögen. Sei es, daß uns, da wehrlos, keine beruhigenden Placebos einfallen als vorläufiger Ersatz für eine Heilmethode, die bald kommen wird.

Dem Anschein nach handelt es sich um eine schwache Negierung, nach Art von Kleist. Ein zerbrochener Krug? Was für ein Krug? Sie haben ihn mir nie geliehen, außerdem habe ich ihn heil zurückgegeben, usw. Eine solche Negierung erweist sich als unangreifbar. Sie ist taub für die Widersprüche, gleich einer Liebeserklärung. Sie bekräftigt ihren Glauben durch ihr Projekt, indem sie sich einer Gesundheit verschreibt, die blind ist für alles, was nicht sie ist. Die Pest, und nach und nach das Übel in jeder Krankheit, wird zwar nicht unmöglich, aber undenkbar für ein Wesen, das sich der Produktion der geistigen Kapsel widmet, die es umschließt. Zuerst sage ich: die Krankheit ist ein Gesundheitsfehler. Damit gebe ich eine Plattheit von mir, eine unbestreitbare Tautologie. Ich fahre fort: die Krankheit ist fehlende Gesundheit. Auch das mag angehen. Nebenbei ziehe ich den Schluß: die Krankheit ist lediglich ein Fehler, eine sündige, gegen sich selbst verstoßende Gesundheit, die nicht aufrecht geht, das Spiel nicht mitmacht. Eine kranke Gesundheit und weiter nichts. Aber, infolgedessen, trotzdem Gesundheit, auf dem Weg der Heilung, ergo ist Krankheit die Gesundheit. *Quod erat demonstrandum.*

Der eingebildete Kranke kündigt die Hygiene der Zukunft an, indem er die Alchimien der Vergangenheit ausschlachtet. Er demokratisiert und gewährt jedermann das einzige und bislang unteilbare Privileg des europäischen Monarchen. Wenn Argan seinen realen und elenden Körper dem imaginären und ruhmvollen Leib opfert, dessen Himmelfahrt die Medizin gewährleistet, dann reproduziert er in der Dauer den ersten Moment des Opfers der Könige, die mit einer »Würde« ausgestattet sind, die niemals stirbt. *Dignitas regia nunquam moritur.*

Die purgierte, kleine Existenz des Kranken findet ihre Erlösung und Apotheose darin, daß sie in der großen Existenz des Purgierenden fortdauert, so wie der verblichene König in dem lebenden König seine eigene Nachfolge antritt. *The king as King never dies* (R. E. Giesey). Der Großbuchstabe der englischen Juristen unterstreicht, daß hinter dem Wechsel der Individuen, der gekrönten Häupter, der Augenblick des Daseins, das Unvergängliche herrscht. Die Schreie am Hof von Frankreich: »Der König ist tot, es lebe der König!« verkünden eine ähnliche Maxime: »Der König stirbt niemals.« Durch die Krönung wird ein vergängliches Fleisch einem unverweslichen Glanz untergeordnet; sie vollzieht die Vermählung des Fürsten mit seinem mystischen Körper, dem *corpus mysticum* seines Reichs, dessen Institutionen und Apparate sich durch ihn Dauer oder Ewigkeit zuschreiben. Ludwig XIV. identifizierte sich mit dem Staat. Ebenso verkündet Molières Finale: »Die Gesundheit bin ich«, und verleiht Argan einen subtilen und diaphanen zweiten Körper.

Ehe der König (in der Ausdrucksweise der Tudor-Juristen) jenes seltsame Wesen darstellen konnte, das den Engeln gleich, unsterblich, unsichtbar, allgegenwärtig, nie minderjährig, nie krank, nie senil war, hätte er entweder aufhören müssen, ein einfacher Sterblicher zu sein oder irgendwie Unsterblichkeit erwerben müssen, anders als Christus, dem die Ewigkeit in der Sprache der Theologie »von Natur« aus zukam. Ohne einen *character aeternitatis* konnte er keinen *character angelicus* haben und ohne inhärenten Ewigkeitswert konnte er nicht »zwei Körper« oder einen Überleib haben, der von seinem sterblichen Leib zu unterscheiden war. (...) Aber der Wert der Unsterblichkeit (...) war an die *universitas* gebunden, »die niemals stirbt«, an die Ewigkeit eines unsterblichen Volkes, Staates oder der *patria*. Ein einzelner König konnte davon getrennt werden, nicht jedoch die Dynastie, die Krone, die Königswürde. (E. Kantorowicz)

Ewigkeit gegen Zeitlichkeit, Ruhm gegen Staub. Der zweite Körper des Königs verleiht ihm eine religiöse Aura. Der Geist, der im irdischen Monarchen im Augenblick seiner Salbung auftaucht, macht ihn zu einem »anderen« Menschen. »Mit anderen Worten: der König wird durch die Kraft der Gnade für eine kurze Zeitspanne ›deifiziert‹, während der himmlische König von Natur aus ewig König ist.« Als das aufgeklärte Europa seine Heilserwartung gegen den neuen Kult der Gesundheit eintauscht, handelt es sich nicht um Usurpation, sondern um ein Erbe, und die scheinbare Blasphemie verschleiert die Kontinuität der Inspiration. Wie das Heil verleiht die Gesundheit dem alten Kontinent eine Aura der Gnade und eine Quasi-Unsterblichkeit, deren Totenglocke 1914 läuten sollte. Die Idee, daß ein »besserer« Teil der Menschheit dem Werden entgeht und das Unveränderliche erreicht, ist weder biblisch noch griechisch, sondern römisch. Sie garantieren nicht das Überleben, jene Götter, die imstande sind, die Ausrottung der Menschheit zu planen, wie Zeus im *Prometheus* von Aischylos, oder Sintfluten hervorzurufen, von Abraham den Mord an seinem Sohn zu fordern oder vom Gottessohn zu verlangen, sich kreuzigen zu lassen. Das *Imperium romanum* dagegen darf niemals untergehen, und die nach seinem Bild geformten modernen Nationen haben auf seinen »Überkörper« Anspruch erhoben, der sie über das Zeitliche hinaus projizierte, jenseits des Bösen und der Fäulnis. *Right or wrong, my country.* Deutschland über alles. Frankreich ist »ewig«, Paris: *Fluctuat nec mergitur.*

Vor dem Hintergrund einer konjunkturellen »Beruhigung« der Hungersnöte, der Pandemien und der blutigsten Formen der Konflikte zwischen Bürgern oder Staaten proklamierten die politisch und institutionell gekrönten Häupter die Gesundheit für alle. Spötter mochten sich über die Prahlerei noch so sehr lustig machen, die Frohe Botschaft erreichte die breiten Massen. Ein Unglück kommt selten allein, »die Pest bleibt im 17. Jahrhundert der exemplarische Bezugspunkt, jener, der sämtliche Wahrnehmungen des Übels orchestriert« (G. Vigarello). Der imaginäre Ausschluß dieser Hauptgefahr verkündet die nicht minder imaginäre Befriedung der ganzen Gesellschaft. Entweder in der wilden Form, die an Toinette erinnert, wenn sie Argan vorschlägt, sich ein Auge auszureißen, damit es dem andern besser gehe. »Die Metapher einer ›Reinigung‹ von allem gesellschaftlichen Auswurf zieht sich implizit oder explizit durch die Anordnungen des Großen Jahrhunderts in bezug auf die Armen, die Landstreicher, die Hergelaufenen: Verwalten hieße zunächst alles ausmerzen, was ›verstopft‹ und die Gemeinschaft belastet, so wie der ›verdorbene Saft‹ den Körper belastet«, resümiert Vigarello nach Michel Foucault. Oder, sanfter, in Form der zivilisatorischen Bewegung einer Selbsterziehung der Menschheit. Gleich Argan zum Arzt und Heiler der eigenen Krankheiten eingesetzt, würde die menschliche Gattung langsam aber sicher lernen, ihre Gesundheit zu vervollkommnen.

Ein solcher Optimismus verdient in keiner Weise den Bannstrahl einer erbarmungslosen Kritik, es sei denn, er versteht sich als absolut. So wie die Pest für endgültig ausgerottet gilt, so würden die ihr verwandten Geißeln und auf lange Sicht auch die kleineren Katastrophen verschwinden. Der maßlose Optimist plustert sich derart auf, daß er von den ihn umzingelnden Mißgeschicken rein gar nichts weiß. Aber wenn die mit großem Pomp vertriebenen Kalamitäten auf verschlossene Türen stoßen, kommen sie durchs Fenster herein. Der Lobredner des Fortschritts, Lafontaines Grille, leidet, »da nun der Winter droht, harte Zeit und bittre Not«. Damals sagten die Wetterberichte den eisigen Schauer von Aids voraus.

Europa ist nicht ohne Mahnungen und Vorwarnungen seiner eigenen Kultur in den Illusionismus der guten Gesundheit geschlittert. Wenn Argan in die medizinische Glückseligkeit eintritt, wenn er die Pest von der Landkarte des Denkbaren getilgt hat, dann zeigt die Komödie ihn als einen, der stinkt. Seit Aristophanes und bis hin zu Jean Genet hat keine Theaterbühne je eine derartige Fäulnis zur Schau gestellt. Niemals hat sie einen so ekelerregenden Dunst über Haus und Hof versprüht. Der Wille, den eigenen Körper vollständig zu kontrollieren, endet in einem Haufen Unrat. Das äußerste Selbstbewußtsein, das letzte Ende einer Gesundheit, die von sich selbst weiß, gipfelt im geschlossenen Kreislauf zwischen Spülbecken, Kackstuhl und Klistier.

ARGAN *(erhebt sich von seinem Stuhl)*. Hat mein Einlauf gewirkt?
TOINETTE. Ihr Einlauf?
ARGAN. Ja! Ist viel Galle abgegangen?
TOINETTE. Du lieber Gott! Diese Dinge gehen mich nichts an. Da

mag schon Herr Fleurant seine Nase hineinstecken, denn der verdient ja dran.

Von Molière bis Goethe: Erblindet meint Faust zu hören, wie die Spaten den Planeten umwälzen und die Welt nach seinen phantastischen Programmen verändern. Aber der Lärm, der ihn bestürmt, ist der Lärm der mephistophelischen Arbeiter, die sein Grab schaufeln. Von Goethe zu Solschenizyn: Iwan Denissowitsch, von revolutionärer Begeisterung und sozialistischem Eifer ergriffen, arbeitet unablässig, er baut das Gefängnis, dessen Kerker er als Trophäe auskosten wird. Die modernen Religionen der individuellen oder gesellschaftlichen Gesundheit verkehren Mephistos Versprechen ins Reale. Der brave Teufel gleicht jener »Kraft, die stets das Böse will und stets das Gute schafft«. Die ideale Gesundheit trägt unser Wohl zur Schau und beschwichtigt angesichts der Übel, verheißt einen ruhmvollen Leib und watet in Infektionen.

INFORMATION

Für die Römer standen das Eigentum der Götter und das Eigentum des Staates rechtlich auf gleicher Stufe: *res divinae* und *res publicae* waren dem Zugriff eines einzelnen entzogen, weil sie *res nullius* waren. Später wurde der heidnische Begriff von »Dingen, die den Göttern gehören«, logischerweise auf die christliche Kirche übertragen, so daß Ambrosius den jungen Kaiser Valentinian II. daran erinnern konnte, daß »göttliche Dinge nicht der kaiserlichen Macht unterstehen«, womit er natürlich meinte, daß die *res divinae* auch dem Zugriff des Fürsten entzogen waren, da sie *res nullius* waren. In der Feudalzeit mit ihren patriarchalischen Auffassungen vom sozialen Organismus verloren diese Begriffe, besonders jener der *res publicae* ihre frühere Bedeutung und wurden trotz gelegentlicher Erinnerungen praktisch irrelevant. Erst unter dem Druck der Bologneser Bewegung und im Zusammenhang mit dem Wiederaufstieg der Rechtswissenschaft gewannen im 12. und 13. Jahrhundert die alten komplementären Begriffe *res sacrae* und *res publicae* ihre frühere Bedeutung unter neuen Bedingungen zurück. Sie ließen sich nicht nur nach spätantiker und mittelalterlicher Tradition auf Kircheneigentum anwenden, sondern auch auf Dinge, die zu der aufkeimenden Souveränität des weltlichen Staates gehörten. Wieder wie im alten Rom drückte der Terminus *res nullius* die Idee aus, daß öffentliche und fiskalische Sachen heilig waren *(sacer)*, ebenso unberührbar, ewig und »außerhalb der Zeit« wie die Dinge, die den Göttern gehörten, an deren Stelle im späten Mittelalter die juristische Chiffre »Christus« trat. (...)

Die alte Idee des liturgischen Königtums löste sich allmählich auf und wich einem neuen Bild des Königtums, dessen Schwerpunkt in der Sphäre des Rechts lag, die nicht einer eigenen Mystik ermangelte. Der neue »Heiligenschein« senkte sich über den entstehenden weltlichen Nationalstaat hernieder, dem ein neuer *pater patriae* vorstand; der Staat begann für seine Einrichtungen und seinen Verwaltungsapparat eine ewige Dauer zu beanspruchen, wie sie bisher nur der Kirche und durch das römische Recht dem Römischen Reich zugeschrieben worden war: *Imperium semper est.*

Ernst Kantorowicz, *Die zwei Körper des Königs*,
a. a. O., S. 200f., 204

VII. NACHRUF AUF DIE EUPHEMISTISCHEN GENERATIONEN

Reden wir zum Schluß von etwas anderem, reden wir vom »Humanen«.

Das ist ein Wort, und wahrscheinlich auch ein Begriff, den man für die Zeiten der großen Gemetzel aufspart. Man braucht die Pest, Lissabon und ein größeres religiöses Massaker, damit die Menschen auf den Gedanken kommen, sich zu lieben, den Gärtner von nebenan in Frieden zu lassen und einfach, ganz einfach zu sein.

Es ist ein Wort, das man sich heutzutage mit noch nie dagewesener Leidenschaftlichkeit an den Kopf schleudert. Wie Dumdumgeschosse.

Samuel Beckett, *Die Welt und die Hose*

EUPHEMISMUS: Eine Figur, durch die man der Vorstellungskraft Ideen anzeigt, die entweder wenig ehrenhaft oder unangenehm, oder traurig, oder hart sind; und dazu verwendet man nicht etwa Ausdrücke, die geeignet wären, diese Ideen unmittelbar zu wecken. Man ersetzt sie durch andere Wörter, die unmittelbar ehrbarere oder weniger harte Gedanken hervorrufen; damit verschleiert man der Vorstellungskraft die ersten, lenkt sie davon ab, hält sie von ihnen fern; aber durch die Beifügungen und die Umstände versteht der Geist sehr wohl, was man ihm zu verstehen geben will. Es gibt zwei Arten von Ideen, die Anlaß geben, auf den Euphemismus zurückzugreifen: 1. unschickliche Ideen, 2. unangenehme, harte oder traurige Ideen (...) Will man jemanden entlassen, so sagt man ihm oft: *sehr gut, ich danke Ihnen*, statt ihm zu sagen: *gehen Sie*. Oft sind Redensarten wie *nur Mut, alles wird gut gehen, es sieht gar nicht so schlecht aus*, nichts weiter als Euphemismen. Namentlich in der Medizin sind bestimmte Euphemismen so geläufig geworden, daß sie nicht mehr als Verschleierungen dienen können. (Von Dumarsais verfaßter Artikel, in Diderot und d'Alembert, *Encyclopédie*)

Unsere offiziellen Ansprachen, unsere politischen Reden waten in Euphemismen. Diese gefällige rhetorische Figur wirkt Wunder in der Sprache der Diplomatie, wo man sich darin gefällt, allerlei Schleier über die Wahrheit zu werfen, welche die Dichter uns in ihren Fiktionen ganz nackt vor Augen führen, welche jedoch die hohen Beamten mit ihren machiavellistischen Schriftstücken zu umkleiden sich bemüßigt fühlen. Auch Schriftsteller guten Geschmacks wenden sie gerne an. (Pierre Larousse, *Grand Dictionnaire universel*, 1870)

Jede »Pestilenz« oder generische Krankheit übersteigt die individuellen Körper, trifft die Gesellschaft als Ganzes und löst einen geistigen Umsturz aus. Thukydides und die Klassiker erfahren eine solche Umwertung der Werte unmittelbar. Jeder sieht seine letzte Stunde gekommen, entdeckt, daß er außerhalb der Gesetze steht, und meint, er sei ihnen entzogen. »Der Bruder verläßt den Bruder, der Onkel den Neffen, die Schwester den Bruder, oft sogar die Frau ihren Gatten.« So laut Boccaccio in Florenz und laut Defoe in London. Aids, eine schleichende Geißel, begünstigt eine weniger paroxystische Krise. Es wirkt heimtückisch, untergräbt Geister und Institutionen im stillen, verbreitet Panik auf kaltem Wege. Der Abnutzungskrieg des HIV läßt den Gemeinschaften viel Zeit, ihm nicht Rechnung zu tragen und wenig an ihn zu denken. Daher besteht ihre erste Reaktion darin, so wenig wie möglich zu handeln. Zehn Jahre des Handelns im Nicht-Handeln, vollmundiger Erklärungen und praktischer Lähmung sind in unseren hochintellektuellen Gesellschaften nicht so sehr Ausdruck unüberlegter Sorglosigkeit als vielmehr einer strengen Methode der Abdrängung des Störenden. Diese höchst intelligente Art und Weise, sich angesichts der Gefahren dumm zu stellen, bringt es zu einer meisterhaften Kunst in der Euphemisierung der Aktualität.

Während die heiße Panik zu auffallend inkohärenten Verhaltensweisen führt, fördert die kalte Panik sorgfältig arrangierte Vermeidungshaltungen. Die zugrundeliegende Struktur, die die Ausblendung des Unangenehmen steuert, bedient sich des Mechanismus der Euphemie, unter den zwei Aspekten, die der Linguist darin erkennt. Auf der einen Seite besteht der Gebrauch von Euphemismen darin, Worte des Unglücks zu vermeiden, also zu schweigen, dies ist die übliche Bedeutung. Auf der anderen Seite, in der etymologischen Bedeutung, läuft der Euphemismus in erster Linie darauf hinaus, Worte des Glücks auszusprechen. Denn wie Benveniste anmerkt, verdeckt die übliche, scheinbar negative Bedeutung (sprecht nicht vom Unglück) einen positiven Imperativ (kehrt das Unangenehme um, deutet es günstig).

Der nuancierte Gebrauch der Euphemismen erlaubt es, wenn

möglich, das Ungünstige zum Nutzen des Günstigen zu beseitigen, zumindest einen brutalen Ausdruck dadurch abzuschwächen, daß man ihn verschwommen wiedergibt. Sterben mildert sich zu »dahingehen«, töten wird zu »exekutieren«, der Henker zum »Schlächter«, *carnufex*, oder zum »Ausführenden der hohen Justiz«, zum *Scharfrichter*. Der Obdachlose wandelt sich edel zum SDF (»sans domicile fixe«, ohne festen Wohnsitz, als verfügte er über einen beweglichen Wohnsitz, den Wohnwagen der Reisenden). Wie der Linguist betont, ist der Euphemismus nur scheinbar paradox, er bedeutet sowohl Stillschweigen bewahren (Unangenehmes verschweigen) als auch schreien (mit günstigem Geschrei zustimmen), denn die Behauptung, daß das Geschick günstig ist, verlangt, daß den Beschwörungen des bösen Geschicks (den Verwünschungen) Schweigen geboten wird. Die magische Euphorie der Euphemie gefällt sich in der Vertreibung des Unglücks.

Unter dem Vorwand, nicht zu schockieren, organisiert der euphemistische Imperativ eine Sprachpolizei. Hinter den Maximen des Wohlredens zeichnet sich das Gebot des Wohlmeinens ab: verbergt dieses Aids, das ich nicht sehen kann. Lange Zeit galt das Wort »Gulag« in den Intellektuellenkreisen von Paris als obszön. Seine emphatische Anstößigkeit lenkte die Aufmerksamkeit auf Leichenberge, die durch die modischen Kategorien nicht subsumierbar waren. Nach 1945 unterlag das Wort »Jude« einem noch stärkeren Verbot. Weil Sartre es in einem Aufsatz benutzt hatte, zog er sich den Bannstrahl der Leser zu, daher der Titel seines Essays »Betrachtungen zur Judenfrage«, der das Tabu durchbrach. Sogar der einzig der Endlösung gewidmete Film von Alain Resnais – *Nacht und Nebel* – verwendet das verbotene Wort nur ein einziges Mal und ganz am Rande (der jüdische Student aus Amsterdam). Daß es gelingt, Auschwitz ins Gedächtnis zu rufen und dabei das Wort »jüdisch« zu vermeiden, um nicht vom Universalen abzuweichen, treibt den Euphemismus auf die Spitze. Obwohl niemals erwähnt, verdiente diese Trauer, die sich so sehr in Trauer hüllt, daß sie vergißt, um wen sie trauert, die goldene Palme der linguistischen Abhandlungen. Gleich dem entwendeten Brief von Edgar Allan Poe, der unbemerkt bleibt, weil er für alle sichtbar ist, durchdringt der Euphemismus die feinen Manieren des zeitgenössischen Denkens so sehr, daß seine Reize sich keinen Tadel zuziehen. Er beherrscht die Kunst, Seifenblasen zu produzieren, in denen ein kurzatmiger und unermüdlicher Sterblicher sich einschließt.

Zum Vorbild für eine allgemeine Methode der Konfliktlösung geworden, kündigt die theoretische und praktische Ausschaltung der Pest die Behandlung der Epidemien, Hungersnöte, Kriege und Revolutionen an. Zwar räumen die modernen Verheißungen die Existenz von Störungen ein, die Verleugnung ist nicht schiere Negation, aber sie treten auf der Stelle den Beweis für die künftige Inaktualität der Geißeln an. Als gesellschaftliches Analogon der medizinischen Gesundheit wird die herrschende Norm zum idealen Regulator der gesellschaftlichen Bemäntelung und späterer affektiver Ausbesserungen befördert. Impfstoff, Neue Weltordnung, Ende der Geschichte und Ende der Epidemien. Auf eine Schwäche der Gesundheit reduziert, wird die Krankheit zu einer intellektuell verschwindenden Größe. Desgleichen mühen sich die Operationen zur Wiederherstellung der Ordnung damit ab, in das erlittene Unglück die Vorform des Glücks einzuzeichnen, das es, gerade durch seine Wildheit, unfehlbar ankündigt. Ein Drehkreuz verwandelt die Perversionen, preßt dem Laster seine Huldigung an die Tugend ab, gemäß dem allgemeinen Prinzip, das Sartre in den Himmel hob: Wenn man wie Jean Genet skandalös und böse sein will und alles zu zerstören gedenkt, dann behauptet man das Nichts, »überschreitet aber bei dieser Behauptung das Nichts und ist wieder dabei, das Sein zu behaupten«. Nicht mehr »wer den Engel mimen will, mimt das Tier«, sondern wer das Tier mimt, erhebt sich zum Engel. Der Euphemismus, mephistophelischer Schabernack des Bösen-das-sich-zum-Guten-wendet, legitimiert ein Jahrhundert lang die große Mode einer Hegelschen Hermeneutik, die nicht aufhört, im »Kreuz« der Vergangenheit und den Leiden der Gegenwart eine »Rose der Vernunft« zu finden.

*

Der Zweite Weltkrieg, die Millionen von Toten, die Vernichtungslager scheinen, wie die Pest des Thukydides, die irreversible Umwertung aller Werte eines sich selbst mordenden Europas auslösen zu müssen. »Ende des Jahrhunderts verkündete der alte Nietzsche den Tod Gottes, nun ist es an uns, mit uns selbst zu Rate zu gehen und uns zu fragen, ob nicht der Mensch tot ist«, sagte André Malraux 1946 in einer überfüllten Sorbonne. In ihrem Tagebuch schrieb Marguerite Duras gleichsam als Echo: »Um uns herum die gleichen Ozeane, die gleichen Invasionen, die gleichen Kriege. Wir gehören zur Rasse derer, die in den Krematorien verbrannt werden, und zu den Vergasten von Maidanek, wir gehören auch zur Rasse der Nazis.« Die Frage trug Früchte, weit jenseits des »theoretischen Antihumanismus«, wie er im Paris der sechziger Jahre kultiviert wurde. Dennoch blieb sie rhetorisch. Kaum ausgesprochen, erhielt die Erklärung ihren unwandelbaren euphemistischen Nachtrag: »Wir müssen ein neues Bild vom Menschen entwerfen, in dem der Mensch sich wiedererkennt.«

Man erörterte also bis zum Überdruß, ob es sich, wenn man die Teile des in mindestens zwei »Rassen« – die Henker und ihre Opfer – aufgesprengten Europas wieder zusammenfügte, dann wirklich um ein Bild des Menschen handelte, das es zu heiligen galt, oder vielmehr um das Bild einer Klasse, eines zweiten Geschlechts oder einer dritten Welt. Kaum war die Nicht-Menschlichkeit eingestanden, zweifelte niemand daran, daß ein Ersatz ausgetüftelt werden mußte. Und Sartre, hart am Ball, gestand, daß er den Schlüssel besaß: »Der Existentialismus ist ein Humanismus.« Heidegger, der das Etikett ablehnte, akzeptierte zwar die Termini des Problems, berief sich jedoch auf Formeln, die er für angemessener hielt. Er nannte zwei von ihnen. Den Kommunismus, in dem sich »eine elementare Erfahrung dessen ausspricht, was weltgeschichtlich ist«. Und jenes Rätsel, das er »die innere Wahrheit und Größe« der nationalsozialistischen Bewegung nennt.

Sogar die beispiellose Pest, sogar die Verbrechen, die man zu Recht Verbrechen »gegen die Menschlichkeit« nennt, änderten nichts an den Leitideen, mit denen Europa, nach wie vor, *den* Menschen oder irgendein für noch fundamentaler erachtetes Substitut ein für allemal zu definieren gedachte. Notfalls taugte eine Pirouette als Erklärung. Waren diese Morde nicht Verbrechen gegen den Geist? Falls unser so hehres Bewußtsein sie nicht vorhergesehen und ihnen nicht vorgebeugt hatte, dann hielt es sich für unschuldig und gleichsam reingewaschen. Falls es sie unterstützt hatte, dann stellte es sich als Opfer von Vertrauensbrüchen zur Schau. Heidegger gestand, daß er in keiner Weise gewillt sei, seinen Nazismus zu bereuen, weder seine anfängliche Unterstützung Hitlers noch seinen mangelnden Widerstand gegen die begangenen Verbrechen. Und er fügte hinzu, wenn es um Reue gehe, dann müßte vielmehr Hitler ihn um Entschuldigung bitten dafür, daß er die Lektionen seiner Philosophie nicht richtig umgesetzt habe. (F. de Towarnicki)

Auf diese Weise verflüchtigen sich die mörderischen Ideologien zu Lesefehlern und berühren weder zur Rechten noch zur Linken unsere makellosen guten Gedanken! Da die Krankheiten *a contrario* unsere Gesundheitsidee bestätigen, warum sollten die schlimmsten Scheußlichkeiten nicht eine schöne Seele stärken, die von Anfang an unangreifbar ist? Soviel Dünkel würde lediglich von der unersättlichen Anmaßung eines selbstgefälligen Europas zeugen, wäre da nicht die methodische Seite einer Negierung, die ihre Operation verallgemeinert.

*

Wie läßt sich die praktische, nachträglich formulierte Feststellung, daß die Pest gewütet und das Böse geherrscht hat, mit dem euphemistischen Axiom vereinbaren, daß das Böse in Wahrheit nicht sein kann und daß die Pest entweder nicht existiert oder zumindest nicht mehr überlebt? Der Betrug, der das Böse auf ein reines Blendwerk reduziert, wird in fünf Bildern gespielt.

1. Die zeitliche Negierung

So wie allein die Gesundheit geeignet sein soll, die Pathologien einzugrenzen und zu definieren, so suggeriert das Sartresche-Hegelsche Glücksrad (»List der Vernunft« genannt), daß das Böse nur mit den Augen des Guten gemessen werden kann, folglich retrospektiv, sobald der Blick wieder scharf geworden ist: während die Theorie ihre grauen Erklärungen aufstellt, geht eine grüne Epoche des Lebens zu Ende. Eine andere beginnt, eine gesündere, da man einen Blick gefunden hat, die zurückgedrängte Pest als solche in einer überholten Vergangenheit zu erkennen. Listige Vernunft: Illusionen und Beschädigungen müssen verflogen sein, um als Illusionen und Beschädigungen erscheinen zu können.

Die spontane Evidenz eines solchen Axioms darf seine Ungeheuerlichkeit nicht verschleiern. Wenn eine Wahrnehmung der Kalamitäten nur nachträglich möglich ist, dann wird kein Unglücklicher je Zeitgenosse seines eigenen Unglücks sein. Der Irrende kann seine Irrtümer weder einsehen noch korrigieren, sollte er sie denn vorher festgestellt haben. Der »Roman der Medizin« erhob den Anspruch, sowohl die Erfahrung des Kranken zu eliminieren, sein Zeugnis für bedeutungslos zu erklären, als auch mit der Pest fertiggeworden zu sein. Auf die historischen und sozialen Krisen angewandt, verbietet ein und dasselbe Verfahren den Leidenden, den Eingesperrten, den Gefolterten das Wort; was ihnen zustößt, können sie erst in dem Augenblick wissen, wo ihnen nichts mehr zustoßen wird, wenn ihr Leidensweg oder ihr Leben ein Ende gefunden hat.

Nie wieder. *Plus jamais. No pasarán*. Die gelegentlich durchaus angemessene, ja heroische Losung zieht in ihrem Kielwasser die euphorische Überzeugung eines performativen Automatismus nach sich, als genügte es, »abseits« zu pfeifen, damit der Lärm und die Rasereien der Geschichte brav und endgültig zum Stillstand kommen. Vor dem Gericht der Gelehrten sollen das Zeugnis und der – selten in Erwägung gezogene – Schrei nachträglich bescheinigen, daß der Zeuge sich aus der Affäre gezogen hat. Und wir mit ihm. Das Schlimmste, ein Abenteuer von gestern, würde das Morgen *post mortem* erleichtern.

Die chronologische Distanzierung versucht, eine ursprünglich private und individuelle Trauerarbeit kollektiv einzuführen. Man weiß, daß die vom Ableben eines nahen Angehörigen hervorgerufene Bestürzung nur zum Preis einer schmerzhaften Selbstüberwindung akzeptiert wird. Auf die Dauer vollzieht sich die Teilung zwischen dem in die Erde gesenkten toten Teil des Verstorbenen und seinem überlebenden Leben, der guten Erinnerung, die man verinnerlicht. Natürlich träumt eine Gemeinschaft von ähnlichen Übereinkünften, wenn sie die Gräber unbekannter Soldaten und allzu bekannter Marschälle mit Kränzen schmückt. Die alten Zeremonien und die modischen Doktrinen fordern dazu auf, der historischen Evolution einen eindeutigen Sinn zu geben. Die verschiedenen Religionen der europäischen guten Gesundheit versichern, daß wir die Zeit des Todes hinter uns gelassen haben, und organisieren eine Trauerarbeit im Gewaltmarsch. Feierlich eingeladen zu der Entdeckung, daß all die Bosheit, deren sie sich fähig zeigten, nur noch Staub ist, goldgeprägter Marmor und mit legendären Symbolen verschönte Erdhügel, sehen wir die Kollektive, die dazu verdammt sind, sich wohlzufühlen, weil es ihnen so schlecht gegangen war.

2. *Die räumliche Negierung*

»Die Lunge, die Lunge, sage ich Ihnen«, ruft Toinette als Arzt. Die lokalen Fixierungen eines Übels lösen seine zeitliche Verbannung vorteilhaft ab. Die kolonialistischen Ideologien haben die Übel der Welt in den sogenannten primitiven Gesellschaften angesiedelt, die der »Natur« verhaftet sind, da sie keine europäischen Schulen und Krankenhäuser haben. Die antikolonialistischen Ideologien haben eine Gegenlokalisierung vorgeschlagen, indem sie die räuberische und zerstörerische europäische Kultur und ihr »System« anprangerten, das sie auf verschiedene Weise qualifizierten: »imperialistisch«, »weiß«, »jüdisch-christlich«, »logozentrisch« usw., und das Ganze zur hauptsächlichen, ja einzigen Quelle der Infektionen erklärten, die den Planeten zerfressen.

Diese parallelen und gegensätzlichen Operationen sind schlechterdings manichäisch, nicht weil sie zu Recht bekämpfte Unmenschlichkeiten aufdecken, sondern weil sie *a priori* denjenigen reinwaschen, der anprangert. Mit dem Raum ist es wie mit der Zeit: indem man die Bosheit exotisiert, spricht man sich frei. Um die Wilden zu zivilisieren, nimmt sich der Kolonisator die schlimmsten Grausamkeiten heraus. Der antikolonialistische Terrorist ebenso. Es gibt tatsächlich »böse« Lager und kriminelle Vereinigungen. Auf der Gegenseite kann es zu »weniger schlimmen« Bündnissen kommen, die zumindest teilweise das Ziel verfolgen, die Verheerungen der Gewalt einzudämmen, und sei es durch Gewalt.

Das ekstatische und mystifizierende Moment des Manichäismus gründet in seiner Hypothese, daß es ein »gutes« Lager gibt, ein Reich des Guten, eine Erde des Lichts, frei von jeder Beziehung zu den Schandtaten ringsum. Unter anderen war das Land Stalins das Paradies auf Erden. Der Manichäer hält sich für rein und gesund. Er kämpft gegen das Böse, ohne das Bedürfnis zu haben, gegen sich selbst zu kämpfen. Europa, das seine kulturelle Gesundheit zur Schau trug, schickte sich an, die Welt zu pasteurisieren. Verschiedene Teile der Dritten Welt berufen sich auf ihre natürliche oder religiöse Gesundheit und nehmen sich vor, den Westen zu reinigen. Zwei Refrains desselben Lieds. Ohne auf den Sturm von Aids zu warten, sichern sich die menschlichen Gemeinschaften die Exklusivität auf eine phantasmatische Immunität, indem sie die anderen zu den Risikogruppen rechnen. In Norddakota bezeichnet ein Eskimostamm seine Mitglieder als »Menschen« und nennt die benachbarten Stämme »Läuse«.

Die manichäischen raumzeitlichen Teilungen spielen Alles oder Nichts. Angesichts der Übel errichten sie dem reinen und harten Guten ein Denkmal. Sie eröffnen das Duell: die Natur und die Kultur, der Mann und die Frau, die Rechte und die Linke, der Irre und der Weise, der Taugliche und der Untaugliche. Zwischen dem

Rohen (Natur) und dem Gekochten (Kultur) ist das Vergessene das dritte Glied, dessen verfaulte, ungesunde, unlautere Anwesenheit Lévi-Strauss zufolge zuvor noch keine Mythologie außer acht gelassen hat: die Antiküche der Verwesung. Die alten und modernen Manichäismen leugnen zwar nicht ihre punktuelle Existenz, schließen ihre Dauer jedoch aus. Als Operatoren des Heils und der Gesundheit sorgen sie für die Entkräftung des Bösen, indem sie es an die äußersten Grenzen der Zeit und des Raums verlagern.

3. Die erotisierende Negierung

Ärzte Molières, Doktrinäre des Sinns der Geschichte sowie ideologische oder religiöse Gurus mögen noch so oft die Nachpestzeit oder die Antipest verkünden – soll die Konversion der Geißeln kein frommer Wunsch bleiben, so erfordert sie das Wunder eines Taschenspielertricks, bei dem das Übel sich qualitativ als Übel aufhebt: »Die Lepra, ich wünsche sie mir, statt Angst davor zu haben.« (M. Duras) Die Erotisierung der nacktesten Gewalt verwandelt Blei in Gold. Das Begehren verklärt sein Objekt und dreht alle Karten um. Wenn Argan auf dem Grund des Wahns ankommt, taucht er als Arzt wieder empor.

Ebenso: »Wenn Genet beschließt, das Schlimmste zu wollen, weiß er, daß das Schlimmste verloren hat.« (Sartre) Indem sie Unvereinbarkeiten verkoppelt – Grausamkeit und Zärtlichkeit, Liebe und Tod –, verklärt die Alchimie der Kinoleinwand die rohen und schockierenden Einzelheiten. »Dieses Zufallspaar sieht man zu Beginn des Films nicht. An ihrer Stelle sieht man verstümmelte Körper, in Höhe des Kopfes und der Lenden, in Bewegung, eine Beute sei es der Liebe, sei es des Todeskampfes, bedeckt nacheinander mit Asche, den Tautropfen des Atomtodes und mit dem Schweiß vollbrachter Liebe.« (M. Duras) Die Magie funktioniert nur vor dem Dekor des Weltendes. Die Anbauteile unserer Menschheit fügen sich vor dem Hintergrund der grausamsten Unmenschlichkeiten zusammen. Auf dem Höhepunkt der Spannung müssen die beiden »Rassen« Europas, die Henker und die

Opfer, einander erkennen und fraternisieren. Das heißt fortan Liebe.

Jean Genet nennt die ungewöhnliche Trauerarbeit sehr exakt »pompes funèbres«, Totenfest. Gewöhnlich plündern die Überlebenden fröhlich die Garderobe des Verstorbenen und wählen nach Gutdünken das »Positive« aus, das sie aufheben, und das »Negative«, das sie ausmustern. Die Umwandlung der Pest dagegen macht es erforderlich, daß die Gesamtheit des Negativen positiv bewertet wird. Restlos. Schamlos. Genet geht behutsam zu Werke, indem er die Paare übereinanderlegt. Der Ton wird durch die zeremoniöse Leidenschaft des Autors für Jean vorgegeben, der als Befreier von Paris umgekommen ist. Was kann es Ehrbareres geben? Hinter ihm zeichnen sich Riton – ein Jean, der zum Ganoven geworden wäre – und Erik ab, der SS-Mann, der sich an den zum Milizsoldaten gewordenen Riton heranmacht. Und noch weiter hinten zeigen weitere Phantompaarungen den »Henker von Berlin« und, schließlich, Hitler, der zu Paulo »wird«, Jeans unwahrscheinlichem Bruder. Der Kreis schließt sich. Genet reklamiert Hitler für Sartre, der Genet für die gute antihitlersche Gesellschaft reklamiert.

Der Denker vereinnahmt den Dichter nicht mißbräuchlich. Vielmehr ist es der Dichter, der den Denker in der Falle seiner Humanitätsidee fängt – die Identität von Krankem und Arzt (Argan zufolge) findet sich in der Gleichheit von Mörder und Geliebtem wieder. »Ich fühlte, wie der Revolver zu einem Organ meines Körpers wurde, zu einem wesentlichen Organ, dessen schwarze, durch einen kleinen blitzenden Kreis gezeichnete Mündung in diesem Augenblick meine eigene Schnauze war, die endlich ihr Wort zu sagen haben würde. Der Finger lag am Abzug. Der Augenblick höchster Freiheit war erreicht: Auf Gott zu zielen, ihn zu verwunden und ihn sich zum tödlichen Feind zu machen. Ich schoß. Ich schoß dreimal. ›Ein so hübscher Junge soll mich gerne drei Kugeln kosten.‹« (J. Genet) Das ziemlich platte Wortspiel[10] suggeriert eine diskrete und gewaltige Umkehrung der Mentalitäten.

Für Platon, der eine zweitausendjährige Tradition begründete, ist die Liebe der Akt, durch den Sterbliche fortleben, und sei es auf ihre Kosten. Die physische oder geistige Geburt ist soviel wie eine Verewigung, sogar und vielleicht vor allem dann, wenn die Kinder den Tod der Eltern verkörpern (das sagt Hegel). Bei Genet bleibt der Geschlechtsakt zwar generisch, jedoch steril; indem er auf sich selbst zurückflutet, bringt er, nicht so sehr in der Evidenz eines unaufhaltsamen Überlebens als vielmehr einer unauslöschlichen Vernichtung, die Gattung ins Spiel. Während der Platonismus sich hartnäckig bemühte, die Lust in den Dienst der (natürlich geistigen) Zeugung zu stellen, führt die zeitgenössische Gegensublimierung letztere auf erstere zurück und erspart sich den Tod der Lust, indem sie die Lust am Tod aufwertet. Will man die geteilte und zerrissene Menschheit versöhnen, dann muß man ihr beibringen, im und durch das Verbrechen Befriedigung zu finden.

»Frevelhafte Beschwörung«, so kommentiert Marguerite Duras *Hiroshima mon amour*. Doch das Werk verfährt listig, durch Verschiebungen und Abschwächungen nach Art Genets. Unter einem dezenten und leicht annehmbaren Skandal brodelt eine ganz andere, jedoch uneingestandene und selten wahrgenommene Blasphemie. Äußerlich sehen wir eine Dreigroschengeschichte. Er hat durch die Atombombe seine Familie verloren. Sie ist in Nevers kahlgeschoren worden, weil sie einen deutschen Soldaten geliebt hatte. Der Ehebruch verbindet sie. Die Zeit trennt sie. Nichts, was einen Hund hinter dem Ofen hervorlockt. Nichts, was das Gerede einer versöhnlichen Gesellschaft herausfordert. Innerlich bleibt hartnäckig ein Grauen bestehen. Eine unterschwellige Anwesenheit, die sich weder in den grausamen Dokumenten noch in den Bettszenen zeigt. Allein ihre Nebeneinandersetzung spielt darauf an.

Offiziell erschüttert kein »Sakrileg« die unschuldigen Liebenden. Haben sie nicht, gegen ihren Willen, den Krieg als das Verbrechen der anderen erlitten? Aber in ihren Adern fließt eine andere Geschichte, die einer ebenso mörderischen wie geschundenen Menschheit. Hinter der billigen Fraternisierung von Opfern und Gedemütigten bricht die Frage des Henkers hervor: und ich, bin ich Teil eurer Menschheit? Der Vize-Konsul, der eines Nachts in Lahore auf die Menge der Aussätzigen und Elenden schießt, gehört er zu euch, zu uns? Eine schwierige Frage, in der die »frevelhafte Beschwörung« zum Vorschein kommt, die Duras in jedem ihrer Bücher wiederholt. Sogar in der Inszenierung ihrer selbst, die den Erstbesten, einen hypothetischen Kollaborateur, mit Nazimethoden foltert. »Thérèse, das bin ich. Die, die den Denunzianten foltert, das bin ich. Die, die gern mit Ter, dem Milizionär schlafen möchte, ebenfalls ich. (...) Lernt zu lesen: es sind heilige Texte.«

Lernen wir zu lesen. »Du tötest mich. Du tust mir wohl.« Die berühmte Beschwörung aus *Hiroshima* erscheint zum erstenmal zwischen einer liebenden Frau und dem Mann, der sie beleidigt und dann totschlägt, in einer Novelle mit dem Titel *L'Homme assis dans le couloir*. Man findet sie als stummes Leitmotiv in *Moderato cantabile* wieder. Lernen wir zu lesen. Hinter den Geschehnissen von Nevers und Hiroshima, oder in ihnen, kommen die Handelnden zur Besinnung und schlüpfen erneut in ihre Rolle. Die beiden europäischen »Rassen« vermischen sich im Unausgesprochenen eines Texts, der seine Leser zwingt zu erraten, daß es um etwas anderes geht als um Lahore und Hiroshima. »Dieses déjà vu begann für mich sicherlich mit der Kindheit in Asien, jenen Lazaretten außerhalb der Dörfer, der Endemie der Pest, der Cholera, des Elends, die verdammten Straßen der Pestkranken sind die ersten Konzentrationslager, die ich gesehen habe.« Lernen wir, daß wir lernen müssen, in der »heiligen« Tiefe des Texts nicht nur Hiroshima zu lesen, sondern die Pest, die Lepra, die Cholera und Auschwitz mon amour.

Auschwitz mon amour, die Bejahung ist stärker als die bloße zeitliche Negierung (das gibt es nicht mehr) oder die räumliche Negierung (das gibt es nur anderswo). Sie verbannt nicht in eine andere Realität. Sie braucht vor nichts zu fliehen. Sie sagt aus: Es ist halb so schlimm. Durch ihren »heiligen« Aspekt und ihren »frevelhaften« Charakter setzt sie die profanen Aufteilungen außer Kraft, ohne sich auf eine andere oder höhere Welt zu berufen. Der Punkt, an dem keine Rückkehr mehr möglich ist, ist bei ihr eher surrealistisch denn idealistisch. Die Bejahung irrealisiert die schärfsten Gegensätze dieser Welt. Henker und Opfer werden nicht mehr als solche wahrgenommen, sobald der erhabene Punkt erreicht ist. »Alles läßt uns glauben, daß es einen bestimmten geistigen Standort gibt, von dem aus Leben und Tod, Reales und Imaginäres, Vergangenes und Zukünftiges, Mitteilbares und Nicht-Mitteilbares, Oben und Unten nicht mehr als widersprüchlich empfunden werden«, schrieb André Breton. Wie eine zahlungsunfähige Bank erklärt sich der Intellektuelle nach 1945, ohne sein Wissen Surrealist, für wahrnehmungsunfähig. Doch ohne deshalb Bankrott zu machen. Ganz im Gegenteil, er erfüllt seinen Auftrag. Er setzt das Bild des Menschen wieder zusammen. Er formt um. Er päppelt auf. Er kauft frei. In jedem Erdenbewohner versöhnt er die beiden »Rassen«, die ihn zerreißen. Er erhebt die Mulde der Betten zum höchsten Gerichtshof. Der Tag des Gerichts wird zur Liebesnacht. Einer beliebigen, da universalen Nacht, in der beliebige Körper Rollen und Stellungen wechseln und gegen alles gleichgültig werden, was sie nicht über ihre Unterschiede hinaushebt. Eine in Kontoüberweisungen und Provisionstransfers geübte Literatur beruft sich auf ihr nächtliches Geflüster: »In der Liebe gibt es nichts Schlimmes«, und unterzeichnet der Aktualität den Blankoscheck der Nichtexistenz des Übels im allgemeinen.

Wenn Sein einzig und allein Verliebtsein heißt, dann ist Auschwitz nicht. Und ebensowenig der Plunder der großen Geißeln. Aids mon amour, unausgesprochenes Geheimnis der unerklärlichen Stümpereien und der fortwährenden Sorglosigkeit, die man angesichts der Mächte des Todes zur Schau trägt. Da das Schlimmste nicht ausreicht, in jedem Menschen das Bild und die Auffassung des Menschen zu sprengen, warum dann darauf verzichten, die HIV-Positivität obendrein zu erotisieren? Das Liebesrezept ihres Universums entging denen, die in ihm versanken. Folterer wie Gefolterte stimmten darin überein, die Vernichtungslager als *Aschloch* [11] zu bezeichnen.

Der moderne Intellektuelle, der annimmt, daß diese seelenlose Welt eine Seele hat, und einen Abgrund ohne Liebe mit Liebe zukleistert, taumelt ständig zwischen Bettlaken und Beinhaus. Die Liebe evoziert den Atompilz, der als blaue Blume erblüht. Der Mann der Feder verdoppelt den Ritter des Klistiers. Argan verabreicht sich Heiltränke. Die Liebesbriefe zeugen letztlich nur noch von der Liebe zu den Briefen. Die negierende Erotisierung kann nur bestehen, indem sie sich grausam widerspricht.

4. Die zynische Annullierung

Weder die verstreichende Zeit noch der manichäisch trennende Raum oder der zusammenführende surreale Eros können uns hermetisch in der schützenden Kapsel einschließen, in der nichts Pest wäre. Bleibt die Möglichkeit, den Satz umzukehren: wenn alles Pest ist, wird die Pest nicht mehr wahrgenommen. Sie verflüchtigt sich ebenso radikal, als wäre sie nicht. Überall anwesend, nirgendwo isolierbar, wäscht ihre Überbetonung jedes Unterscheidungsmerkmal von ihr ab. Läßt sie also verschwinden. Wenn es stimmt, Heidegger zufolge, daß die Todeslager und die mechanisierte Landwirtschaft einzig mit dem Schicksal der metaphysischen Technologie zusammenhängen, die den Planeten verwüstet; wenn man, demselben und vielen anderen zufolge (die meinen, daß sie revolutionär, ökologisch, religiös zu ihm im Gegensatz stehen), glauben soll, daß der Unterschied zwischen Totalitarismus und Demokratie unbegründet, ja Augenwischerei ist; wenn man sich sagt, daß die disziplinarische Organisation der Arbeit in einer Fabrik von Detroit, einem Büro der SNCF oder einem chinesischen Umerziehungslager im Grunde identisch ist; wenn man die Welt der Bilder beschuldigt, über das Fernsehen völlig irreführende Nuancen zwischen dem Schlimmen und dem weniger Schlimmen zu verbreiten; wenn das aktuelle Elend als reines Blendwerk erscheint und seine Hauptfunktion darin besteht, das wahre Wort dessen, der sie als Simulationen disqualifiziert, zu ersticken; wenn also die Pest die Regungen des Herzens und die Cholera die Bahn der Satelliten unter dem Hertzschen

Gewölbe regeln – warum sollte man sich dann über die Nachlässigkeit und Gleichgültigkeit wundern, mit der Aids aufgenommen wurde: eine erste Abdankung wird zur Lawine. Die Logik des Halbsoschlimm ist um so unangreifbarer, als sie sich auf eine ernüchternde Parenthese beruft: (alles ist gleich schlimm).

Anders gesagt: es gibt nichts Schlimmes. Die Geißeln gelten als laufende Geschäfte, die man laufen läßt. Die postmoderne Sorglosigkeit gibt sich weder für schön noch für heldenhaft aus, sondern für rigoros. Sie behauptet, von den alten Illusionen und den modernen mörderischen Idealen abgekommen zu sein. Sie erkennt kein unumstößliches Gutes an, warum also sollte sie sich mit dem negativen Zwillingsbegriff des »Bösen« abgeben?

In ihren Augen bilden Himmel und Hölle ein Paar. Das eine abschaffen heißt das andere beseitigen und mit dem Binarismus der lebensgefährlichen Gegensätze aufräumen. Ein seltsamer Paralogismus, und eine wenig rigorose Rigorosität, die in Wirklichkeit dem Binarismus huldigt, den abzulehnen sie vorgibt. Wenn nicht das eine, dann auch nicht das andere!! Wovon leitet man die Überzeugung ab, daß man das Paradies konzipieren muß, um unsere Höllen wahrnehmen zu können? Wenn die großen Werte ihren Wert verlieren, mit welchem Recht schließt man daraus, daß die Schrecken aufhören zu schrecken?

Die Postmodernen teilen mit ihren Vorgängern das bigotte Vorurteil, daß einzig das geoffenbarte, anerkannte, etablierte, gemeinsame Gute es erlaube, einander zu verstehen, und daß jede Verneinung sich einer vorherigen Bejahung zugeselle, die sie erst möglich macht. Sie pflichten der Naivität eines Bergson bei, der es für unumstritten hält, daß in der Idee des Leeren »mehr« enthalten ist als in der Idee des Vollen und daß allein das Denken der Ordnung eine Unordnung zu denken erlaubt!

Die Pseudologie des Weder Gut Noch Böse schlägt zwei Fliegen mit einer Klappe. Sie schließt die Augen für die Tränen und den Mund für den Schrei. Ein derartiges Manöver impliziert, daß die (persönlichen) Bedingungen für die Möglichkeit einer Nicht-Erfahrung des Bösen als (universale) Bedingungen für die Unmöglichkeit des Bösen projektiert werden. Die Pestilenz wird undenkbar und nahezu nicht wahrnehmbar. Zu erreichen, daß ein leidendes Wesen meint, im Augenblick des heftigsten Schmerzes nicht mehr zu leiden, setzt eine derart heroische »Apathie« voraus, daß die Stoiker eine solche Fühllosigkeit dem Weisen vorbehielten, wobei sie in Zweifel zogen, ob es ihn je gegeben hat.

Um die abstrakte Weisung des Halbsoschlimm in existentielle Erfahrung umzuwandeln, bieten die modernen und postmodernen Apotheker einen Cocktail schmerzstillender Mittel an. Die Denker der Antike dagegen entwerfen eine geistige Erfahrung. Der stoische Weise erhebt sich dadurch über den Schmerz, daß er sich an eine Grenze begibt, die, da radikal, sämtliche menschlichen Attribute des Menschen unerheblich wirken läßt. Der Weise, dessen »Paradoxa« Cicero fassungslos aufzählte, kann sich alles erlauben. Die allerheiligsten Verbote übertreten: Inzest, Selbstzerfleischung, Menschenfresserei. Sich so verhalten, wie er es für richtig hält, ohne deshalb der Beliebigkeit zu verfallen.

Was heißt das? Einfach dies: er reduziert das Übel auf eine Ansichtssache. Um zur vollkommenen Apathie zu gelangen, muß er außer Reichweite sein und gegen die Ansichten, auf »paradoxe« Weise existieren. Im Klartext: um glücklich zu leben, muß er sich der *conditio humana* entziehen und sie auf den absoluten Un-Sinn reduzieren. Das Paradox der irrsinnigen Weisheit läßt zwei Lektionen zu. Die gemäßigte wird von den römischen Stoikern gezogen: Da es unmöglich ist, weise zu sein, verhalten wir uns der menschlichen Natur gemäß. Die andere, extreme, wurde von den griechischen Kynikern vorweggenommen, den authentischen Vorläufern und Inspiratoren des Stoizismus.

Der Kyniker Diogenes versucht, »das Übel zu verlernen«, um die Apathie zu erreichen. Während die Stoiker die Erfahrung des Halbsoschlimm der theoretischen Voraussetzung eines unmöglichen Weisen unterordnen, geht Diogenes *in vivo* vor, er erkundet das Wirkungsfeld, »sich niemals zu grämen, an welchem Ort oder unter welchen Umständen auch immer«. Mit kleinen Pinselstrichen und Anekdoten zeichnet er das Porträt des Weisen, dessen

Möglichkeit er verkörpert. Er »fälscht die Münze«. Er schwimmt gegen den Strom. Er tritt durch den Ausgang ein. Hier und jetzt durchsetzt er die Kleinigkeiten des Alltags mit der gewünschten allgemeinen Bedeutungslosigkeit.

> Der Vaterstadt, dem Haus, der lieben Heimat fern,
> Ein Bettler, Flüchtling, kämpfend um sein täglich Brot ...

Er verhält sich wie ein Tier, »verwildert das Leben«. Er verzehrt rohes Fleisch, onaniert in der Öffentlichkeit, respektiert niemanden. Er führt ein göttliches Dasein. »Es ist göttlich, nichts zu bedürfen.« »Geh mir aus der Sonne«, sagt er zu Alexander dem Großen, der ihm, bewundernd, Freundschaft und Vergünstigungen anbot. Schockierend. Ein Provokateur? Gewiß. Er verfolgt seine Landsleute wie ihr Schatten. Er zeigt die Kehrseite der Medaille. Sobald man aufhört, ein Bürger zu sein, wird man – Diogenes. Aristoteles, der den Menschen durch seine gesellschaftliche Existenz definierte – als *zoon politikon* (als »politisches Tier«) –, hatte ihn mit seinem Anderen konfrontiert: »Derjenige, der auf Grund seiner Natur und nicht bloß aus Zufall außerhalb des Staates *(apolis)* lebt, ist entweder schlecht oder höher als der Mensch (...).« Denn da der Mensch geschaffen ist, in Gesellschaft zu leben, ist einer, der »nicht in Gemeinschaft leben kann oder in seiner Autarkie ihrer nicht bedarf, kein Teil des Staates, sondern ein wildes Tier oder Gott«. Die Erfahrung des Kynikers bestätigt das Urteil des Philosophen, mit einer zusätzlichen Präzisierung: ist der Spiegel einmal durchquert, schwindet der Unterschied zwischen Wildem und Göttlichem.

Die stoische Erhabenheit übersteigt das menschliche Maß. Die kynische Subversion bewahrt es mittels eines *memento mori*. Die ständige und nahe Möglichkeit des Endes macht Diogenes zum Olympier und gleichzeitig zum Tier. Er hat nichts zu verlieren. Er öffnet sich im voraus der Auflösung des Staats und dem Verderb der menschlichen Beziehungen. Er fürchtet keine Pestilenzen, da er sich präventiv allesamt zugezogen hat. »Das ist gut für dich, mein Freund, leide, um nicht zu leiden.« Die kynische Gesundheit erweist sich dadurch als unverwüstlich, daß sie sich selber krank macht.

Vor allem keine Spur von Masochismus, trübsinniger Ergötzung in einer fröhlichen Wissenschaft, die den universalen Bankrott nur deshalb vorwegnimmt, um die Freude auszukosten, seine Vollendung zu leiten. Er ist schneller als irgendein Roman, er ist jener, der auf Anhieb dessen obligate letzte Worte flüstert! »Ins Theater ging er, wenn die andern ihm daraus entgegenströmten, und, nach dem Grunde gefragt, sagte er: ›So halte ich es grundsätzlich mit meiner ganzen Lebensführung.‹«

Die Behauptung »es ist halb so schlimm« wird nur dann unumstößlich, wenn eine absolute Selbstkontrolle sie begründet. Umgekehrt pflichtet nur sie einer solchen Kontrolle bei. Die Wahrnehmung der Nichtexistenz des Übels und die Transparenz einer autarken Innerlichkeit werden in Zusammenhang gebracht. Sie setzen sich gegenseitig voraus. In Kantschen Termini ergibt dies: die Bedingungen für die Möglichkeit der Erfahrung im allgemeinen sind gleichzeitig die Bedingungen für die Möglichkeit der Gegenstände der Erfahrung. *De facto* wie *de jure* sind diese beiden Erfahrungen nur eine einzige, die, unteilbar, den Gegenstand hervorbringt, der sie plausibel macht. Der Kynismus impliziert eine intellektuelle Gymnastik, die ihren Höhepunkt darin findet, ständig *in extremis* zu leben. Seine Askese triumphiert in der Lebensregel des *apnous*. Das »ohne Atem« hing mit einer ziemlich weit verbreiteten magischen und mystischen Praxis zusammen, einer Übung des Todes, der Kunst, mitten in der Krise Seele und Körper zu trennen. Diogenes stirbt, indem er den Atem anhält.

Durch diesen exemplarischen und einzigartigen Selbstmord erreicht er den Gipfel der Selbstbeherrschung in eben dem Augenblick, da er sie verliert. In der letzten Sekunde, da seine Existenz nur noch an einem Faden hängt, bekräftigt er, daß dieser Faden sein eigener Atem ist und daß es keinem anderen als ihm zukommt, ihn abzuschneiden oder nicht. Sterben heißt leben, indem man sein Leben anhält. Leben heißt aufschieben und sich enthalten, anzuhalten. Die Kontrolle setzt sich als absolut in der vollkommenen Äquivalenz von Existenz und Nichtexistenz.

»Präge deine eigene Münze.« Der Kyniker Diogenes bringt die geheimnisvolle Triebkraft der modernen Negierungen ans Licht. Diese sagen halb so schlimm im Namen einer Transparenz, die, dialektisch und zeitlich, die Vergangenheit durch die Gegenwart bändigt; oder sich, manichäisch, des Feindes durch den Feind bemächtigt. Oder, erotisch, die Trennung in der Paarung und Verschmelzung bezwingt. Diogenes ruft es in alle vier Winde: Pest, mon amour, und verstärkt seine Behauptung durch eine Selbstbehauptung: die Pest bin ich. Er erbringt den Beweis dafür. Er setzt sich als Ursache und Wirkung seines letzten Verschwindens.

Die Erfahrung ist singulär und nicht zu verwechseln mit der Prüfung eines universalen Todes, bei der der Krieger seinen Mut auf die Probe stellt, der Priester seinem Glauben und jedermann seinen Schrecknissen gegenübertritt. Der Tod aller bleibt fremd und befremdlich. Unwiderruflich entgeht er uns und wir ihm. Der kynische Tod dagegen, ein Aufenthalt ohne Schatten, liefert sich ganz demjenigen aus, der sich ihm anheimgibt. Er verwandelt den Selbstmord in eine Taufe. Diogenes wird im letzten Akt zur Wahrheit des Diogenes: wenn er das Alpha und Omega seiner Philosophie vorführt, die klare und vollständige, animalische und göttliche Selbstbeherrschung, die von seiner Lehre entworfen worden ist.

Für den normalen Sterblichen kommt eine Agonie einer Enteignung gleich. Ihr Geschmack ist niemals vertraut. In ihrem Anderswo kauernd, erschüttert sie die inneren Überzeugungen und die universalen Credos. Wenn wir sind, ist der Tod nicht; wenn der Tod ist, sind wir nicht – angesichts der Kyniker wird Epikurs Klinge wieder scharf. Allein Diogenes führt die entgegengesetzte Gleichung vor Augen: niemals entrinnen wir einem Tod, der uns nicht entrinnt; wir werden, was wir sind, indem wir ein Ableben herbeiführen, das von uns abhängt. Das Ich enthüllt seine Identität dadurch, daß es sich in jene intimste, da höchste, und letzte, da unüberschreitbar ihm eigene Möglichkeit projiziert.

Indem Diogenes den absoluten Enteigner enteignet, den Tod auf ein bloßes Ereignis des Lebens reduziert, entwirft er das Modell der radikalsten Revolutionen und der gewöhnlichen Gesundungskuren, die sich die modernen Zeiten unablässig verschreiben. Die Produzenten müssen erkennen, daß in der äußeren und phantomatischen Form der Warenwelt der gesellschaftliche Charakter ihrer Produktion in Erscheinung tritt. Die Menschen – Rassen, Klassen, Nationen – müssen wissen, daß sie ihre eigene Geschichte machen, auch wenn diese sie in der umgekehrten Gestalt eines bleiernen Schicksals heimsucht. Der Lehrende muß die Werke dekonstruieren; vollendet, entgehen sie ihm; zertrümmert, wird er wieder zu ihrem Prinzip. Jedesmal zieht sich die Autorität von den Außenwerken zurück, um sich als inneres Reich zu etablieren, das nichts und niemanden zu erschüttern vermag. Wenn Ego-Diogenes sich die Fähigkeit zuerkennt, nach eigenem Belieben seine letzte Grenze zu ziehen, erklärt er sich mit einem Schlag zum Mittelpunkt und Umkreis seines Universums. Nach dem Prinzip kommunizierender Röhren, deren Beispiele Legion sind, verstärkt sich die entmystifizierende Entgiftung des Objekts durch eine galoppierende Selbstvergiftung des Entmystifizierenden.

Man sagt: Diogenes wohnt in einem Faß, Beweis für ein genügsames Leben. Er hat keine Bedürfnisse und versagt sich nichts. *Pythos*, das berühmte Faß, ist in Wirklichkeit ein Krug. Der Behälter, in dem eine kluge Athenerin im Sommer die Wintervorräte speichert und sie im Herbst hortet. Metaphorisch erscheint der schöne weibliche Körper, in den der Gatte seinen Samen legt, im Glanz einer göttlichen Amphore. So berückend, daß man vergißt, sich zu fragen, warum, zu welchem Ziel entrückt? Um in Schönheit zu gebären, meint Platon. Um den großen Krieg zu entfachen, wie Helena von Sparta. Um das göttliche Gegengeschenk zu öffnen, jenen Krug, der alle Übel birgt. »Hesiod sagt nicht: Pandora ist ein Krug, die erste Frau ist ein Gefäß voller Geißeln; sondern er stellt eine Verbindung her zwischen der Frau selbst, die ein Keramikgegenstand ist, und dem Behältnis, das mit ihr und gleichsam für sie auftaucht« (G. Sissa).

Indem Diogenes sein Faß auf dem Marktplatz aufstellt, wählt er den festesten Wohnsitz. Er lebt mit seinem Gut, seinem Übel, seinen Leiden zusammen. Er hat sein Begehren immer bei der Hand, greifbar. Er vermeidet die Unzufriedenheit, das durchbohrte Faß der Danaiden, denn er verifiziert unablässig, daß er in Sicherheit wohnt, im Tod. Durch ihn wird er zum Wohnsitz. Der *pythos*, den er tagsüber mit sich trägt und der seine Nächte schützt, ist in Wahrheit seine Graburne. Er ist Zeitgenosse einer eigenen Einäscherung.

Kynische These: es gibt nichts Schlimmes. Weil es zwischen Gut und Böse keinen Unterschied gibt. Es gibt keinen Unterschied zwischen dem Gott und dem Tier. Zwischen dem Leben und dem Tod. Man muß die beiden Enden der Kette halten. Es gibt nichts Schlimmes: die Wahrnehmung des Bösen ist lediglich Ansichtssache, flüchtig und austauschbar. Es gibt keinen Tod: sich selbst geboren werden heißt sterben; und, dementsprechend, allein der Naive wähnt sich von einer fremden Macht affiziert und entfremdbar.

Diogenes ist die Ausnahme aller Ausnahmen im geistigen Universum der Griechen, in deren Sprache »Mensch« und »sterblich« Synonyme sind. Für Homer entwertet und trennt die Bestattung, statt Diesseits und Jenseits zu verschmelzen. Die Olympier können nur so tun, als stürben sie. Sie setzen ihr Leben nicht aufs Spiel, sie brauchen die Menschen, um die Tragödien und Kriege, deren unterhaltsames Schauspiel sie bieten, mit ein wenig Ernst zu würzen. Allein Diogenes wagt es, sich vorzustellen, daß das – für alle trennende – Ereignis Gott, Mensch und Tier gleichmacht, indem es dem einfachen Sterblichen zur Intuition seiner tierischen Göttlichkeit verhilft.

Der antike Diogenes erregte Anstoß. Er trieb den Ehrgeiz, der, wie es hieß, auch die Weisesten zerfraß, zu einer nie erreichten

Grenze. Er ist der »verrückt gewordene Platon«. Der moderne Diogenes ist stadtbekannt. Er schockiert nicht. Diejenigen, die heute zynisch genannt werden, begnügen sich damit, unnötig übertreibend, die gewöhnlichen Verschiebungen der schweigenden Einmütigkeiten zu formulieren. Die Oberflächlichen paaren Skeptizismus mit Wurstigkeit, dürftiger Übertretung, ruhmloser Abdankung und enttäuschter Feigheit. Sie vernachlässigen die affirmative und subversive Strategie einer Askese, deren »substanzreiches Mark« die »Alten« erahnten. Die Vermengung der Arten – des Rohen, des Gekochten, der Natur, der Kultur, des Tierischen, des Göttlichen – zeugt von einer unbezwingbaren Angst vor dem Unkontrollierbaren.

Diogenes erhebt die Notwendigkeit der Kontrolle zum höchsten Wert, ihre Möglichkeit zur ersten Philosophie, ihre Realität zur Erfahrung der Existenz: ich kontrolliere mich, also bin ich; ich kontrolliere mich nicht, also existiere ich nicht ... Selbst wenn diejenigen, die alles vermengen, in der Überzahl sind, so setzt sich das kynische Cogito – weit entfernt vom cartesianischen Cogito, das sich einem allgemeinen und ausweglosen Zweifel verdankt – auf Anhieb in der Gewißheit fest. Es macht den Nicht-Zweifel an sich selbst zum unangreifbaren Argument. Wenn Diogenes den Atem anhält, beherrscht und besitzt er sich. Er erfährt sich als absoluter Meister. Nichts kann geschehen, wenn er es nicht will. Jedes seiner Warum findet seine unmittelbare Antwort. Nur sich selbst hat er Erklärungen zu geben. Er verkörpert das Prinzip hinreichender Vernunft. Warum gibt es etwas statt nichts? Weil Diogenes das Universum anhält, wenn er seinen Atem losläßt; genauso gnädig kann er die Welt ins Nichts sinken lassen, wenn er sein Leben aushaucht, weil er nicht mehr Atem holt. Nichts ist ohne Vernunft, das heißt ohne Diogenes.

Voraussetzung für eine Verallgemeinerung und Demokratisierung der kynischen Gelassenheit ist, daß die Moderne handhabbare Substitute für die Atemautarkie des Hunde-Philosophen erfindet. In dieser Hinsicht appelliert man weniger an die Wissenschaften als an die Ideologien der Wissenschaft, die das religiöse

Heilsversprechen in ein weltliches Gesundheitsprogramm übersetzen.

Die Heilkunst ist nicht Gesundheit, meinten die Alten. Sie hat keine Verfügungsgewalt über sie. Sie sorgt dafür, ihr zum Durchbruch zu verhelfen. Dagegen steht das Ideal totaler Beherrschung nach Art des Diogenes den modernen Wissenschaften Pate, was sie in den Augen öffentlicher und privater Gewalten besonders begehrenswert macht. Als regulierende Idee, ferne und prätentiös, überdeterminiert die kynische Maßlosigkeit die tatsächliche Arbeit des Forschers und des Arztes, sie schreibt sie in den Horizont eines absoluten und dogmatischen Wissens ein, von dem man zu Unrecht behauptet, es sei den Forschungsmethoden wesensgleich. In Wirklichkeit geht die Forderung nach ausschließlicher Autorität dem Auftreten der wissenschaftlichen Operation voraus, so wie das gelehrte Latein der Ärzte Molières eine damals nicht existierende therapeutische Macht vorwegnimmt. Im Delirium von Diafoirus und Argan spricht Diogenes und nicht die Heilkunst. Außer wenn letztere sich von neuem alle Vollmachten einer allumfassenden Unbeirrbarkeit erteilt.

Die modernen Wissenschaften wurden unter dem Stern des kynischen Versprechens geboren, das sie mißbräuchlich für unerschütterlich, unfalsifizierbar und unfehlbar erklärte. Die titanische Nutzanwendung rief denkwürdige Krisen hervor. Die Mathematik – von Leibniz bis Husserl, der ihr noch die Lorbeeren der »Nomologie« zuerkennt – präsentierte sich als die unabweisbare Gesetzgebung, die sich selbst bestätigt und selbst kontrolliert, vollkommen transparent. Donnerschlag im Paradies der Wissenschaften: die Paradoxa der Mengenlehre, die unentscheidbaren Lehrsätze der Gödelschen Theoreme neutralisierten das parasitäre Vorurteil einer apnoeischen Evidenz. Man entdeckte, daß die Mathematik, wenn sie sich gegen das Risiko, Antinomien zu erzeugen, immunisieren will, Selbstmord begeht. Und wenn sie sich auf die einfachen Logiken »erster Ordnung« zurückzieht, untersagt sie es sich sogar, die ersten Wahrheiten der Arithmetik auszusprechen. Das Ideal globaler und totaler Ultraberechenbarkeit widerspricht der wahrhaft wissenschaftlichen Arbeit. So wie die Forderung nach absoluter Immunität angesichts der Dementis und der Ohrfeige der Virusmutationen die Ärzte entwaffnet.

Weit entfernt, sich in der irrealen, in ihren Marotten befangenen Welt eines sanften Träumers festzubeißen, ist das Imaginäre, das den Kranken und die Ärzte Molières umtreibt, wie ein kynisches Cogito strukturiert. Es spukt in den großen und kleinen Gestalten, die die Hinfälligkeit einer Tradition erfahren, die rings um sie zusammenbricht. Alle stürzen sich, als neue Frömmler, in das unbekannte Universum, wo der alte Glaube in den Willen nach Gewißheit umschlägt. Ob sie sich nun für die Wissenschaft, die Dichtkunst, die planmäßige Erziehung der Frauen, den Kampf für oder gegen die gesellschaftlichen und religiösen Institutionen, die Jagd nach dem Geld oder das Sammeln galanter Abenteuer interessieren – unabhängig von dem Gegenstand, den sie anbeten, zählt allein das Fieber, sich *uno intuitu* zu verwirklichen und mittels des Fetischs seiner Geldkassette, seiner Mätressen, seiner Ahnengalerie und seiner Ordensbänder ein Ego zu besitzen, so wie die modernen Diogenes es sich zurechtphantasieren.

Tartuffe, Alceste, die gelehrten Frauen, die lächerlichen Preziösen, die Kokotten – sie alle sind erregt von der Gewißheit der schönen Rede, des Wohlverhaltens, eines unverwüstlichen Savoir-vivre, das sie zu Meistern der Moderne kürt. Vor dem Buchstaben sind sie die Erfinder der *political correctness*. Sie beherrschen den Hof und die Schauspiele. Sie bemächtigen sich der Bürgerhäuser wie der Wohltätigkeitsvereine. Die Vorstädte leisten kaum Widerstand. Schon schließen sich die Provinzen an, und auch die Dörfer bleiben nicht länger unempfänglich für das Credo einer angeblich universalen körperlichen und seelischen Gesundheit. Don Juan verführt die Bäuerinnen, die ihn betören. Er bedient sich keiner vergangenen feudalen Gewalt. Er belastet sich weder mit Gefühlen, noch nimmt er Rücksicht auf Ehepaare: vor der Lust oder dem Tod sind alle gleich, wie Diogenes auf seinem Krug.

Zwischen einer Kultur des Heils und einer Zivilisation der Gesundheit trifft das 17. Jahrhundert eine gewagte Entscheidung. Es propagiert universale und konkurrierende Methoden, die exklusive und rivalisierende Singularitäten hervortreten lassen. Die Erfahrung der sich ihrer selbst bewußten Apnoe wird auf diese Weise ein Leben lang als aufgeschoben erlebt: ich bringe mir das Sprechen bei, ich bin der Selbstverwalter meiner koketten Mondänität und meiner misanthropischen Koketterien, ich erzeuge pädagogisch meine Hälfte und meine Doubles, ich modelliere nach eigenem Belieben meine Familie oder meinen gesellschaftlichen Status, als Edelmann mache ich mich gemein, als Bürger spiele ich den Edelmann. Überall und ohne Unterlaß konstruiere oder rekonstruiere ich mich vollständig als Herrn meiner selbst wie des Universums.

5. *Die euphemistische Kapsel*

Ich wappne mich gegen die Zufälligkeiten. Damit niemand mir meinen Schatz raubt, vergrabe ich ihn. Um zu vermeiden, daß ich betrogen oder gehörnt werde, schließe ich meine Verlobte von der Wiege an ein. Darum besorgt, mir die Witzbolde vom Hals zu halten, gehe ich in die Wüste. Um Gott zu sein, stelle ich mich tot. Die Salons haben Angst vor der Lächerlichkeit, und die Kranken zittern davor, der Medizin nicht mehr gewachsen zu sein. Wir sind soweit. Die zur Gesundheit schlechthin gewordene Selbstkontrolle, die Furcht vor der Furcht ist größer als die Furcht vor dem, was zu fürchten ist. Über Aids als konkrete Infektion wurde weniger diskutiert als über die korrekte oder unkorrekte Art und Weise, es zu erwähnen. Da sich die absolute Kontrolle als regulierende Idee der modernen Existenz herausstellt, wird ein unaufhörlicher Kampf gegen das Unkontrollierbare geführt.

Von den *Lächerlichen Präziösen* bis zum »politisch korrekten Denken«, das die amerikanischen Universitäten heimsucht, verrät der Euphemismus – nicht von den Übeln sprechen – auf der Oberfläche der Dialekte und Moden eine untergründige und kontinuierliche Arbeit an der Berichtigung der Wahrnehmungen.

Die antike Unterscheidung des »Guten« und des »Schlechten« wird von der Herrschaft einer selbstregulierten Ordnung aufgesogen, die chaotische Störungen geißelt. Das Gute behauptet sich als gut, weil es kontrollierbar ist; und nicht, wie früher, als kontrollierbar, weil gut. Das Unkontrollierbare darf nicht mehr sein. Letztlich ist es nicht. Die aus dem Blickfeld verbannte Realität der Geißeln trübt sich: lieber nichts sagen, als das Nichts sagen.

Die blutigen Fehltritte der modernen Epopöe enthüllen mehr als einen bloßen Mangel an Realismus. Auch Molières Personen waren nicht unempfänglich für die Dementis der Erfahrung. Argan durchschaut das perverse Spiel seiner Gattin ebenso deutlich wie Orgon das Spiel Tartuffes. Gehörig umnebelt, gelingt es ihnen, ihre Urteile zu berichtigen. Wenn sie dazu verdammt zu sein scheinen, in ihrer verrückten Geschichte zu verharren, so nicht aus Mangel an Realitätssinn. Ein einziges Wesen macht sie sehend und unfähig zu einer gleichmütigen Einschätzung: ihr Ego. Sie betrachten sich nie von außen. Argan stinkt, aber er merkt es nicht. Der Zuschauer lacht über sein unaufhörliches Hin und Her zwischen Einlauf und Nachttopf. Er bewegt sich in seiner geschlossenen Welt von Behandlung zu Behandlung bis zur endlichen Gesundheit.

Eine verrückte Geschichte ist verrückt, weil der, der sie sich erzählt, an seinen eigenen Worten erstickt. Nahes und Fernes, Vergangenes und Gegenwärtiges hängen am Faden einer Rede, die sich nur auf sich selbst stützt. Das einzige Ziel des Kynikers ist die Selbstgenügsamkeit. Diogenes hält sich für einen Gott! Die Alten lachten. Die Modernen lächeln nicht mehr. Das »Projekt, Gott zu sein«, peinigt die zeitgenössische Seele, wie Sartre hervorhob, ein oft miserabler Theoretiker, manchmal jedoch ein scharfsinniger Moralist.

Seit drei Jahrhunderten läßt unsere Zivilisation der guten Gesundheit über die europäischen Köpfe, dann über den ganzen Planeten die uralte Verheißung erschallen: »Ihr werdet sein wie Götter.« Nur daß sie das »wie« unterschlägt. Die Gemeinschaften des Heils machen die *imitatio dei* zur Pflicht, die eine Distanz zwischen dem Modell und dem Imitierenden impliziert. Der Gesundheitsreligion beitreten heißt sich dazu bestimmen, Gott zu sein. Welcher?

Nicht der von Abraham und Johannes dem Täufer, sondern – unter den eher belustigten als empörten Griechen – der, den Diogenes hier und jetzt zu verkörpern vorschlägt. Aristoteles gibt fragmentarische und enigmatische Hinweise auf die Lebensweise, die er der höchsten Gottheit zuweist: Da sie sich jenseits der Welt befindet, schert sie sich nicht um sie; sie nimmt keinen Anteil an den Abenteuern, die dort angezettelt werden; höchstwahrscheinlich hat sie keine (das ist das Kreuz der Kommentatoren) Vorstellung von dem Elend und den Schicksalsschlägen hienieden. Sie lebt auf Distanz, völlig autark. Sie versinkt im Denken ihrer selbst. Das vollkommene Wesen steht nur zu seiner Vollkommenheit in Beziehung. Das Liebenswürdige schlechthin ist liebenswürdig eher für die anderen als zu ihnen. Freundschaft fällt nicht in seine Zuständigkeit.

Zärtlichkeit setzt endliche Wesen voraus, sie verbindet Menschen, die Bedürfnisse haben und daher einander bedürfen. Das Wesen, das sich selbst genügt, souverän, gefällt sich in seiner Glückseligkeit. Es geht nicht aus sich heraus. Es steckt die Nase nicht nach draußen. Die Hinweise des Philosophen sind verstreut. Sichtlich rühmt er sich nicht, die Geheimnisse der erhabenen Existenz zu ergründen. Mit kleinen Pinselstrichen und Grenzerfahrungen zeichnet er das Gegenbild der menschlichen Existenz. Er markiert durch Andeutungen, was den Sterblichen, unabhängig von ihrem Begehren, unerreichbar bleibt.

Wenn Diogenes die Argumentation umkehrt, autark zu leben beschließt und sich als höchstes Wesen im Zentrum der Stadt niederläßt, ist er sowohl logisch wie komisch. Er ist logisch: er springt mit einem Satz über das Gute und das Böse hinweg; er verabschiedet ein für allemal die Ethik, mit der ein aristotelischer Gott nichts anzufangen weiß. »Das ›Göttliche‹ kann nicht neidisch sein, nicht weil es die absolute Güte und Liebe ist, sondern weil es überhaupt in seinem Sein als reine Bewegtheit weder hassen noch lieben kann.« (M. Heidegger) Er ist komisch: er führt eine tolpatschige Aporie vor Augen, so wie Aristophanes, der den Triumph des erotischen Ideals in der Ikone eines Tiers mit zwei Rücken feiert, eines zu einem einzigen ursprünglichen Archekorpus zusammengeschweißten Paares, das wiederherzustellen die getrennten Liebenden sich bemühen. Als Europa sich verweltlichte, hat es das Lachen verlernt. Sein Atheismus liquidiert nicht das Jenseits, es pflanzt vielmehr seine Penaten darin auf und programmiert die olympische Gesundheit, eine Pflicht für alle und das Recht eines jeden.

Diogenes hat den Modernen das Geheimnis hinterlassen, das es ermöglicht, die Linie zu überschreiten, er hat die Selbstvergöttlichung der Menschheit inauguriert. Um die Entfernung zwischen Gott und Mensch aufzuheben, genügt es, den Unterschied zwischen Leben und Tod zu entkräften. Was mehr und weniger als die traditionelle Verheißung der Unsterblichkeit impliziert. Mehr, da ich fordere, nur von mir selbst abhängig zu sein, ohne mich nach der Autorität einer früheren oder äußerlichen Offenbarung richten zu müssen. Weniger, weil man auf der Stelle eine Nicht-Sterblichkeit erproben kann, die in ewige Unsterblichkeit zu projizieren überflüssig wird. In der Immunisierung durch Apnoe entkleidet Diogenes den Tod seines Anstrichs, von anderswo zu kommen. Er ist ein Akt seines Lebens, eine reine Entscheidung, er gehört ihm durch und durch. Er ist das Bonbon, das er lutscht, bevor er es zerkaut.

Der Kynismus heiligt die Gleichung der Euphemie (es gibt nichts Schlimmes) mit Hilfe der Euthanasie (der Tod ist nicht grausam, er wird schmerzlos empfangen). Die Euthanasie belohnt *de facto* das gute Wort der Euphemie: wenn auch die radikalste Gegnerschaft zu einer reinen Beziehung zu sich selbst schrumpft, dann löst die Gesundheit am Ende die Krankheit auf; die Entfremdung ist lediglich ein häßliches Trugbild, das es zu verscheuchen gilt. Die Euphemie beglaubigt *de jure* die stumme Erfahrung der Euthanasie. Wer weiß, ob Diogenes seinen tödlichen Plan ausgeführt hat? Wer entscheidet? Ist er an einer persönlichen Entscheidung gestorben? An bloßem Ersticken? An Herzstillstand?

Das Gelingen seiner letzten Handlung impliziert, daß er ihren Erfolg nicht kommentieren kann; ihre Bewertung bleibt Getreuen und Spöttern überlassen. Der euphemistischen Propaganda obliegt es, dem Wort des Meisters im Selbstmord Respekt zu verschaffen und die leiseste Ironie zu untersagen. Euphemie und Euthanasie bestärken einander. Jede sucht in der anderen die experimentelle Wahrheit, die nicht zu besitzen sie eben dadurch erkennt. Der Kyniker erlebt seinen Tod als höchste Glückseligkeit. Aber er hinterläßt von seiner imaginären Gesundheit nur die suizidäre Spur einer alchimistischen Euphemisierung der Übel. Die Geißeln sind träumerisch ausgerottet worden, Aids ist ein sich verflüchtigendes Gespenst; wenn es existiert, verkriecht es sich in die Ecken und trifft die »Risikogruppen«. Wenn es sich ausbreitet, ist es eine garantiert vorübergehende Epidemie wie die anderen, und seine Ansteckung weckt keine noch nie dagewesene Verantwortung. Das *Ich* riskiert zu sterben, aber das *Wir* bleibt vollkommen gesund.

Die moderne Subjektivität hat – geistig – das Übel pulverisiert. Sie ist sich ihrer selbst gewiß (selbstkontrolliert) und immunisiert (sich selbst genügend). Sie ummauert sich mit der Illusion autarker Extraterritorialität, die sie große Gesundheit nennt. Ohne zu ahnen, daß sie sich allen Schicksalsschlägen aussetzt, unter dem Vorwand, keinen zu riskieren. Edgar Allan Poe hat voraussehend die Falle beschrieben, in der eine diogenisierende Gesellschaft sich einschließt. *Die Maske des roten Todes*, anderthalb Jahrhunderte vor den Aids-Jahren geschrieben, nimmt die Späße des Reichs der Euphemie vorweg.

Der Rote Tod hatte lang das Land verheert. Keine Pestilenz war je so unheilvoll gewesen, so gräßlich. Blut war ihr Avatara und ihr Siegel – die Röte und das Grauen des Blutes. (...) Fürst Prospero aber war glücklich und furchtlos und weise. Als sein Land schon halb entvölkert, befahl er tausend gesunde und frohgemute Ritter und Damen seines Hofes zu sich, und mit ihnen zog er sich in die tiefe Abgeschiedenheit eines seiner befestigten Schlösser zurück. Dies war ein geräumiges und prächtiges Bauwerk, erschaffen nach des Fürsten eigenem überspannten, doch erlesenen Geschmack. Eine gewaltige, hochragende Mauer faßte es ein. Diese Mauer hatte Tore von Eisen. Nachdem sich die Höflinge hineinbegeben hatten, holten sie Schmelzöfen und mächtige Hämmer und schmiedeten Riegel. Sie beschlossen, den plötzlichen Regungen von Verzweiflung oder Raserei von drinnen weder Eingang noch Ausgang zu gewähren. Das Schloß war reichlich mit Proviant versehen. Solcherart gerüstet, mochten die Höflinge der Ansteckung wohl Trotz bieten. Die Welt draußen konnte für sich selbst sorgen! Inzwischen wäre es töricht, sich zu grämen und zu grübeln. Der Prinz hatte alle Vorkehrungen zur Sinnenlust getroffen. Da waren Spaßmacher und Stegreifdichter, da waren Ballettänzer und Musikanten, da war Schönheit, da war Wein. All dies und Sicherheit war im Schloß. Draußen war der Rote Tod.

Es kam, wie es kommen mußte. Auf dem Höhepunkt des Maskenballs erscheint der vom Karneval Ausgeschlossene, dessen Blick niemand zu begegnen wagt.

Und nun war die Gegenwart des Roten Todes gewiß. Wie ein Dieb war er in tiefer Nacht gekommen. Und ein Gast nach dem anderen sank in den blutbesudelten Gemächern des Maskenballs zu Boden.

Selbst dann, wenn die Ideologen auf die »Betrachtung der Welt« verzichten, um die »Veränderung« zu predigen, selbst wenn die Revolutionäre die alte Welt im Namen der neuen zu Grabe tragen, selbst wenn eine Supermacht die neue Weltordnung verkündet, verzichtet all dieser Rummel doch nicht auf die grünen Weiden der Euphemie, auf denen ein ungebrochenes gutes Ensemble wiederkäut.

Die Philosophen des 20. Jahrhunderts haben sich um tausend Definitionen des In-der-Welt-Seins gestritten, ohne in Zweifel zu ziehen, daß es sich um ein Im-Vertrauen-Sein handelt (die von Husserl hypostasierte Welt des Lebens; Merleau-Ponty zufolge die Welt des Fleischs und des eigenen Körpers; Authentizität, dann Ort des Seins à la Heidegger). Und trotz quälender Widrigkeiten bot das allgemeine Gefühl immer höher. Im Namen des Lebens (gutes Blut lügt nicht), der Sprache (die Muttersprache spricht wahr), der Arbeit (die Produktivkräfte gewinnen nach und nach die Oberhand über die Zerstörungskräfte). Die ständige Bedrohung durch Aids sprengt diese drei »generischen« Arten des Vertrauens (generisch insofern, als sie die physische oder geistige Dauer der menschlichen Gattung gewährleisten).

Die Panik und die praktische Verwirrung der verantwortlichen Autoritäten bezeugen die geistige Zerrüttung von Zeitgenossen, die die Vorstellung einer brüchigen Welt als blasphemisch zurückweisen. Warum? Weil der moderne und postmoderne Mensch die einst dem Himmel zugeschriebenen Vollkommenheiten auf die »Welt« übertragen hat. »Das Hauptgeschäft aller Philosophie besteht in der Lösung des Problems vom Dasein der Welt«, schreibt Schelling prophetisch kurz vor Beginn des 19. Jahrhunderts. Aids läßt die Möglichkeit des Nicht-Daseins der Welt aufscheinen, die für uns ebenso beunruhigend ist, wie die Nicht-Existenz Gottes einst frevelhaft und verletzend war.

Der Wunsch nach Gesundheit läßt zwei Interpretationen zu. Als Wunsch zu heilen bekämpft er diese oder jene Pathologie; dieses Ziel verfolgte die Heilkunst seit Hippokrates. Als Wunsch zu sein fordert er eine globale und irreversible Immunität; dann ist gesund sein für ihn dasselbe wie geschützt sein und in der Welt sein, sofern die Welt, die alles enthält, nach Platon »unalternd und keinem Siechtum unterworfen« wäre. Wie sollte ein Ganzes, das keine Außenseite hat, unangenehme Krankheiten bekommen? Von wo sollte es angegriffen werden? Nachdem der Kosmos von seinem Demiurgen gestaltet worden war, »bedurfte er nicht der Augen, denn außerhalb war nichts Sichtbares, nicht der Ohren, denn auch nichts Hörbares war geblieben, auch keine des Einatmens fähige Luft umgab es; ebensowenig war es eines Werkzeuges bedürftig, die Nahrung in sich aufzunehmen und, nachdem es dieselbe zuvor verarbeitete, sie wieder fortzuschaffen. Denn nirgendwärtsher fand ein Zugang oder Abgang statt, war doch nichts vorhanden ...« *(Timaios)*.

Umschließt eine derartige Kapsel uns hermetisch? Nein, antworteten die Alten, die davon träumten, den Kopf über das Firmament hinauszustrecken, um die höheren Wirklichkeiten zu betrachten oder dem Pesthauch der jenseitigen Welt zu trotzen. Ja, behauptet der moderne Europäer, der sich befleißigt, Türen und Fenster abzudichten, um in einer Interiorität ohne jegliche Kehr- und Außenseite zu leben. Erstickende Klammheit der Bunker ohne Risse: Da das Tier Universum sich seinem Innenraum zuwendet, »gewährt ein Sichselbstverzehren der Welt ihre Nahrung«. So folgerte Platon nicht ohne Ironie. Hinter der Euphemie der angeblichen Selbstgenügsamkeiten von heute verschärft eine diskrete Raserei, sich selbst zu verzehren, die Geißeln durch den intimen Beschluß, ihre Schädlichkeit zu ignorieren.

VIII. DIE HAMLET-REVOLUTION

Wer auf dem Kopf geht, meine Damen und Herren, wer auf dem Kopf geht, der hat den Himmel als Abgrund unter sich.

Paul Celan, *Der Meridian*

Ich, Hamlet. Ich verabscheue die Lobhudeleien, welche die Rührseligkeit austeilt. Valéry hat mich zum »Intellektuellen« gestempelt, niedergeschlagen, unentschlossen, untauglich. Er erklärte mich, widersinnig, zum Zeugen, Vorläufer und Herold des Zusammenbruchs Europas nach dem Ersten Weltkrieg. Und erhob mich dafür in den Pantheon. Er beschwor meinen Schatten und beklagte eine verwirrte Intelligenzija, deren Zierde er war. In euren Gelehrtenrepubliken habe ich es nicht weiter gebracht als am Hof von Helsingör.

Ich gelte als Versager, »eine Seele, die der Tat nicht gewachsen ist«, befindet Goethe, »... ein schönes, reines, edles, höchst moralisches Wesen [er schmeichelt mir, o meine süße Ophelia!], ohne die sinnliche Stärke, die den Helden macht [fährt er draufgängerisch fort], geht unter einer Last zugrunde, die es weder tragen noch abwerfen kann; jede Pflicht ist ihm heilig, diese zu schwer [jetzt richtet der Totengräber seine Gerätschaften her ...]. Das Unmögliche wird von ihm gefordert, nicht das Unmögliche an sich, sondern das, was ihm unmöglich ist.«

Damit reißt der gute Doktor Psy dem zu alten Polonius meine Akte aus der Hand. Coleridge, der sehr erhabene, folgert, daß ich zuviel denke – und ich, daß er zuviel an sich denkt. Als käme es mir zu, den an der Liebe oder am Jahrhundert krankenden Intellektuellen ein ruhmvolles Alibi und falsche Papiere zu besorgen.

Eure Welt ist ein Dänemark. Ich wache dort auf und bin mehr Hamlet denn je. In gewöhnlichen Augen gelte ich als verrückt. Nach Einschätzung der Gelehrten als entfremdet. Dem Denker in Hegels Fußstapfen als »unglückliches Bewußtsein«. Man entschuldigt meine Ohnmacht mit der Härte der Zeiten. Oder mit einem Familienkomplex. Jeder urteilt über meinen Fall mit der Gewißheit, es besser zu wissen. Wie einfach, er existiert nachträglich. Meine zuvorkommenden Exegeten vergessen, daß ich nicht leibhaftig bin. Sie können mich nicht ohne weiteres in ihre historische Weltkartei stecken wie einen zu jener Stunde, an jenem Tag und in jenem Jahr geborenen Bürger. Mein Ableben ist noch nicht verkündet worden. Solange man von mir spricht, und sei es nach der Melodie der Verleumdung, hause ich in einem Winkel der Schädeldecke, an der Trennungslinie eurer Gehirnhälften. Ich habe mir die zusammengekauerte Stellung an der Nahtstelle zur Gewohnheit gemacht. Erinnert euch.

The time is out of joint. O cursed Spite
That ever I was born to set it right . . .

A. W. Schlegel übersetzt: »Die Zeit ist aus den Fugen: Schmach und Gram, Daß ich zur Welt, sie einzurichten kam!«

Mühelos erkennt ihr den Refrain der vergangenen Revolutionen: die Welt steht auf dem Kopf, stellen wir sie wieder auf die Füße. Ihr hört die Forderung des Niedergedrückten heraus: nichts geht mehr, lerne wieder aufrecht zu gehen. Zusätzlich fügt ihr die messianische vertrauliche Mitteilung hinzu, die im Totengeläut des himmlischen Jerusalems die glückliche Herabkunft der himmlischen Stadt vernimmt. Wie viele Aufträge für einen untröstlichen Prinzen! Ich könnte den mitleidsvollen Kommentatoren, die mich von der Last der für meine Melancholie zu schweren Pflichten erdrückt sahen, verzeihen, hätten sie nicht außer acht gelassen, daß sie dem Schwanken einer Zeit *out of joint* vollkommen angemessen ist.

Wo habt ihr aufgeschnappt, daß ich mich abrackern muß, um die Welt wieder einzurenken? *I was born*. Zu diesem Zweck zur Welt gekommen. Ja, aber diese Aufforderung gibt lediglich Papas Meinung wieder, die Aufgabe, die er mir zuweist, als dem Zeugen und Rächer seines Gesetzes. Ich soll den Usurpator, den Mörder töten, den Erzeuger wieder in seine Ehre und meine Mutter wieder in ihre Gnade einsetzen, eine verführte, aber unberührbare, sündige und nicht schuldige Frau. Eine arme verdorbene Unschuldige. Hamlet über Generationen hinweg, das Haus dauert fort, als wäre nie etwas geschehen.

Right. Daß meine ehrenwerten Lobredner sich nur nicht täuschen. Ammenmärchen sind nicht meine Stärke. Die zerrüttete Zeit ist nicht nur ein böser Augenblick, der durchgestanden werden muß. Ich richte mich ein für allemal darin ein. Mit diesem trennenden Prisma ausgestattet, überdenke ich alles neu, die Worte des Geists (der Vater ist *out of joint*), die Spiele des Hofs und die Tugenden der bleichen Ophelia. Da ich weder Politkommissar für Ehen noch Hohepriester der Kulte der Stadt bin, besteht mein erstes Ziel nicht darin, meinen Vater mit meinem Vater, meinen Vater mit meiner Mutter zu versöhnen. Ebensowenig wie die Messen mit einer Geschichte in Einklang zu bringen, die wieder etwas Sinn findet. Ich bin nicht auf der Höhe eurer liliputanischen Höhen.

Die Privilegien mißbrauchend, die euch die Aufeinanderfolge der Jahrhunderte verleiht, fixiert, klischiert, gefriert ihr mich in einem kläglichen Schnappschuß, dem tristen Widerschein einer Notlage. Fragt doch nach der Berechtigung einer solchen Perspektive. Sie setzt Schienen voraus. Die Lokomotive der Geschichte zieht eine endlose Reihe von Epoche-Waggons hinter sich her, einen nach dem andern seit dem Paläolithikum. *Out of joint*, euer Zug! Bald hofft ihr, daß die Geschichte fortschreitet, bald beklagt ihr ihren Untergang. Woher wißt ihr, daß sie an der Endstation ankommen muß und ihre Ankunftszeit feststeht?

Wenn die Unordnung die Oberhand gewinnt, samt Schall und Wahn, gibt es keinen zeitlichen Vortritt. Die Erfahrung der Vergangenheit hortet die Weisheit nicht, und auch die Zukunft urteilt nicht in letzter Instanz. Wenn ihr euch vor oder nach »meiner« Zeit situieren wollt, müßtet ihr sie wieder einrenken oder sie auf Schienen stellen. Solange sie *out* bleibt, zerrüttet, zerbrochen, hat sie ihre Zeit noch nicht erfüllt. Und ich auch nicht. In meiner besonderen Lage verschanzt, außerhalb der Dauer, bin ich euer Zeitgenosse. Hamlet nistet sich ein, gerissener als vorgesehen, über dem Kreuzweg der abendländischen Reise hockend. Hinter ihm die Kultur der Ehrfurcht und des Heils, deren Wiederherstellung der Vater verlangt. Vor ihm der Kult der Gesundheit, dessen brodelnde, brutale Form einen Hof beherrscht, in dem es nur darum geht, zu beobachten und zu heilen (süße Euphemismen für auflauern und töten). Zwischen beiden installiert Hamlet seine Krise.

*

Bitte keine historisierenden Erklärungen! Wenn ich meine Person über dem Scheideweg der Moderne aufhänge, so deshalb, um eure Chronologien zu überragen und meine Krankheit, die darin besteht, mich krank zu wissen, der euren entgegenzusetzen, die darin besteht, daß ihr nichts davon wißt. Da eine Zivilisation des Heils unmöglich geworden ist und das Eldorado der Allgesundheit die Abgründe verbirgt, halte ich meine Entdeckung für unumstößlich: es gibt im Staate Dänemark, in der Welt, auch noch bei euch, und in mir immer, »etwas Faules«. Diese These, die in euren Augen meine angebliche Schwäche zu kristallisieren scheint, ist meine Stärke.

Dies ist die Evidenz, in der ich mich aufhalte. Nichts kann mich davon abbringen: »... dies wackre umwölbende Firmament, dies majestätische Dach mit goldnem Feuer ausgelegt: kommt es mir doch nicht anders vor als ein fauler verpesteter Haufe von Dünsten.« Möge die scheinbare Exaltiertheit meiner Erklärung prosaische Ohren nicht beleidigen. Merkt euch, daß ich, euch voraus, nicht eingewilligt habe, die vertikalen Dynamiken des Heils gegen den Mythos einer horizontalen Macht einzutauschen, die imstande ist, Pest und Unglück auszumerzen.

Und ihr selber, rückt eure Träume zurecht. Mögt ihr binnen kurzem meinen »Wahnsinn« wiederfinden. Ihr kommt von weit her, will man euren Ethnologen glauben. In den sechziger Jahren vertrat Mary Douglas mit der gesamten wissenschaftlichen Gemeinde die Ansicht, Unwissen sei die Ursache für magisches Gebaren, Vorurteile, Tabus und als »primitiv« geltende Verhaltensweisen. Reichlich spät entdeckte sie eine Wahrheit, mit der mich die Betrachtung des gelehrten und eitlen Polonius vertraut gemacht hat: »Die Wissenschaft hat noch keine Leute hervorgebracht, die nicht wünschten, einander zu beherrschen.« Ihr zufolge war das eine Offenbarung. »Plötzlich verdächtigte man die Technologie, ihrerseits eine Gefahrenquelle zu sein. Alles änderte sich. Es liegt auf der Hand, daß die alte Beziehung, die die Gefahr mit den Sitten verband, nicht dem Mangel an Wissen geschuldet war, denn an Wissen fehlt es immer.« (L. de Heusch)

Welche Erleuchtung! Sie verdient, in meinen Heften, *my tablets* vermerkt zu werden: »An Wissen fehlt es immer«. Hat das 20. Jahrhundert denn gemeint, ihm könnte es nicht mehr fehlen? Woher rührt diese Naivität? Von jener Selbstgefälligkeit, die euch, vor 1914, soll man Valéry Glauben schenken, die Ewigkeit garantierte. Bei jeder ihrer kläglichen Verirrungen postuliert eure omnitherapeutische Zivilisation Immunität angesichts des Todes und Straflosigkeit angesichts des Unwissens. Was bewirkt, daß sie die sterblichste, mörderischste und stupideste ist. Noch ein Ruck, und ihr seid Hamletianer! Da das Wissen immer fehlt, akzeptiert mein Wissen um dieses Fehlen. Setzt euch ins Einvernehmen mit dem Faulen.

Im Unterschied zu den Tieren geben die Menschen zu erkennen, daß in ihren Augen Auswürfe und Gärungen, üble Gerüche und ekelerregende Schwären keine Materien wie die anderen sind. Die Eigenschaften des Unrats verändern sich. Immer jedoch erregt etwas Abscheu und flößt Schrecken ein. Jede Kultur greift eine solche Sensibilität für das Ekelhafte auf und bedient sich ihrer als Hüterin der öffentlichen Ordnung. Die Angst vor dem Schmutzigen, Polymorphen und Dehnbaren läßt sich durch lokale Verbote planmäßig erfassen. Der Schmutz wird überdeterminierte Unreinheit: »Wir können nicht einmal wissen, ob die Exkremente stinken, weil wir uns vor ihnen ekeln, oder ob wir uns vor ihnen ekeln, weil sie stinken.« (G. Bataille) Die Versuchung war groß, den Widerwillen für die Kehrseite der den Normen geschuldeten Ehrfurcht zu halten. Wo die Ordnung zerstört ist, stinkt es. So argumentierte man im aristotelischen Universum einer Zivilisation des Heils; die Verwesung galt als widernatürliche Bewegung.

In der Fäulnis und den gemischten Gefühlen, die sie hervorruft, meinen eure zur Hygiene verurteilten Gesellschaften lediglich einen Mangel praktischer oder geistiger Aufsicht zu erkennen. Einzelne Ethnologen bestätigen meine Ahnung, daß es im Schmutzigen mehr und Allgemeineres gibt als im Unreinen. Sie unterscheiden zwei Systeme der Indizierung des Ekligen: »Das erste entsteht durch eine Metaphorisierung des ›Schmutzes‹, definiert als sinnlich wahrnehmbare Eigenschaft des Seins, anhand der verwirrenden Erfahrung eines Verlusts (Verwesung des Körpers, Körperausscheidungen); das zweite gründet auf einem Netz von Verboten; es hält bestimmte Termini des symbolischen Körpers getrennt, wobei es die gesellschaftlichen Beziehungen, die moralischen Werte darin einschließt.« (L. de Heusch)

Ich werde nicht weiter ethnologisieren. Zu eurem Glück bleiben meine Notizen, die ich als Student schrieb, in Wittenberg verwahrt. In aller Bescheidenheit will ich nur betonen, wie unzulässig es ist, ein individuelles Ekelgefühl auf die Auswirkung eines Gebots der Gemeinschaft zurückzuführen. Nichts ist persönlicher als das intime Zurückweichen, das »die schlüpfrigen, übelriechenden und lauen Stoffe, in denen das Leben gärt«, bei jemandem auslösen. Das bin ich, in Erwartung, daß ich verschwinde; »eines Tages wird diese lebendige Welt in meinem toten Mund wimmeln«, schrieb Georges Bataille. Ursprünglich ist abstoßend, was eine Kultur im allgemeinen (daher das System der Verbote) und eine Existenz in seiner ihm eigentümlichen Brüchigkeit bedroht (daher die innere Erfahrung der Verunreinigung). Am Schnittpunkt dieser beiden Gefahren ist das Faule der flottierende Signifikant des Endes, das alle Dinge erwartet. »Die Verunreinigung wie die Übertretung des Verbots sind die nahen und fernen Quellen der Krankheit.« (L. de Heusch)

Der Mensch ist das Tier, das die Natur negiert, laut Hegel. Mir, Hamlet, zufolge ist es die Natur, die auf tierische Weise den Menschen negiert. Für den Meisterdenker der Modernen und Postmodernen liegt jeder Negation eine tiefere Bejahung zugrunde, folglich täuscht sich der Geist, der sich für gefährdet hält, verunreinigt zu werden. Ein Subjekt erträgt sein Schicksal als fremde Aggression, doch in Wahrheit erleidet es immer nur die Schläge, die es sich selbst zufügt. In jeder schlimmen Begegnung sieht es sich selbst in der Gestalt eines anderen. Auf dem Grunde seines Abscheus bleibt ihm nichts anderes übrig, als den Geruch seiner eigenen Unendlichkeit einzuatmen.

Für mich dagegen, wie für Macbeth, werden auch die Wohlgerüche Arabiens die hartnäckigen Dünste der Verwesung nicht besiegen. Das Individuum begegnet nicht allein seinem vernichtenden Ungestüm, die Schicksalsschläge erinnern an eine erste, irreduzible Verletzlichkeit, in der es nichts zu erkennen vermag, was ihm, ohne sein Wissen, gehörte, es sei denn die unerschütterliche Ankündigung seines Verschwindens.

Das Faule ist eine Negativität der Natur. Sie bleibt auch in der Kultur bestehen. Die von Lévi-Strauss analysierten Mythen enthüllen sie als eine »natürliche Küche«, umgekehrt symmetrisch zur kulturellen Küche, wo die menschlichen Gesellschaften voll Stolz ihre zivilisatorische Arbeit betrachten. Die Fäulnis ruft die Produkte der Kultur zur Ordnung der Natur zurück. Sie weist dem gesellschaftlichen Ganzen wie den Individuen, aus denen es besteht, eine gemeinsame und gleiche Endlichkeit zu. Als sich die amerikanischen Indianer nach der potentiellen Göttlichkeit ihrer Eroberer fragten, prüften sie die Verwesung eines spanischen Leichnams. Sein Gestank wies ihn als Menschen aus. Die Getreuen des verstorbenen Starewitsch beobachteten, Dostojewski zufolge, den Geruch, den er verströmte, und überließen es ihren Nasen, den Grad seiner Heiligkeit zu bewerten. Gesteht mir zu, daß Hamlet den Planeten nicht in Erstaunen setzt, wenn er das Faule zum höchsten Argument erhebt. Ihr allein, o Europäer, stellt euch vor, daß ihr eure Rechnungen auf zwei beschränken könnt, Natur und Kultur. Als einzige ächtet ihr mit naiver Ungeniertheit den dritten Terminus.

Ergründet die Geheimnisse meiner Strategie. Das Faule ist meine absolute Waffe. Das Aufzeigen seiner Existenz ermöglicht es mir, meine Gegner zu schlagen, einen nach dem andern. Die

Erfahrung seines Wissens, die ich *urbi et orbi* durchsetze, ist meine Finte. Ich bin nicht der Niedergedrückte, für den die Gedankenlosen mich halten. Wie eure Abschreckungsspezialisten es empfehlen, habe ich meine Schwäche zur Stärke und den immunitären Anspruch der Mächtigen zur Schwäche gemacht.

Der Ruf des Heils soll uns angeblich hinanziehen. Wie das ewig Weibliche, würde Goethe sagen, indem es uns den irdischen Schandtaten entreißt. Der Ruf nach Allgesundheit löst ihn ab und arbeitet seinerseits an der Ausmerzung der alten Fäulnisse. Diese sukzessiven Programme der Seelenreinigung und Körperpflege träumen davon, das Individuum ein für allemal in ein Korsett zu zwängen. Mein Bühnenkollege Ulysses entwirft ein erbauliches Bild; den gestirnten Himmel über sich und das moralische Gesetz in sich, setzt sich jeder in Pose und nimmt seinen Platz ein.

> Die Himmel selbst, Planeten und dies Zentrum
> Reihn sich nach Abstand, Rang und Würdigkeit,
> Beziehung, Jahreszeit, Form, Verhältnis, Raum,
> Amt und Gewohnheit in der Ordnung Folge ...

Das Ganze wird von demjenigen regiert, der an der Spitze thront, von der Sonne natürlich. Sie herrscht als König und wacht mit ihrem »heilkräftigen Auge« *(medicinable eye)*. Ein wohlgeordnetes Universum also, in dem die guten Absichten sich unfehlbar mit den schönen Taten vermählen, um viele wohltätige Werke zu zeugen. All diese wolkigen Kosmographien verscheucht mein erbarmungsloser Hinweis auf die Arbeit der Verwesung mit einem Achselzucken. Aber, so fährt mein Freund Ulysses fort, als er meine zweifelnde Miene sieht:

> Doch wenn die Planeten
> In schlimmer Mischung irren ohne Regel,
> Welch Schrecknis! Welche Plag' und Meuterei!
> Welch Stürmen auf der See! Wie bebt die Erde!

Wie rast der Wind! Furcht, Umsturz, Gram und Zwiespalt
Reißt nieder, wühlt, zerschmettert und entwurzelt
Die Eintracht und vermählte Ruh' der Staaten ...

Das ganze Universum ist ein Dänemark. Ständig brütet es unverbesserliche und vermoderte Materien aus, die die utopischen Paläste entweihen, ein schlechter Atem braucht nicht lange, um diese Kartenhäuser umzublasen.

Gern hätte ich mich mit Freud auseinandergesetzt, statt tristen chronologischen Gründen zu frönen, und ihm das letzte Wort überlassen. Ich hätte seine Aufmerksamkeit auf einige Unterlassungen gelenkt; sie verfälschen seine Galerie der berühmten Zertrümmerer des abendländischen Narzißmus. Er nennt Kopernikus: Der Mensch ist nicht der Mittelpunkt der Welt. Darwin: Der Mensch ist nicht länger die Krone der Schöpfung. Und Sigmund selbst: Das Ich ist nicht mehr Herr im eigenen Hause, es muß sich mit einem Unbewußten abfinden, das ihn aus der Mitte vertreibt.

Wie rechtfertigt er das Fehlen von Montaigne, Machiavelli und Shakespeare? Elementare Antwort, lieber Watson: es werden nur Wissenschaftler genannt, die sich für solche halten. Die Gelehrten gelten als Leute, die die berühmte Lanze des Achilleus besitzen, die Telephos von den Wunden heilt, die sie ihm beibringt. Ihre Wissenschaft verletzt den Narzißmus der Unwissenden, heilt ihn jedoch alsbald durch die Therapien des wissenschaftlichen Narzißmus.

Kopernikus und Galilei entreißen die staubige Kreatur nur deshalb ihrer geschlossenen Welt, um sie in ein mathematisches Universum einzuweisen, das – anscheinend – sorgfältiger geordnet ist als die einstige Harmonie der himmlischen Sphären. Indem Darwin die Gesetze modifizierte, die die Evolution der Arten bestimmen, untermauerte er ihre offenkundige Unerbittlichkeit. Die Einfältigen glauben, daß Freud den irrationalen Rückstand beseitigt, der bewirkt, daß der moderne Mensch sich selbst nicht versteht. Meiner Revolution reichen diese homöopathischen

Heilmittel nicht aus. Sie schließt die Wunde des Telephos nicht dadurch, daß sie mit der rostigen Lanze über das Fleisch streicht, das sie durchbohrt hat. Fäulnis heilt die Fäulnis nicht. Zum großen Nachteil der kleinen Revolutionäre, die, im Gefolge von Marx, den Misthaufen mit den schönsten Blumen bewachsen sehen. Varlam Schalamow, der zwanzig Jahre Gulag hinter sich hat, macht der aufgeklärten Intelligenzija des 19. Jahrhunderts den Vorwurf, die Existenz und Fortdauer einer »Welt des Verbrechens« unterschätzt zu haben. Shakespeare dagegen ist diesem schönen Gedanken nicht auf den Leim gekrochen. Die Hamlet-Revolution zielte höher, weiter und tiefer als die immer noch allzu akademischen Umwälzungen, die der Psychologe der Abgründe evozierte.

*

Ich glaube nicht an Wunder. Ich stelle mir nicht vor, daß die Fäulnis die Fäulnis vertreibt. Ebensowenig, daß die Wissenschaft oder die Weisheit mehr erreichen kann als der rechtschaffene Arzt, der, zuweilen erfolgreich, zuweilen besiegt, das Übel in seinen Manifestationen bekämpft, ohne in die Rolle des Wunderheilers oder des Gurus abzurutschen und ohne zu behaupten, die Möglichkeitsbedingungen der Krankheit als Krankheit ausmerzen zu können. Ich versuche, das Faule durch das Wissen zu behandeln, die jeder von ihm erwerben kann. Ich zwinge den mörderischen König und meine Mutter, die Königin, über die Schande nachzudenken, die sie erzeugten und in der sie versinken. Man wirft mir vor, nicht zu handeln, wo ich doch die meiste Zeit damit zubringe, den Handelnden zu mimen.

Hätte ich die Dolche der Rache schärfen und Komplotte schmieden sollen? Welch ein Irrtum! Seit Athen war das spezifischste und strahlendste Abendland nicht dasjenige, das Kriege führte und Kolonialexpeditionen organisierte, gespickt mit Steinschleudern, Kanonen und schließlich Raketen. Früher oder später lernen die anderen Kontinente das Lied und antworten ebenfalls mit schlagenden Argumenten. Mehr als durch seine Waffen und seine Kreditinstitute verbreitete Europa seine Zivilisation durch den Export seiner Schauspiele und zwang den ganzen Erdball dazu, das Unsägliche, das Entsetzliche, das Blutige zu betrachten, all das, was jeder, tief in sich vergraben, ignorieren will.

Hamlets Strategie versammelt eine Truppe von Schauspielern mitten im Hof. Beobachtet, entziffert die Konsequenz. Begreift den universalen Bannfluch, der die Schauspiele trifft, angefangen mit Platon, der gegen Homer und Aischylos wettert, bis hin zum Mullah, der die Parabolantennen und die Hertzschen Wellen exkommuniziert.

Mit Ausnahme eurer Modernen haben die Denker des Abendlands niemals jenen sechsten Sinn geleugnet, der es erlaubt, die körperliche und moralische Fäulnis wahrzunehmen. Sogar Platonanhänger nicht, auch wenn sie darüber erschraken. Die Vokabel »schlecht« bezeichnet einen Prozeß ununterscheidbar somatischer wie psychischer Vernichtung, dessen einheitliches Merkmal die Bewegung der Zerstörung ist: so wie sie als solche, unerschütterlich, sowohl Körper wie Geist heimsucht. Die Künstler, die Philosophen Griechenlands haben uns gelehrt, körperliche Krankheit, geistigen Irrtum und moralisches Übel zusammen zu denken. Sie gaben unserer Endlichkeit Augen, ohne sie zu parzellieren, ohne sie zu beschönigen, ohne sie für widerrufbar zu halten. So wie wir durch eine seltsame und »unsaubere« Beweisführung auf eine formlose Anwesenheit auf dem Grund der Dinge, auf die »Materie« (Platon) schließen, so nehmen wir – auf unmittelbare, wiewohl paradoxe Weise – das Übel in seiner Schwärze wahr, »in dem Sinne wie man sagt, daß wir sogar im Dunkeln sehen« (Plotin). Die Tragödiendichter nennen diese nicht tierische Gabe, die es uns ermöglicht, das Monströse in der Aura seines bestürzenden Ekels wahrzunehmen, »Teraskopie«. Macht euch klar, o ihr Selbstgerechten der Lichterstädte, das Wunder der Wunder besteht nicht so sehr darin, im Dunkeln zu sehen, als vielmehr das Dunkel zu sehen! Die komplexen Eigenschaften der ungewöhnlichen Hellsicht ergründend, wagt Plotin ein Bild, das den subtilsten Ophthalmologen erbleichen lassen könnte: er spricht dem Menschen die Fähigkeit zu, das »Nichtsehen« *(me idein)* zu sehen *(idein)*. Eine französische Redewendung läßt diese Merkwürdigkeit durchscheinen: »Je me suis vu mort« (ich habe mich tot gesehen). Was ist der Haß, dem man im Blick des Anderen begegnet? Der spiegelbildliche Wunsch, daß ich mich tot sehe. Und was ist die Wahrnehmung einer Gefahr oder einer Krankheit? Der Anblick einer Bewegung, die dazu zwingt, daß man sich sieht, wie man nicht mehr sieht.

Meine Inszenierungen sind weniger ein Theater im Theater als vielmehr das Theater des Theaters, das Weltwerden des Schauspiels und das Tragödiewerden der Welt. Meine Aufführungen nötigen das Parkett dazu, seinen sechsten Sinn einzugestehen und zu schärfen. Es beobachtet das Übel. Es versteht, um was es geht. Es würde nicht verstehen, was sich zusammenbraut, wenn es nicht bereits wüßte. Wenn es nicht, ohne sein Wissen, schon immer gewußt hätte.

Weshalb euch dagegen verwahren? Als Zuschauer der Tragödie von Hamlet werdet ihr unumgänglich zu seinem Zeitgenossen. Sogar ein so gefeiter Geist wie jener teure Hegel konnte nicht darüber hinwegsehen – Jugendsünde? Er bekennt: »Der Mensch ist diese Nacht, dies leere Nichts, das alles in ihrer Einfachheit enthält, ein Reichtum unendlich vieler Vorstellungen. Bilder (deren keines ihm gerade einfällt oder die nichts als gegenwärtige sind)... hier schießt dann ein blutiger Kopf, dort eine andere weiße Gestalt plötzlich hervor und verschwindet ebenso. Diese Nacht erblickt man, wenn man dem Menschen ins Auge blickt – in eine Nacht hinein, die furchtbar wird; es hängt die Nacht der Welt hier einem entgegen.« Damit ist die grausame Fäulnis, die alle Dinge heimsucht, eingestanden und gehörig ausgeschlachtet. Nicht die Natur, sondern die Nacht der Natur wird von dem großen spekulativen Denker, samt seinen modernen und postmodernen Nacheiferern, unaufhörlich bewältigt, überwunden, verdunkelt zugunsten einer künstlichen, trockenen und neutralen Nacht, der »absoluten Negativität«, in der der Geist reinen Tisch macht, um nur noch sich selbst in seiner Transparenz begegnen zu müssen. Wie viele vergebliche Mühen! Vor Hegel wie nach ihm stoßen wir immer auf den Blick der Gorgonen:

> Ha! Schrecklich auszusprechen, schrecklich anzuschaun!
> (Aischylos)

Ich elektrisiere die Evidenz des Mülleimerherzens eurer alten Welten. Sie furzen wie lauter dicke ideologische Blasen. Die schleichende Verwesung ist man niemals los. Keine Trauerarbeit macht uns wieder unverweslich. Was immer der zwiespältige Geist meines Vaters mir befiehlt, wenn Claudius schuldig ist, ist Gertrude nicht unschuldig. Der Vater wahrscheinlich auch nicht. Und auch der Sohn fühlt sich nicht rein. Wenn der Gulag schließt, öffnen sich Lager in Bosnien. Wenn Aids besiegt sein wird, werden andere Kalamitäten zum Angriff blasen. Die zur Abwehr der Gefahren notwendigen rationalen Verfahren befördern andere, noch nicht dagewesene.

Dänemark ist ein Gefängnis. Die Welt ist Dänemark. Die Rattenfalle besteht fort. Nichts, worüber man jammern müßte. In der Aufdeckung der Falle liegt die Stärke und Originalität der westlichen Kulturen. Es gibt die Pest, es gibt Ödipus. Ein Band entsteht zwischen ihnen, das vor allen Augen ausgebreitet, zur Schau gestellt, untersucht werden kann. Einst rief ich, Gewissen mache Feige aus uns allen. Dabei bleibe ich. Dem Zuschauer, der meine Abenteuer verfolgt, fällt es anheim, zu erkennen, daß es, mehr noch, Verantwortliche aus uns macht. Und sei es für unsere Feigheit.

Wenn ihr den Göttern opfertet, hattet ihr die Qualen im Auge, mit denen ihr den Himmel belästigtet: *a fame, peste, bello, libera nos domine* – »erlöse uns, Herr, von Hunger, Pest und Krieg«. Schwebt ihr fortan über diesen Unbilden? Jahrhundertelang bewiesen die Monarchen ihre Legitimität dadurch, daß sie den drei Geißeln vorbeugten – der Wundertäter heilte, der Kriegskönig befriedete, der Bäcker, die Bäckerin und der kleine Bäckergeselle ernährten. Der Vorsorgestaat löste sie ab und beauftragte seine Generalstäbe, das Heil', die Gesundheit und den Wohlstand zu garantieren. Jetzt, da ihr auf »postmodernistische« Weise von euren Schwärmereien abgekommen seid, werdet ihr nun abermals eure Verantwortlichkeiten an brüchige Autoritäten delegieren? Haltet ihr euch für befreit von Elend und Arbeitslosigkeit, geschützt vor viralen Aggressionen, erlöst von intra- und extrakontinentalen Blutbädern?

Gestattet mir, daß ich den Blick von Thukydides und Dante rehabilitiere, den Blick, den eure allzu euphemistischen Institutionen in jedem Bürger auszulöschen trachten. Stimmt dem zusätzlichen Auge zu, das Shakespeare in Homer wiederentdeckt und das Ödipus an Hamlet weitergibt, es entzaubert die Widrigkeit, es öffnet den Blick für das Schlimmste und erlaubt es, die Stirn zu bieten. Blättert in der Geschichte unseres alten Kontinents, noch niemals scharte sich diese auf ihre Nuancen stolze Erde um ein einziges Ideal. Weder Gemeinwohl noch höchster Herr noch unerschütterliche Orthodoxie. Allein die geteilte Energie, die Schrecknisse vorauszusehen und ihnen zuweilen gemeinsam entgegenzutreten, erleuchtet unsere Nacht.

Die Fäulnis verrät den Stoffwechsel eines Todes, der seine Ankunft präludiert. Der Finstere kündigt sich an, bevor er erscheint. An uns, den Gruß zu erwidern und ihn beim Wort zu nehmen. Sein oder Nichtsein, das ist hier die Verantwortung, die er in uns senkt und die befreit. Im Vertrauen leben, der Alternative ausweichen läuft darauf hinaus, dem Verwundbaren in uns und um uns herum seinen Anteil zu verweigern. Als Zyniker zu leben, macht es der Verwesung zu leicht, indem wir sie einatmen.

Nichtsein? Die Frage erschreckt. Ophelia, zu sehr Tochter ihres Vaters, sublimiert sie im Gehorsam und flieht sie im Wahnsinn. Die verklemmte Koryphäe und der angesäuselte Gymnasiast ersticken sie dadurch, daß sie die Aids-Sackgasse verschönen. Wisset nunmehr, daß Sein zuerst Nichtsein heißt. Stets geht die Verneinung der Bejahung voraus. Ob im Bett, an der Straßenecke, im Atomkraftwerk, in einem Krankenhaussaal – ihr entgeht ihr nicht. Entweder ihr nehmt Hamlets Verantwortung auf euch. Oder nichts mehr. *To be or not to be. Up to you!* Seid willkommen, ich wünsche euch einen angenehmen Aufenthalt in den Gärten von Helsingör.

ANHANG

ANMERKUNGEN

[1] Der Unterschied springt statistisch in die Augen: Japan erlaubt keine anderen Verhütungsmittel als das Kondom, 80 Prozent aller Paare verwenden es, sie konsumieren 58 Prozent der 2,8 Milliarden, die jährlich in der Welt benutzt werden (die Franzosen, die mit anderen Mitteln verhüten, benutzen siebzehnmal weniger!). Muß man daraus schließen, daß der Wunsch, nicht ungewollt Kinder zu zeugen, siebzehnmal stärker ist als der Wunsch, Aids zu vermeiden? Oder daß etwas dahintersteckt?

[2] *Les Temps modernes*, Oktober 1993.

[3] *Le Nouvel Observateur*, 28. November 1986.

[4] *Libération*, 1. Juni 1987.

[5] Belaisch-Allart/Papiernik, *Perspectives psychiatriques*, 1992, S. 33.

[6] Jean-Paul Aron, *Le Nouvel Observateur*, 30. Oktober 1987 (abgedruckt in *Die Zeit*, 8. Januar 1988).

[7] *Les Temps modernes*, Oktober 1993, S. 113.

[8] *Le Figaro*, 23. Juni 1988.

[9] *Le Figaro*, 26. Juni 1988.

[10] Bei Genet heißt es: »Un garçon aussi joli peut bien me faire *tirer trois coups*, d. h. »drei Schüsse abgeben« und »dreimal bumsen«. (Anm. d. Übers.)

[11] deutsch im Original.

ZITATNACHWEISE

angeordnet nach dem Vorkommen im Text

KAPITEL I

Cyrill Collard, *Wilde Nächte*, übers. v. W. M. Riegel, Goldmann, München 1993; *L'Ange sauvage*, Flammarion, 1993.

André Breton, *Nadja*, übers. v. Max Hölzer, Suhrkamp 1960, S. 39; *Die Manifeste des Surrealismus*, übers. v. Ruth Henry, Rowohlt, Reinbek 1977, S. 129.

Stéphane Mallarmé, *Der Nachmittag eines Fauns*, in *Sämtliche Dichtungen*, übers. v. Carl Fischer, Hanser, München 1992, S. 63.

Jean-Jacques Rousseau, *Discours sur l'origine des langues*.

William Shakespeare, *Hamlet*, übers. v. A. W. Schlegel.

René Descartes, *Meditationen*, übers. v. Gerhart Schmidt, Reclam, Stuttgart 1986, II, 2.

Blaise Pascal, *Gedanken*, übers. v. Wolfgang Rüttenauer, Sammlung Dieterich, o. J., S. 141 (§ 82, Brunschvicg).

Michel Foucault, *Sexualität und Wahrheit 1. Der Wille zum Wissen*, übers. v. Ulrich Raulf und Walter Seitter, Suhrkamp, Frankfurt 1977, S. 21, 80, 91, 184.

Philippe Ariès, *Studien zur Geschichte des Todes im Abendland*, übers. v. Hans-Horst Henschen, Hanser, München 1976, S. 179.

Charles Baudelaire, *Reise nach Cythere*, in *Die Blumen des Bösen*, übers. v. Sigmar Löffler.

Immanuel Kant, *Zum ewigen Frieden*, in *Werke*, Bd. XI, Suhrkamp, Frankfurt 1964.

Sigmund Freud, Brief vom 13. August 1937 an Marie Bonaparte, in *Briefe 1873–1939*, S. Fischer, Frankfurt [3] 1980.

Xavier Bichat, *Anatomie générale*, Paris 1801.

C. Saint-Jarre, *Du sida*, Denoël, 1993, S. 65.

Marguerite Yourcenar, *En pélerin et en étranger*, Gallimard, 1989, S. 29.

Herodot, Historien, I, 87.

KAPITEL II

J. Mann, in *Rapport de la commission d'enquête sur l'état des connaissances scientifiques et les actions menées à l'égard de la transmission du sida* (Assemblée nationale, 1992; zitiert als *Rapport A. N.*), 10×18, 1993, S. 506.

Blaise Pascal, *Gedanken*, 187, a. a. O., S. 85 (§ 183, Brunschvicg).

Aquilino Morelle, »L'institution médicale en question«, *Esprit*, Oktober 1993.

Anne-Marie Casteret, *L'Affaire du sang*, La Découverte, 1992, S. 196.

Paul Fabra, *Le Monde*, 5. November 1991.

Michel Massenet, *La Transmission administrative du sida*, Albin Michel, 1992.

Jean-Claude Milner, *L'Archéologie d'un échec*, Le Seuil, 1993, S. 123.

Luc Montagnier, in *Rapport A. N.*, a. a. O., S. 354.

Pierre Drieu La Rochelle, *État civil*, NRF, 1921, S. 16.

Anne-Marie Moulin, *Le Dernier Langage de la médecine. Histoire de l'immunologie de Pasteur au sida*, PUF, 1991, S. 162 f.

Jules Michelet, *L'Amour*, Hachette, 1858, S. 391 f.

Michel Foucault, *Die Geburt der Klinik*, übers. v. Walter Seitter, Hanser, München 1973, S. 48 f.

Jules Romains, *Knock oder Der Triumph der Medizin*, übers. v. Mario Hindermann, Strasseg-Verlag, Bad Reichenhall 1973, S. 79, 76 f.

Jean-Pierre Soulier, *Transfusion et sida*, Frison-Roche, Grenoble 1992, S. 107.

Laurent Greilsamer, *Le Procès du sang contaminé*, Hg. *Le Monde*, 1992, S. 7, 141, 142.

Pierre Mauroy, zitiert von Franz-Olivier Giesbert, *Le Fin d'une époque*, Fayard-Seuil, 1993, S. 158.

Rapport A. N., a. a. O., S. 174, 178, 270.

Henri Hubert und Marcel Mauss, *Essai sur la nature et la fonction du sacrifice*, 1899, S. 302.

Pierre Drieu La Rochelle, a. a. O., S. 22.

Friedrich Nietzsche, *Der Antichrist*, § 32, 33.

KAPITEL III

François-René de Chateaubriand, *Erinnerungen*, übers. v. Sigrid von Massenbach, Nymphenburger Verlagshandlung, München 1968, S. 605.

Anne-Marie Moulin, a. a. O., S. 429, 424.

Bruno Latour, *Les Microbes, guerre et paix*, Anne-Marie Métailié, 1984, S. 152.

Thomas Mann, *Neue Studien*, Suhrkamp Verlag, vorm. S. Fischer (Berlin), Frankfurt a. M. 1948, S. 91.

Susan Sontag, *Aids und seine Metaphern*, übers. v. Holger Fliessbach, Hanser, München 1989, S. 98.

Pierre Darmon, *Les Cellules folles*, Plon, 1993, S. 25.

Patrice Pinell, *Naissance d'un fléau. Histoire de la lutte contre le cancer en France*, Anne-Marie Métailié, 1992, S. 22, 296.

Polybios, kommentiert von J. Jouanna, »La maladie sauvage et la tragédie grecque«, *Mêtis*, Paris–Athen 1988, S. 360.

Seneca, *Herkules auf dem Öta*, in *Sämtliche Tragödien*, übers. v. Theodor Thomann, Artemis, Zürich 1969, Bd. 2, S. 341, 349 f.

Patrice Pinell, a. a. O., S. 148.

Alexander Solschenizyn, *Krebsstation*, übers. v. Christiane Auras, Agathe Jais und Ingrid Tinzmann, Büchergilde Gutenberg, Frankfurt–Wien–Zürich 1968, S. 55, 417, 583, 118.

Jean Bollack, Heinz Wismann, *Héraclite ou la Séparation*, Minuit, 1972, S. 194.

Mirko D. Grmek, *Histoire du sida*, Payot, 1989, S. 288.

Lukrez, *Vom Wesen des Weltalls (De natura rerum)*, Sechster Gesang, übers. v. Dietrich Ebener, Philipp Reclam, Leipzig 1989.

Platon, *Sophistes*, 228 a.

KAPITEL IV

Die methodologische Nähe zwischen Thukydides und Hippokrates wurde mehrfach von J. de Romilly hervorgehoben; vgl. *La Construction de la vérité chez Thucydide*, Julliard, 1990, S. 121 ff. Über den allgemeinen Vergleich der Medizin (Askese des Körpers) mit der Philosophie (Medizin der Seele) siehe insbesondere I. Hadot, *Seneca und die griechisch-römische Tradition der Seelenleitung*, De Gruyter, Berlin 1969, S. 15, 30, 143 f.

Jan Patočka, *Die Helden unserer Zeit*, in *Kunst und Zeit*, Ausgewählte Schriften, Klett-Cotta, Stuttgart 1987, S. 558f.
Marcel Detienne und Jean-Pierre Vernant, *Les Ruses de l'intelligence. La Mêtis des Grecs*, Champs/Flammarion, S. 299.
Antonin Artaud, *Das Theater und sein Double*, übers. v. Gerd Henniger, S. Fischer, Frankfurt 1969, S. 22.
Cyril Collard, *Wilde Nächte*, a. a. O., S. 77.
Pierre Kneip, Assises nationales Aides, Lyon, September 1993.
J. Lebas, *A la vie à la mort*, Le Seuil, 1993, S. 115.
R. Mendès Leite, »Des révolutions sexuelles à l'heure du sida«, *Sociétés*, Dunod, 1993, Nr. 39, S. 25.
F. Radat, in *Perspectives psychiatriques*, 31. Januar 1992.
Les Temps modernes, »Toxicomanie, sida, exclusion«, Oktober 1993 (zusammengestellt von P. Aeberhard, M.-A. Burnier u. a.). Die Informationen über die »Aids-Aufregungen« in bezug auf das Jahr 1987 wurden vom Centre de recherches interdisciplinaires in Vaucresson zusammengetragen. (Dokument: *Droit de l'Homme – Droit des personnes*, November 1987.)
Michael Pollak, *Une identité blessée*, Anne-Marie Métailié, 1993, S. 287.
C. Paradas, in *Perspectives psychiatriques*, 31. Januar 1992, S. 39.
Cyril Collard, a. a. O., S. 77f.
L. Chevalier, *Classes laborieuses et classes dangereuses à Paris*, Plon, 1958, S. XXff.

KAPITEL V

Daniel Defert, »La ville malade du sida», *Les Temps modernes*, a. a. O., S. 44ff.
A. Molla, Assises nationales Aides, Lyon, 26. September 1993.
Cyril Collard, *Wilde Nächte*, a. a. O., S. 163.
François-René de Chateaubriand, *Erinnerungen*, a. a. O., S. 605.
Antonin Artaud, *Das Theater und sein Double*, a. a. O., S. 34, 32f.
Georg Wilhelm Friedrich Hegel, *Grundlinien der Philosophie des Rechts*, Theorie Werkausgabe, Suhrkamp, Frankfurt 1970, S. 494 (§ 324).
Jacques d'Hondt, *Verborgene Quellen des Hegelschen Denkens*, übers. v. Joachim Wilke, Akademie Verlag, Berlin 1972, S. 167.
Friedrich Nietzsche, *Nachgelassene Fragmente 1884–1885*, Kritische Studienausgabe, dtv/de Gruyter, Berlin–New York 1988, Bd. 11, S. 665.

Charles de Montesquieu, *Pensée*, in *Œuvres complètes*, Gallimard, Bd. 1, S. 981.
Georg Wilhelm Friedrich Hegel, *Vorlesungen über die Philosophie der Geschichte*, Theorie Werkausgabe, Suhrkamp, Frankfurt 1970, Bd. 12, S. 104.
Jean-Paul Sartre, »Das Ende des Krieges«, in *Paris unter der Besatzung*, übers. v. Hanns Grössel, Rowohlt, Reinbek 1980, S. 75.
Platon, *Phaidros*, 230a.
Karl Marx, *Manifest der kommunistischen Partei*, in *MEW*, Bd. 4, S. 462.
Raymond Aron, *Le Grand Débat, initiation à la stratégie atomique*, Calman-Lévy, 1963, S. 218.
Alexander Solschenizyn, »Le discours du Lichtenstein«, *L'Express*, 15.–22. September 1993.

KAPITEL VI

Michael Pollak, *Homosexuelle Lebenswelten im Zeichen von Aids*, übers. v. Monika Noll und Rolf Schubert, Edition Sigma, Berlin 1990, S. 131, 101.
C. Herzlich, J. Pierret, »Une maladie médiatisée, le sida«, *Annales ESG*, Nr. 5, 1988.
Elisabeth de Fontenay, *Cancer, Sida et Société*, ESF, S. 93 und 48.
Jean Delumeau, *Le Péché et la peur*, Fayard, 1983, S. 108f.; und *Angst im Abendland*, übers. v. M. Hübner, G. Konder und M. Roters-Burck, Rowohlt, Reinbek 1985, S. 45, 604.
Molière, *Der eingebildete Kranke*, übers. v. Doris Diselmaier-Haas, Reclam, Stuttgart 1981.
Georges Vigarello, *Le Saint et le Malsain*, Le Seuil, 1993, S. 307.
François Ewald, *Der Vorsorgestaat*, übers. v. Wolfram Bayer und Hermann Kocyba, Suhrkamp, Frankfurt 1993.
Patrick Dandrey, *Le »Cas« Argan, Molière et la maladie imaginaire*, Klinsieck, 1993, S. 398.
Hesiod, *Erga*, V. 103f.
Georges Vigarello, a. a. O., S. 97.
Jacques Attali, *Lignes d'horizon*, Fayard, 1990, S. 153f.
Bernard Paillard, »Le sida ou la mort repoussante«, *Communication*, Nr. 57, 1993, S. 91f.
Ralph E. Giesey, *Le roi ne meurt jamais*, Flammarion, 1987, S. 268.

Ernst Kantorowicz, *Die zwei Körper des Königs*, übers. v. Walter Theimer, dtv., München 1990, S. 278, 68 f.
Georges Vigarello, a. a. O., S. 107, 119.

KAPITEL VII

L'Encyclopédie, photomech. Reproduktion, Pergamon Press, Bd. I, S. 1310.
Emile Benveniste, *Probleme der allgemeinen Sprachwissenschaft*, übers. v. Wilhelm Bolle, List, München 1974, S. 342 ff.
H. Beard, C. Cerg, *The Official Politically Correct Dictionary*, Villard Books, New York 1993.
Jean-Paul Sartre, *Saint Genet, Komödiant und Märtyrer*, übers. v. Ursula Dörrenbächer, Rowohlt, Reinbek 1982, S. 522.
André Maulraux, zitiert von Yann Moulier-Boutang, *Louis Althusser, une biographie*, Grasset 1992, S. 284.
Marguerite Duras, *Der Schmerz*, übers. v. Eugen Helmlé, Hanser, München 1986, S. 57.
Martin Heidegger, *Über den Humanismus*, Klostermann, Frankfurt [8]1981, S. 31. Über Heidegger und den Nationalsozialismus siehe mein Buch: *Am Ende des Tunnels*, Siedler, Berlin 1991.
Frédéric de Towarnicki, *Le Figaro*, 12. November 1993: »Nicht etwa Heidegger müßte alle um Verzeihung bitten, in die Irre gegangen zu sein, vielmehr müßte Hitler ihn dafür um Verzeihung bitten, ihn derart getäuscht zu haben«, läßt Heidegger selbst vertraulich verlauten.
Über den Manichäismus siehe die Arbeiten von H. C. Puech, u. a. *Manichéisme*, PUF, 1967.
Marguerite Duras, *Der Vize-Konsul*, übers. v. Walter Maria Guggenheimer, Suhrkamp, Frankfurt 1984, S. 125.
Jean Genet, *Pompes funèbres. Das Totenfest*, übers. v. Marion Luckow, Merlin, Hamburg 1966, S. 98.
Marguerite Duras, *Hiroshima mon amour*, übers. v. Walter Maria Guggenheimer, Suhrkamp, Frankfurt 1973, S. 7, 77; *Der Schmerz*, a. a. O., S. 133; »Les yeux verts«, *Cahiers du cinéma*, Nr. 312–313, S. 86. Siehe auch den Kommentar von Nancy Huston, »La belle et le bellum«, *Lettre internationale*, Nr. 32, 1992.
André Breton, *Die Manifeste des Surrealismus*, a. a. O., S. 55.

Henri Bergson, »Das Mögliche und das Wirkliche«, in *Denken und schöpferisches Werden*, übers. v. Leonore Kottje, Westkulturverlag, Meisenheim 1948.
Cicero, *Paradoxa Stoicorum*.
Diogenes Laertius, *Leben und Meinungen berühmter Philosophen*, Sechstes Buch, übers. v. Otto Apelt, Felix Meiner, Hamburg ²1967, S. 304 ff.
Aristoteles, *Politik*, I, 1253 a (übers. v. Olof Gigon). »Leide um nicht zu leiden«, vgl. M.-O. Goulet-Caze, *L'Ascèse cynique*, Vrin, 1986, S. 67. Über das Verhältnis Kyniker–Stoiker vgl. M. Daraki, *Une religiosité sans Dieu, Essai sur les stoïciens d'Athènes et saint Augustin*, La Découverte, 1989. Über die Beziehungen zwischen altem und modernem Zynismus vgl. mein Buch *Cynisme et Passion*, Grasset, 1981 (dt. *Vom Eros des Westens*, übers. v. Helmut Kohlenberger, Ullstein, 1991).
Guilia Sissa, *Le Corps virginal*, Vrin 1987, S. 177.
Martin Heidegger, »Phänomenologische Interpretationen zu Aristoteles«, in *Dilthey Jahrbuch*, Bd. 6, 1989, S. 263.
Edgar Allan Poe, *Die Maske des roten Todes*, in *Der entwendete Brief und andere Erzählungen*, übers. v. Erika Gröger, Insel, Frankfurt 1990, S. 49 ff.
Friedrich Wilhelm Joseph von Schelling, »Philosophische Briefe über Dogmatismus und Kriticismus«, in *Werke 3*, Frommann-Holzboog, Stuttgart 1982, Siebenter Brief, S. 82.
Platon, *Timaios* 33 a, d (übers. v. Friedrich Schleiermacher).

KAPITEL VIII

Johann Wolfgang von Goethe, *Wilhelm Meisters Lehrjahre*, 4. Buch.
William Shakespeare, *Hamlet*, a. a. O.
Luc de Heusch, Vorwort zu Mary Douglas, *De la souillure, étude sur la notion de pollution et de tabou* (dt.: *Reinheit und Gefährdung*, Frankfurt 1988), La Découverte, 1992, S. VII.
Georges Bataille, *Histoire de l'érotisme*, in *Œuvres complètes*, Gallimard, 1976, Bd. VIII, S. 58, 70.
William Shakespeare, *Troilus und Cressida*, übers. v. Wolf Heinrich Graf Baudissin, Reclam, Stuttgart 1963 (I, 3).
Sigmund Freud, *Vorlesungen zur Einführung in die Psychoanalyse*, GW, Bd. XI, S. 294 f.

Varlam Chalamov, *Essai sur le monde du crime*, Gallimard, 1993, S. 1–8.
Platon, *Timaios*, 52a, b.
Plotin, *Enneaden*, I, 8.
G. W. F. Hegel, *Jenaer Realphilosophie* (1805–1806), Felix Meiner, Hamburg 1969, S. 180f.
Aischylos, *Die Wohlwollenden*, übers. v. Dietrich Ebener, Aufbau-Verlag, Berlin–Weimar ²1967, V. 34.